U0517118

教育部人文社会科学重点研究基地重大项目最终成果
"中国国有资本的投资效应研究"
项目批准号：15JJD790012

中国国有资本投资
效应与效率研究

Impact and Efficiency of State-owned
Investment in China

王文成　焦英俊　著

中国财经出版传媒集团

经济科学出版社
Economic Science Press

图书在版编目（CIP）数据

中国国有资本投资效应与效率研究/王文成，焦英俊著.
—北京：经济科学出版社，2020.9
ISBN 978 - 7 - 5218 - 1877 - 2

Ⅰ.①中⋯ Ⅱ.①王⋯②焦⋯ Ⅲ.①国有企业 - 资本
投资 - 研究 - 中国 Ⅳ.①F279.241

中国版本图书馆 CIP 数据核字（2020）第 173946 号

责任编辑：孙丽丽 何 宁
责任校对：郑淑艳
责任印制：李 鹏 范 艳

中国国有资本投资效应与效率研究
王文成 焦英俊 著
经济科学出版社出版、发行 新华书店经销
社址：北京市海淀区阜成路甲 28 号 邮编：100142
总编部电话：010 - 88191217 发行部电话：010 - 88191522
网址：www.esp.com.cn
电子邮箱：esp@esp.com.cn
天猫网店：经济科学出版社旗舰店
网址：http://jjkxcbs.tmall.com
北京季蜂印刷有限公司印装
710×1000 16 开 20.75 印张 340000 字
2020 年 12 月第 1 版 2020 年 12 月第 1 次印刷
ISBN 978 - 7 - 5218 - 1877 - 2 定价：72.00 元
（图书出现印装问题，本社负责调换。电话：010 - 88191510）
（版权所有 侵权必究 打击盗版 举报热线：010 - 88191661
QQ：2242791300 营销中心电话：010 - 88191537
电子邮箱：dbts@esp.com.cn）

序 言

改革开放40多年来所创造的"中国奇迹"引起了无数中外研究者的广泛关注。有的学者从中国经济和政治体制入手企图探索"中国奇迹"的根源与内在因素，也有学者从资源禀赋、比较优势、后发优势等角度进行挖掘。尽管这些研究各有所长且极有可能从某一角度把握住了中国经济和社会发展的脉搏，但如果将研究西方发达国家或其他某一国经济发展的方法简单地复制到中国经济上，恐怕未必可行，也未必具有多大价值。因为，中国的经济和社会发展有着不同于其他任何国家的独特之处，并且，作为一个受益于改革开放的社会主义国家，其在探索社会主义市场经济的过程中也有着明显的中国特色。从改革开放前，计划经济的重工业优先发展战略到数次成功应对金融危机，一个至关重要的因素一直在中国经济和社会发展过程中起着中流砥柱的作用，这一因素就是国有资本投资。

公有制为主体、多种所有制经济共同发展是中国特色社会主义的基本经济制度。深化国有企业改革，提高国有资本运营效率、增强国有经济的活力、控制力、影响力和抗风险能力，是坚持和完善基本经济制度的根本要求，也是坚持和发展中国特色社会主义的必然选择。国有经济是社会主义全民所有制经济，是国民经济中的主导力量，国有企业是推进国家现代化、保障人民共同利益的重要力量，是党和国家事业发展的重要物质基础和政治基础，国有资本是中国先进生产力、国家综合实力和国际竞争力的最重要载体。国有资本投资在社会主义现代化建设的过程中始终发挥着引领和带头的作用。因此，深化国有企业改革，做强做优做大国有资本，对坚持和发展中国特色社会主义，实现"两个一百年"奋斗目标具有十分重大的意义。

中共十八大以来，随着国有资产监督管理体制的逐步完善、国有企业的战略性结构调整和一系列的市场化经营改革，中国国有资本投资布局不断优化，效益明显提升，对国民经济的健康发展发挥着不可替代的导向作用。中共十九大报告明确强调，完善各类国有资产管理体制，加快国有经济布局优化、结构调整、战略性重组，促进国有资产保值增值，推动国有资本做强做优做大，深化国有企业改革，培育具有全球竞争力的世界一流企业。国有资本投资作为中国经济社会持续健康发展的先导和重要保障，是中国特色社会主义经济的重要支撑，为中国的稳步崛起做出了不可磨灭的历史功绩。尽管如此，随着全面深化改革的不断推进和中国经济社会发展得越来越好，国有资本投资效应和效率问题仍旧是最敏感、最富争议性的一项内容，且社会各界有关国有资本的争论呈愈演愈烈之势。国有经济该如何科学发展、国有企业该如何深化改革、国有资本该如何优化布局等一系列基本问题是摆在中国经济社会发展面前的重要难题，也是必须要正视和积极解决的重大问题。本书正着眼于此，从国有资本的投资效应和效率的双重视角出发，通过宏观、区域、行业和企业等多个维度来深入揭示国有资本投资对经济增长和社会发展的影响和作用机理，探析国有资本投资的效应和效率状况，并以此为优化国有资本投资布局和结构调整提供理论和实证方面的证据支持。

本书期望通过分析中国国有资本投资对经济增长和非国有资本投资的动态作用机理，探析国有资本投资在缩小收入差距和推动创新中的作用，摸清中国不同地区、不同行业以及不同所有制企业资本投资的效应和效率状况，进而细致研究宏观、区域、行业以及企业四个层面上的国有资本投资与经济增长、非国有资本投资、收入差距以及技术创新之间的客观关系，并深入揭示现阶段国有资本投资的效率，更加侧重于对现实和应用问题进行研究。具体而言，本书的主要研究目标有五个：其一，系统研究国有资本投资相关理论，为指导中国国有企业改革和优化国有资本投资布局夯实理论基础。理论支撑是实证研究的根本和保障，对国有资本投资的理论研究也是国有资本投资效应和效率研究的基础和前提，同时也是中国国有经济发展的重要理论依据。其二，系统梳理中国国有经济改革发展的历程和国有资本投资现状。研究中国国有资本的投资效应和效率状况，必须要分析中国国有经济改革发展的历程和国有资本的现状，摸清当前中国国有资本的总体状况、规模分布、地区分布、行业分布和盈利能力等状况，这也是进一步实证研究的基石。其三，通过宏观层面的研究，验证国有资本投资在中国特色社会主义市场经济中存在的必要性及价值所在，并深刻揭示在宏观经济周期波动、经济发展方式转变和经济结构变化的不同阶段上，国有资本投资对拉动经济增长和带动非国有投资的重要作用及其动态变化特征，分析国有资本投资的滞后效应，考察国有资本投资在缩小收入差距方面的功能。其四，通过行业和企业层面的研究，对比分析不同所有制资本投资的效率，分析国有资本投资的研发溢出效应，揭示现阶段中国国有企业在不同行业间的资本运营效率，为今后中国国有资本投资的产业取向提供指导和实证依据。其五，通过区域层面的研究，刻画国有资本投资效应的区域差异，并结合各个地区的要素禀赋状况、比较优势以及区域经济发展的效率水平，深入揭示国有经济区域布局现状以及存在的问题，并提出未来国有资本投资区域布局的思路。

中国国有资本投资效应和效率状况是当前中国社会各界所普遍关注的问题，本书正是以此为研究对象，基于国有资本投资效应和效率视角，具体分析宏观、区域、行业以及企业层面上的国有资本投资对经济社会的影响和作用机制以及国有资本投资的效率状况，并以此为"如何更好地体现和坚持公有制主体地位，如何搞好国有企业、发展壮大国有经济"的一系列基本问题的解答提供一些理论和实证方面的证据支持。具体来说，本书的重点及主要的创新之处如下：

（1）理论模型的构建。理论模型既是理论预期的检验，又是实证研究的基础，因此如何构建一种科学合理、逻辑严谨且具有较强可操作性的理论模型是本书研究重中之重，也是后续研究的根基。在实际的研究过程中，研究组查阅、研究了大量国内外研究文献，并力争在此基础上通过运用多种经济理论和数理经济分析方法对已有研究成果进行深化。本书的基本理论模型涵盖了经济周期波动、经济结构变化、滞后效应、溢出效应、市场结构等方面的因素。

（2）国有资本投资分析框架。到目前为止，大多数关于国有资本投资的效应和效率的分析更多基于新古典微观经济分析框架之中，绝大多数研究都以西方发达国家国有资本的功能和作用标准来评判中国国有资本，并对其提出问题和疑义。本书认为，中国国有资本投资可能会存在问题，但不能以西方发达国家的价值观来判断，应立足于中国的发展实际进行评估。在研究过程中，本书一方面要考虑中国国有资本的特殊性，另一方面将其置于市场经济中，通过国有资本投资效应和效率的实证研究，提出国有资本在促进经济社会发展方面的作用及存在的主要问题，并根据相关问题提出解决的对策，不仅要分析国有资本投资的微观经济效率，更要注重其产生的宏观效应。我们在对待国有资本投资的问题上，不妨多一些历史学派的思考。

（3）国有资本投资研究视角。本书重新审视了宏观视角下国有资本对经济发展的作用机制，同时将研究视角扩展至区域、行业和企业层面，丰富了国有资本投资效应和效率的研究维度。从已有的研究成果来看，大部分的研究都是从国有资本的微观经济效应出发，将其视为一般资本，并未充分考虑其特殊属性，而本书的研究将不但考虑国有资本投资的经济效应，而且还将考虑其社会效应，使得对国有资本投资的研究更加全面和合理，拓宽了国有资本投资的研究范畴。

另外，在研究方法方面，本书创造性地把经济周期波动、经济发展方式转变、经济结构调整、行业所处发展阶段等能够反映动态、阶段变化的因素纳入理论分析和实证研究体系之中。在实际研究中考虑这些动态变化因素，不但可以清晰地看到国有资本投资效应的动态演变和阶段性变化特征，而且这样的分析思路和方法也将更加准确地揭示国有资本的投资效应和效率状况、更加真实地反映中国经济发展的实际情况。此外，在理论分析时，本书将不仅仅局限于对经济理论的逻辑推导和演绎，还将大胆尝试使用现代复杂数理分析手段建立更加科学的数理模型。在实证研究中，本书也将尝试使用更加科学合理的计量经济模型，以期更加准确、真实地揭示国有资本投资效应和效率的现实。

目　录

第一章

国有资本投资相关理论

改革开放以来，特别是加入世界贸易组织（WTO）以后，中国经济社会发展突飞猛进，取得了举世瞩目的成就。中国特色社会主义经济迅速崛起的背后离不开国有资本投资所发挥的中流砥柱的作用。为了深入了解和把握中国国有资本投资，首先需要具备一定的国有资本投资相关理论基础，而关于国有资本投资理论，其理论渊源可以追溯到早先的重商主义时期。本章系统梳理了与国有资本投资相关的理论，包括古典政治经济学、马克思政治经济学、凯恩斯主义和新凯恩斯主义理论、新经济增长理论以及市场失灵等理论中与国有资本投资的相关理论论述，以此为中国国有资本的存在和发展以及为后续章节的实证研究夯实理论基础。

第一节　古典政治经济学公共投资理论

一、威廉·配第公共投资理论

古典政治经济学于 17 世纪中叶在英国开始形成和发展，而在当时的历史条件下，英国古典政治经济学家还没有直接提出公共投资或者国有资本投资的概念。当时的英国经济学家们从政府在公共工程方面的公共支出对国家财富和就业增加的角度入手，探讨了公共投资与经济增长之间的关系。在当时经济社会发展水平比较低的背景下，公共投资的内涵和范围带有很大的局限性，对经济发展的作用还比较小，当时的公共投资的范围主要包括道路、水利设施、港口、桥梁以及运河等方面的投资。即便如此，以威廉·配第（William Petty）为代表的古典政治经济学家们还是发现和论证了公共投资对经济的作用。

最早的宏观经济学者——威廉·配第于1623年出生在英国，被后来的学者称为英国古典政治经济学之父，也被称为统计学的创始人。威廉·配第作为古典政治经济学创始人之一，较早地意识到经济增长与政府公共投资之间的相互关系。他发现，专业化程度比较高的运输工具有利于提高运输能力、节约劳动力和降低运费，进而可以增加社会财富。关于公共基础设施的建设方面，威廉·配第甚至主张利用乞丐、盗贼等的劳动建设公路、桥梁、堤坝等公共基础设施，以此来增进社会财富。[①]

威廉·配第在《赋税论》一书中初步探讨了政府支出的内涵和作用。他根据政府职能的划分提出了政府财政支出的一般范围，主要包括：建设公路支出、水利工程支出、建设学校教堂支出、官吏俸禄支出、对孤儿和丧失工作能力的人的救助赡养支出、国防支出等。另外，威廉·配第认为，政府财政支出的主要目的是提高国家生产力水平、发展和振兴产业。基于此，他认为，一方面应该推行行政、教会、法院等领域的制度改革，压缩非生产性财政支出，例如，行政、军事、宗教、教育等方面的经费支出；另一方面要增加生产性财政支出，确保社会救济方面的支出额度。不难发现，威廉·配第的主张反映了新兴资产阶级利益诉求。[②]

二、弗朗斯瓦·魁奈公共投资理论

在早期的重农主义时代，虽然还没有直接提出公共投资或者国有资本投资的概念，但是法国古典政治经济学家就已经认识到公共投资的重要作用，开始关注政府与经济增长之间的互动关系，其中杰出的代表人物是法国重农学派经济学家——弗朗斯瓦·魁奈（Francois Quesnay）。

魁奈是法国重农学派的创始人，古典政治经济学体系的先驱者之一，他

---

① 朱彤书. 近代西方经济理论发展史 [M]. 上海：华东师范大学出版社，1989.
② 威廉·配第. 赋税论（全译本）[M]. 薛东阳，译. 武汉：武汉大学出版社，2011.

对孔子十分尊崇，也因其关于中国文化和社会的著作而知名，被人们称为"欧洲的孔夫子"。在魁奈看来，为了增加国家财富，活泼的竞争是必不可少的。但是，魁奈却又坚持认为，国家"在总的方面"对经济活动实施适当的干预也是必要的。另外，魁奈认为，充足的预付（资本）是农业繁荣发展和大规模经营的最基本条件，也是国家财富得以不断积累的很重要的因素。因此，为了促进农业发展和增加社会财富，政府应想方设法保障农业部门中的资本量，合理引导资金流向农业部门。此外，为了产品和手工业品的顺利买卖和流通，政府要积极兴建公共工程和基础设施。值得一提的是，魁奈认识到农业知识对于生产的重要性，认为要想在良好的农业生产经营活动中取得成功，农业从业者必须有农业知识储备，但是农业从业者缺乏农业方面的知识，因此，魁奈认为，政府要考虑兴办农业学校，专心研究和传授农业知识和经济学的知识。[①]

三、亚当·斯密公共投资理论

1776 年，亚当·斯密（Adam Smith）的《国民财富的性质和原因的研究》（简称《国富论》）出版，他在书中把"自由放任"视为经济政策的基本原则，他认为市场运行可以通过"看不见的手"来进行调节，而政府的职责只是做好"守夜人"就可以了。

亚当·斯密对公共投资也有论述。在他看来，政府的职责范围，即公共投资的领域仅限于"国防、司法和公共产品"等领域。亚当·斯密常用"大海的灯塔"的例子来论述政府公共支出的领域，在他看来这类公共基础设施和公共工程对于经济社会的健康运行大有裨益，但是由于其特殊性质，收费比较困难，此类公共设施若交由个人或少数人建造，那么获得的利润难以弥补其花费的成本，因此，这类公共基础设施和工程不能期望个人或少数人来提供，需要政府部门来提供。[②]

大多数早期主流的经济学家大都信奉亚当·斯密所谓的"看不见的手"的理论。这部分学者认为，通过市场机制经济系统就能够自发性地实现资源

---

① 魁奈. 魁奈经济著作选集［M］. 北京：商务印书馆，1979.
② 亚当·斯密. 国民财富的性质和原因的研究（下）［M］. 北京：商务印书馆，1979.

的最优配置，因而只有市场才能解决经济中的各种问题，政府无须对经济进行干预。但是，西方资本主义经常性的结构失衡的历史进程表明，有些经济问题是根本无法通过市场本身的修复机制来解决，市场机制本身存在无法克服的缺陷。人们逐渐认识到在某些市场失灵的领域，需要国家干预进行矫正，政府公共投资或国有资本投资成为政府干预的重要手段之一。

第二节　马克思主义公共投资理论

一、公共投资效用论

马克思没有针对公共投资做专门论述。但是，纵观马克思主义政治经济学，马克思在其研究中比较注重公共投资对于经济增长的作用。马克思最先发现了资本主义国家的经济运行过程中总是存在着结构失衡，而这种失衡是市场机制无法解决的。马克思认为解决资本主义经济危机和结构失衡的根本出路在于以国家所有制和国家计划经济替代私有制和市场，以此解决生产资料私有和生产社会化之间的矛盾。

马克思认为经济系统的正常运转依赖政府的公共投资支出。政府通过公共投资不仅能够为企业生产经营创造更加优越的外部环境，而且还能够开拓更大的市场空间，从而能够刺激企业增加投资来推动生产发展。[①] 随着企业面临的外部市场条件的改善，生产领域的商品生产时间就会缩短，流通领域中的商品流通速度就会提高，因而剩余价值的生产就会增加，而通过政府的公共投资可以大幅度地改进交通等基础设施，进而流通时间便会大大缩短。

在马克思看来，政府的公共投资支出规模会随社会经济的发展而逐渐增加。在不同经济社会发展阶段，马克思还认为公共投资发挥的效用是不同的。尤其在经济发展的早期阶段，政府的公共投资尤为重要。在资本主义生产不发达的阶段，那些只能大规模经营的公共工程需要在较长时间内大量投

---

① 郭进伟. 提高公共投资绩效增强政府执政能力 [J]. 经济视角，2005（11）：57 - 60.

资，这些领域个人很难投资经营，需要由公共团体或国家出资兴办。① 一个国家如果没有公共投资创造的相对完备的基础条件，不利于民间企业的发展，不利于资本的引入与增值，不仅不利于经济社会的持续增长，而且最终会危及经济社会的进步。因此，政府公共投资适度优先发展，对后起的发展中国家来说尤为重要。②

二、公共投资资金来源

马克思关于公共投资来源的观点是建立在剩余价值理论基础之上的，与西方资产阶级经济学家观点存在很大的不同。多数西方经济学家认为公共投资的资金来源就是国家财政支出。而马克思认为，剩余劳动或者义务劳动生产的剩余价值是公共投资资金的唯一源泉，这部分资金通过财税手段等方式交由国家代理运作。另外，在公共投资建设方面，马克思认为，公共投资的建设方式主要表现为两种方式，一种方式是直接利用徭役劳动来筑路，另一种方式是利用赋税来筑路，也就是说国家通过强制手段把部分剩余价值变成道路。③

三、马克思国家权力学说

马克思认为："在我们面前有两种权力，一种是财产权力，也就是所有者的权力；另一种是政治权力，即国家的权力"④，马克思将财产权力从复杂的社会关系中剥离，将财产权力划归为与国家政治权力相对应的一种权力范畴。在马克思看来，财产权力来源于生产资料的所有权，即私有制，而政治权力产生和存在的基础是国家政权和国家意志，社会主义生产资料公有制的国家可以凭社会管理者和财产所有者两种不同的身份同时具有国家政治权力和财产权力。⑤ 一方面，政治权力归国家所有；另一方面，国家凭借生产

① 资本论：第 3 卷 [M]. 北京：人民出版社，1975.
② 马克思恩格斯全集：第 9 卷 [M]. 北京：人民出版社，1961.
③ 马克思恩格斯全集：第 46 卷 [M]. 北京：人民出版社，1980.
④ 马克思恩格斯选集：第 1 卷 [M]. 北京：人民出版社，1972.
⑤ 杨鹏. 我国国有资产管理体制改革研究 [D]. 长春：东北师范大学，2015.

资料所有者身份可以获取财产权力。①

根据马克思的国家权力学说，在社会主义市场经济中，必须贯彻"政企分工"和"政资分离"的原则，这样才能发挥市场资源配置的基础作用，如此一来，国家必须将社会管理者和财产所有者两种身份进行分离：一方面，国家行政管理部门拥有国家政治权力，专门行使社会管理职能；另一方面，国家国有资产管理部门拥有国有资产财产权力，专门履行国有资产所有者职能。② 因此，从马克思的国家权力理论可以看出，国有资产是国家财产权力的一部分，国家对国有资产具有管理、使用和盈利的义务和权力，社会主义国家通过国有资本保值增值的过程，保证社会扩大再生长的持续进行，不断推进国有资本和国有经济发展壮大，进而为社会主义现代化建设提供强大的物质基础和保障。

第三节　凯恩斯主义公共投资理论

一、凯恩斯主义公共投资理论

20 世纪 30 年代，凯恩斯（John Maynard Keynes）发表了《就业、利息和货币通论》，凯恩斯在书中从心理学角度出发，基于边际消费倾向、资本边际效率和流动性偏好这三个基本心理因素，对资本主义社会的总量失衡现象进行了新的诠释，提出了不同于古典经济学理论的有效需求理论。在凯恩斯看来，当市场存在有效需求不足时，自由放任的市场机制无法解决这个问题。因此，为了解决有效需求不足问题和实现充分就业，政府需要通过扩大投资对经济实行干预，其中公共投资是政府干预的重要手段之一。

凯恩斯认为，尤其在经济萧条的时候，应该扩大政府的职能，加强政府对投资的控制。在凯恩斯看来，为了应对有效需求不足，应当加大政府投资支出，同时政府应采取"逆风向行事"的原则相机决策，当经济萧条时扩

---

① 谭明军. 国有资本投资综合效益研究 [D]. 成都：西南财经大学，2011.
② 凯恩斯. 就业利息和货币通论 [M]. 北京：商务印书馆，1983.

大政府公共投资支出来调节经济，实现经济均衡。在凯恩斯看来，政府的财政支出预算应当分为两种：一是普通预算；二是特别预算。其中，普通预算为一般性的正常开支，而特殊预算主要是为了实施相机决策而安排的公共财政支出，例如，公共工程、住宅建设等方面的公共财政投资。[①]

二、凯恩斯主义公共投资理论的发展

在 20 世纪 40 年代，希克斯－汉森模型（IS－LM 模型）和加速数模型的出现推动凯恩斯主义理论进一步发展。后来的学者通常用 IS－LM 模型来推导产品市场和货币市场的一般均衡，并用来分析经济政策的效果，进而阐述凯恩斯主义公共投资理论。如图 1－1 所示，起初 IS 曲线和 LM 曲线在产品市场和货币市场的一般均衡点处相交，此时两市场同时达到均衡。如果增加政府公共投资，通过投资的乘数效应使得产出增加 ΔY，则此时 IS 曲线向右移动 ΔY 的距离，到达 IS' 的位置。在新的产出水平上会引致更多的货币需求，使得货币市场的利率提高，结果在一定程度上挤出了部分私人投资；但同时，公共投资也会带来乘数效应和引致私人投资，进而对私人投资产生挤入效应。最终，新的 IS 曲线移动到 IS'，与 LM 曲线重新相交于新的均衡状态。此时如果中央银行实施积极的货币政策，增加货币市场的货币供给，利率水平将随之下降，政府公共投资的挤出效应在短期会减弱，在图 1－1 中

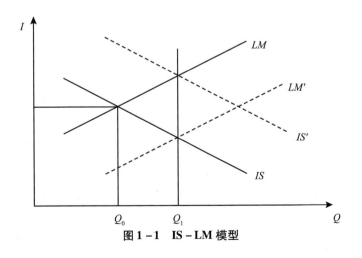

图 1－1　IS－LM 模型

① 曼昆. 经济学原理 ［M］. 梁小民，梁砾，译. 北京：北京大学出版社，2015.

表现为 LM 曲线向右移动，与 IS' 在更高的产出水平上达到均衡。[①] 凯恩斯主义公共投资理论指导了以美国为首的西方国家经济的快速增长，成为第二次世界大战后西方各国政府进行经济活动调控和管理的重要理论依据。

三、新凯恩斯主义与公共投资

20 世纪 70 年代开始西方主要资本主义国家的通货膨胀率不断攀升，同时经济陷入停滞。滞胀现象的出现使凯恩斯主义陷入了困境。此时，各种反对政府干预的自由主义经济思想流派，例如，货币学派、供给学派和理性预期学派等纷纷兴起。凯恩斯主义在西方失去了主流经济学地位。但是，这些自由主义经济思想流派的批判并没有使经济真正恢复到自由主义模式，反而在一定程度上促进了凯恩斯主义理论的不断修正和完善。一批坚持凯恩斯主义基本信条的新青年学者，吸取其他学派的科学合理成分，尤其是理性预期学派的理性预期假说，逐渐形成了新凯恩斯主义经济学。新凯恩斯主义学派坚持了劳动市场上存在着超额劳动供给、经济会发生周期性波动、政府干预是必要的这三个传统的凯恩斯主义基本命题。同时在具体的经济分析方法和经济理论假设上，认为工资和价格是黏性的，取代了原凯恩斯主义工资和价格刚性的主张。另外，在分析中引入了厂商利润最大化和效用最大化的微观假设，奠定了凯恩斯主义宏观经济学的微观经济基础，从而发展和完善了凯恩斯主义。

不同于新古典宏观经济学的市场出清假说，新凯恩斯主义者认为，当经济系统受到冲击以后，工资和价格黏性使得劳动力市场处于非出清状态。在政府干预政策效果方面，新凯恩斯主义者认为，即使存在理性预期，政府的干预也是有效的。因此，新凯恩斯主义者主张政府需要增加公共投资来调节总需求。虽然政府干预是必须的，但是新凯恩斯主义者同时吸取了新古典宏观经济学派的观点，即政府不能过度干预经济活动，过度频繁的干预不利经济增长，相反会导致经济停滞，也有可能发生通货膨胀。[②] 因此，新凯恩斯

---

① 曼昆. 经济学原理 [M]. 梁小民，梁砾，译. 北京：北京大学出版社，2015.
② 奥利维尔·布兰查德. 宏观经济学 [M]. 刘新智，等译. 北京：清华大学出版社，2010.

主义者主张还要充分发挥市场机制的作用。① 另外，一些新凯恩斯主义者认为，由于信息不完全、寻租行为、行政机构运行成本、公共部门缺乏竞争和缺乏效率等因素的存在使得政府干预也存在"失灵"。

第四节　新经济增长理论与公共投资

一、新经济增长理论

新经济增长理论出现之前，广大学者所讨论的政府公共投资主要包括基本道路、港口、水利水电工程等有形的基础设施领域的投资支出。② 随着经济社会的发展进步，人们逐渐认识到技术、知识和人力资本投资等因素对于经济增长的重要作用。③④⑤ 在 20 世纪 80 年代，罗默和卢卡斯（Romer and Lucas）开创了新经济增长理论，即内生经济增长理论。新经济增长理论认为，"劳动力"不仅包括劳动力绝对投入数量，而且还包括劳动者的个人素质和整体素质，包括受教育水平、技能水平以及劳动者之间的相互协作能力，等等。人力资本不仅体现了劳动者数量，更加注重劳动者的质量，并且作为独立变量引入到新经济增长理论生产函数中。

在罗默的新经济增长模型中，他把生产要素划分为四个变量：资本、非技术劳动、人力资本和新知识，而且新知识是最为重要的生产要素，也是经济持续增长的关键。罗默认为知识和技术进步才是经济可持续增长的核心，经济系统中的创新活动使得知识能够成为商品，而知识商品的生产成本只是知识的开发成本，知识可以被反复使用，且在多次使用过程中不需要额外追

① 宋兆君. 关中—天水经济区地方政府投资与经济增长关系及其效率研究 [D]. 咸阳：西北农林科技大学，2013.

② Lucas, R. E., Jr. On the Mechanics of Economic Development [J]. Journal of Monetary Economics, 1988 (22)：3–42.

③ Romer, P. M. Endogenous Technological Change [J]. Journal of Political Economy, 1990 (98)：S71–S102.

④ Grossman, G. M. and E. Helpman. Innovation and, Growth in the Global Economy [M]. Cambridge：MIT Press, 1991.

⑤ Aghion, P. and P. Howitt. A Model of Growth through, Creative Destruction [J]. Econometrica, 1992 (60)：323–351.

加生产成本。[1]

卢卡斯的新经济增长理论认为，经济增长的真正源泉是人力资本积累，人力资本的积累方式主要表现为以下两种途径：一种途径是通过正规和非正规学校教育；另一种途径类似于阿罗提出的"干中学"理论，通过实际生产实践中的边干边学，劳动者即使没有接受学校正规教育，通过工作岗位中的实际训练和实践经验也能够促进人力资本的积累。[2]

新经济增长理论注重知识积累的作用，将技术进步完全内生化，认为知识的积累、技术进步使得生产过程具有规模报酬递增的性质。一方面，现实经济系统中的教育和创新活动生产知识，不断的研发资本投资和教育投资会刺激知识的生产和积累；另一方面，知识的积累又进一步刺激投资的不断增加，如此循环往复，经济能够实现可持续发展。

二、新经济增长理论与公共投资

根据新经济增长理论，经济能够不依赖外生变量，而通过知识、人力资本和技术进步便可以实现持续增长。换句话说，在新增长模型中，经济增长的推动力量——知识积累、技术进步不是外生的，而是由经济系统内部的机制决定的。教育是实现作为人力资本积累的最重要途径。各国政府逐渐将教育投资支出视为公共投资的一个重要领域。而对于推动技术进步的研发投资，无论是基础性研发还是应用性研发都具有很强的溢出效应，因此在研发领域存在外部性问题，市场机制在一定程度上存在失灵，因此需要政府对研发活动，尤其是基础性研发进行一定的投资。

另外，新经济增长理论和新制度经济学指出，明晰而且可执行的产权是市场经济正常运转的基础，能够为私人部门生产提供保护和正向激励，进而能够促进经济增长。因此，政府需要通过持续的公共投资对产权进行保护，以此满足各市场主体对于产权保护的需要。因此，在传统意义上被当成非生产性公共支出的项目，例如，司法、立法、执法等部分的支出项目，也可以

---

① Romer, P. M. Increasing Returns and Long – Run Growth [J]. Journal of Political Economy, 1986 (94): 1002 – 1037.

② Lucas, R. E., Jr. On the Mechanics of Economic Development [J]. Journal of Monetary Economics, 1988 (22): 3 – 42.

看成是对"制度资本"的投资，因此，此类政府公共支出也可以视为公共投资。

三、新经济增长理论政策主张与启示

（一）新经济增长理论政策主张

新经济增长理论的政策主张核心观点是，投资教育和提高研究开发的人力资本存量等政策措施十分必要。[①] 因此，不同于新古典市场调节的政策和凯恩斯主义的政府"逆周期行事"的政策主张，以罗默为代表的新经济增长理论的经济学家认为，政府的公共政策尤其是公共投资不应该致力于经济周期的调控上，政府的政策目标不应该着力于反经济周期和寻求"软着陆"，而是应该聚焦于促进新技术的产生。根据新经济增长理论政策主张，引导社会资本投资基础设施领域，寻求基础设施建设的私人化才是正确的选择，政府公共投资应该从基础设施领域转向补贴以大学为基地的科研开发，或者通过制度投资完善各种体制机制，引导和鼓励风险资本向研发领域流动。罗默认为大学的作用在于探索基本的概念，进行基础性研发，其研发活动应该着眼国家的安全和需要，追求长远利益。大学不应以商业和经济为目的，应给大学提供良好的创新和研发环境，不能把大学里的基础研究推向私人部门。

（二）新经济增长理论对于发展国有企业的启示

较强的国有企业研发能力是中国经济增长和行业发展的重要推动力。一方面，增强国有企业研发能力，有助于增强国有企业研发活动对民营企业研发活动形成挤入效应，能够进一步加速民营企业的发展，不断增强中国内资企业的整体创新能力和水平。另一方面，培育国有企业企业家创新精神，是企业保持持续发展动力的关键。新的经济形势下，培育国有企业企业家创新精神，推动研发发展，有利于国有企业保持持续的盈利能力；有利于国有企业的转型升级；有利于国有企业发挥其主导性作用。基于内生增长理论，可

---

① 张建华，刘仁军. 保罗·罗默对新增长理论的贡献［J］. 经济学动态，2004（2）：77-81.

以提出国有企业发展的几点建议：

首先，把研发投入和创新作为国有企业企业家的考核指标，使国有企业企业家利益与企业的长期发展挂钩，形成国有企业企业家创新活动的长效激励机制。研发活动，尤其是基础研发活动，往往需要较长的发展周期，研发期内只有投入而没有效益，要想形成国有企业的持续性研发活动，需要对任期内的国有企业企业家进行相应的激励。把研发投入和创新作为国有企业企业家的考核指标，使国有企业企业家自身利益同企业的长期发展挂钩，这样能够有效激励国有企业企业家开展具有战略性眼光的创新活动，形成国有企业在创新和研发方面的长效发展，形成国有企业的核心竞争力，进而能够推动国有企业所在行业的竞争力水平。

其次，国有企业企业家引领企业职工形成创新型文化和氛围。创新型国有企业的发展不仅源于国有企业企业家精神的培养，还源于企业职工对企业创新的认同和积极参与。国有企业企业家带动企业职工形成创新型的文化和氛围，有助于激发企业职工的创新潜能，激发职工参与创新工作的积极性和内在动力。良好的创新型企业文化和氛围，使企业职工之间积极配合，形成整体协作带来的超高运作效率，能够加快国有企业的研发发展，能够加快国有企业核心竞争力的形成。

最后，政府对保持长期较高研发投入的国有企业，在税收方面给予优惠政策。研发活动在发展过程中，往往伴随着巨大的研发投入。要想实现技术性的突破和相关基础研发研究的深入，需要国有企业保持长期较高的研发投入。随着国内技术水平的迅速推进，国外对中国的一些技术成果的出口采取了相应的限制措施，这些技术成果往往是关系某些行业发展或者国家发展的关键技术成果，同时，这些技术研究起来十分复杂，对专家知识水平的要求和对资金的投入要求都非常高，且风险大，一般的民营企业难以承担该类研究任务。因此，需要国有企业对研发活动进行深入推动。在这一过程中，政府对保持长期较高研发投入的国有企业，在税收方面给予优惠政策，能够对国有企业形成有效激励，保证国有企业长期性高投入的研发活动持续进行。

第五节　市场失灵理论

一、市场失灵概述

在古典自由经济学家看来，市场机制这一"看不见的手"，被认为是资源配置的最好方式。但是随着经济的发展，尤其是资本主义世界的周期性的经济波动和难以避免的结构失衡使得人们发现，市场机制并非万能，市场本身存在固有的缺陷使得市场机制在有些领域不能有效发挥调节作用，资源配置达不到"帕累托效率"最优状态，市场机制存在失灵现象，这些领域往往需要政府进行干预。市场失灵的主要表现在以下几个方面。

二、纯公共物品和准公共物品

在市场经济体制中，公共产品的生产和提供领域存在失灵。从理论上讲，公共产品具有非排他性或非竞争性。按照萨缪尔森的观点，公共产品是所有成员共享的公共消费品，这种产品的消费不会减少其他成员对该产品消费的效用。① 根据"帕累托最优"原则来看，由于公共产品边际消费成本为零，排除任何消费该产品而得到边际收益的行为，都不是帕累托最优，存在帕累托改进。因此在公共物品生产和分配领域往往存在着效率损失。

公共物品可进一步分为纯公共物品和准公共物品。一些准公共物品没有排他性或者排他性较弱，但这类物品却有一定的竞用性，这样就很可能导致人们对此类公共资源的过度消费，导致"公地悲剧"的产生。某些公共物品，例如，国防、环境保护等设施，所提供的效用不能被分割，很难为其定价，因而无法通过买卖活动向个人或企业出售，也往往无法避免"免费搭便车"的现象，最终导致市场在公共物品领域是失灵的，因此需要政府进行干

---

① Holtz – Eakin D. Public-sector capital and the productivity puzzle［R］. National Bureau of Economic Research，1992.

预，而公共物品的提供范围成为政府公共支出的主要依据。①

三、外部性

外部性指的是某个企业或个人的行为对社会上其他人产生了有益的或者不利的影响，但是企业和个人没有为这种影响获得相应的收益或者付出相应的代价，这种额外的"好处"或者"坏处"并没有使相关商品的价格增加或降低。外部性通常分为正外部性和负外部性。

当经济活动中存在外部性时，也就是说某个人或企业的行为活动影响了社会上的他人或厂商，给他人或其他厂商带来了额外的收益或损失，但是个人或厂商却没有为之承担应有的"代价"或没有获得应有的"回报"，例如，一家工业企业在生产过程中会排放废气、废水和固体废弃物，因此会污染周围的环境，危害周边居民的健康，但是厂商并没有对居民的健康损失进行赔偿，也就是说这种负外部性影响并没有反映到厂商产品生产成本中，如果不对企业的生产活动进行干预，此类厂商造成的污染会越来越严重，给周边居民带来的危害越来越大。具有外部效应的个人或者厂商行为，如果没有政府干预，必然会出现生产不足或者过度生产的现象，造成社会资源浪费，破坏生态环境，整个资源配置无法达到的"帕累托最优"状态。因此，政府需要在具有外部性的领域进行干预，以非市场的方式矫正或解决带有外部效应的产品供给问题。

四、垄断

现实的市场经济往往达不到完全竞争的理想状态，大多数情况下存在一定程度的垄断因素，即市场是不完全竞争的。其中垄断是不完全竞争市场的一种类型。在垄断的条件下，垄断厂商可以通过调控其产品的供给量来控制和操纵市场价格，使得产品的市场价格高于该产品的边际生产成本，因此，厂商制定的垄断价格不符合帕累托最优原则，资源配置是低效的。在一定条件下，政府有必要通过行政手段、经济手段或者法律手段消除垄断造成的资

---

① 田林海. 公共投资对民营投资的挤出效应研究［D］. 北京：中国财政科学研究院，2017.

源配置低效率。另外，自然垄断是垄断的一种特殊形式，如水电、基础通信等行业一般都属于自然垄断的范畴，这些行业需要在很大的生产规模上才能实现规模效应。因而在自然垄断的情况下，市场天然便是失灵的，也就是说，政府介入自然垄断行业的生产经营是必要的，也是必须的。

市场失灵除了上述几个方面外在收入分配、通货膨胀，失业和不完全市场方面对经济社会的发展产生不利影响。通过对市场机制失灵理论的分析，我们就不难界定国有资本投资活动的范围。大多数西方经济学家也主张，市场机制发生失灵的领域便是需要政府公共部门干预和调控的领域，同时也是国有资本投资发挥作用的领域。

第六节　本章小结

改革开放以来，中国的经济建设成就世界瞩目，而且自 2010 年开始中国成为世界第二大经济体，国有资本投资在中国经济崛起的过程中始终发挥了中流砥柱的作用。本章系统梳理了从重商主义时期至当代与国有资本投资的相关理论，主要包括古典政治经济学理论、马克思政治经济学、凯恩斯主义理论、新凯恩斯主义理论、新经济增长理论以及市场失灵理论中与国有资本投资的相关论述，系统探讨了国有经济发展和国有资本投资的理论渊源，以此为国有资本的存在和发展以及后续章节的实证研究夯实了坚实的理论基础。在此基础上，为了全面了解和把握国有资本投资，还需要进一步厘清资本和国有资本相关内涵。为此，在本章理论梳理的基础上，下一章主要就国有资本内涵以及中国国有资本发展实践进行详细阐述。

第二章

国有资本投资概述

了解和认识国有资本投资，需要理解和掌握资本和国有资本相关内涵。鉴于此，本章主要阐述了资本、国有资本以及国有资本投资的相关内涵以及中国国有资本投资发展实践。首先，介绍了资本的内涵，梳理了西方经济学和马克思政治经济学中关于资本概念的界定；其次，阐述了国有资本的概念，同时对与国有资本相关的概念进行辨析；最后，探讨了西方发达资本主义国家以及中国的国有资本投资功能与定位问题。

第一节　资本概念界定

一、西方经济理论中的资本范畴

资本的概念源于拉丁文。亚当·斯密对资本进行过论述，且最先提出了"生产资本"的概念。他对资本的论述内容主要是关于资本的积累、资本的用途和资本利润的获取等方面，同时，亚当·斯密把资本当作除劳动要素之外的生产要素之一。[①] 在亚当·斯密关于资本论述的基础上，早期的经济学家把资本作为重要的生产要素来研究其对经济增长的作用。

---

① 亚当·斯密. 国民财富的性质和原因的研究［M］. 北京：商务印书馆，1972.

奥地利学派代表人物庞巴维克（Eugen Bohm – Bawerk）把资本看成是迂回生产过程中的"中间产品"，并且从社会和个人两个角度把资本划分为"私人资本"和"国家资本"，私人资本作为生产工具，其重点在于生产，而国家资本作为收入来源，其重点则在于利息的获取。[①] 庞巴维克将古典经济学家所界定的"获利手段"定义为"资本的原始概念"。这之后，"国家资本"这一新的定义则发展成了一个独立的重要概念。

二、马克思关于资本范畴的论述

西方经济理论中单纯的物化资本的内涵并不能很好地揭示出资本背后所隐含的现实特征和异质性，其有关资本范畴的论述大都聚焦在资本的物质属性上。这些西方经济理论很好地解释了资本作为生产手段的资本增值的过程。但是大多数西方经济学家忽视了一个最根本的问题，即在资本价值增值的过程中所伴随的人与人之间的相互关系，比如劳动与资本之间的关系。

直到 1867 年马克思《资本论》的出现才阐释了物化资本所隐含的复杂的社会关系。根据马克思的论述，"资本不是仅仅一种实物，而是属于一定历史社会形态的生产关系，它体现在一个物上，并赋予这个物以特有的社会性质"[②]。因此，在马克思看来，资本更是一种社会关系，而且是一种历史的生产关系。从此，马克思通过揭示资本的社会关系属性把资本范畴的研究重点转向了生产关系领域，为后续的经济学家开辟了一个异于西方主流经济学家所谓的物化资本角度的崭新的研究视角。

在《资本论》中，马克思深刻地阐述了他对资本的认识，资本是一种自我增值的工具，是一种能够带来剩余价值的价值。另外，资本属于社会关系范畴，是一种历史的资产阶级社会生产关系。[③] 资本最大化地追求财富增值，但财富的真正来源不是资本，而是工人的创造和生产。作为一种社会属性资本，资本在本质上是一种社会生产关系。

[①] 庞巴维克. 资本实证论 [M]. 陈端，译. 北京：商务印书馆，1981.
[②] 马克思恩格斯全集：第 25 卷 [M]. 北京：人民出版社，1974.
[③] 马克思恩格斯全集：第 1 卷 [M]. 北京：人民出版社，1974.

三、社会主义市场经济中的资本范畴

改革开放前，中国学术界普遍认为，资本属于资本主义经济范畴，而不存在于社会主义经济中①，因此政策性文件中很难见到"资本"概念，而使用"资金""资产""基金"等概念来代替，甚至有学者提出"社本"的概念。② 并且政治经济学中的资本主义部分使用的"资本"，在社会主义部分都换作了"资金"。但是，长期的经济理论研究表明，"资本""资产"和"资金"等概念只能反映资本范畴的一个方面，不能充分表达社会主义市场经济中资本范畴的多重内涵。事实上，直到 1993 年 11 月，中共十四届三中全会上才第一次使用了"资本"这个概念。此后，资本概念在中共十五大、中共十六大、中共十七大报告以及各项政策文件中得到了广泛的运用，并指出了资本在社会主义市场经济发展中的重要作用。

当前，公有制为主体、多种所有制共同发展的混合所有制将是中国长期的基本经济体制。客观存在的公有资本和非公有资本共存在相当长的时期内是不可避免的现象。同时必须明确，反映社会主义市场经济特征的资本主体应当也必须是公有资本。对于非公有制资本的"双刃剑"，一方面要发挥其对经济发展的贡献，另一方面要防止非公有制资本权力的无限扩张。因此，公有资本作为社会主义市场经济的主体，除了具有资本的一般性外，还应具有以下特征：即公有性和全民的共享性。公有资本尤其是国有资本在社会主义市场经济运行过程中不断实现增值，是社会主义国家的物质基础，而且全体人民共同享有。这种普遍分享的形式不是直接占有或直接取得利益，而是通过国家或集体取得国有资本增值，然后国家将增值投资于用于满足人民群众的共同需要，造福全体人民。

---

① 侯恒，崔朝栋. 关于资本和"按资分配"问题的讨论 [J]. 河南财经学院学报，1992（1）：17 - 23.
② 卓炯. 关于"《资本论》的生命力"的探讨——纪念马克思逝世一百周年 [J]. 学术研究，1983（2）：15 - 25.

第二节　国有资本投资概述

一、国有资本内涵

一般来说，国有资本也就是资本所有权归国家所有的资本。按资本所有权的归属不同的划分就产生了国有资本概念。国有资本的产生一般有两种途径：一是通过强制性的国家政权没收私人资本形成的国有资本，通常是在社会主义制度建立初期采用的；二是由国家作为生产资料所有人的投资而形成的各种权益。为了保障社会主义经济和政治的安全，为了社会主义生产和工业化的需要，国家必须掌握自己的经济资源，集中各种闲置的社会资源，集中力量办大事。随着改革开放和社会主义市场经济体制的建立，计划经济逐步向社会主义市场经济过渡。考虑到社会效益和私人资本的积极性，国家在充分保护发展的同时，积极投资于与国民经济和人民生活有关的重要产业和重点领域，积累了大量的国有资本。

根据国家经济体制改革委员会于 1997 年发布的《关于城市国有资本营运体制改革试点的指导意见》（以下简称《指导意见》）中可以看出，国有资本至少应包括以下三个方面的内容：一是国家对企业的各种投资，即国家以资本所有者的身份对金融企业以外的企业进行的投资。此时，国家只是经济活动的参与者，国家与其他经济实体之间没有本质的区别。二是形成的各种权益，其基础不是国家权力，而是资本所有权，国家享有所有权。作为资本所有者的所有权，以及由此衍生的一系列财产权益，包括产权、资产监管权、投资决策权等。三是依法被认定为国有的其他权益。这些权益的出现是基于对国有财产的所有权，涉及国有资本在经营过程中和其他经济实体之间可能发生的产权或合同纠纷而引起的难以分割的权益，在这种情况下，《指导意见》强调的是以法律手段而不是行政手段来判断权益归属。

国有资本具有双重属性和功能，一方面，它需要追求一般性资本的保值增值目标；另一方面，它具有特殊的属性，还要承担部分社会功能。首先，只有认识到国有资本的一般属性，才能振兴国有资本，促进国有企业的良好发展。其次，从国有资本的特殊属性出发，国有资本作为一国的资本，必须考虑到这个国家的社会功能，不能把利润最大化为其最终目的，即国有资本在追求保值增值的同时，还必须履行相应的社会职能，这是国有资本不同于私人资本的本质属性。最后，纯利润动机或纯社会功能均不属于国有资本的范畴，国有资本正是这两个属性的矛盾统一体。

二、相关概念辨析

（一）国有资产和国有资本

国有资产通常是指国家所有并能够为国家提供经济和社会效益的财产、物资、债权和利益等各种经济资源的总和。一般而言，国有资产包括由企业内部经营性的国有资产、行政事业单位内部通过拨款和捐赠形成的非经营性的资产以及国有资源性资产。① 而国有资本通常被认为是狭义的国有资产，也就是经营性的国有资产。国有资产是以出资的方式投资于企业的，具体体现为一定份额的国有股权。另外，同其他形式的资本一样，国有资本属于资本的范畴，追求利润和追求价值的保值和增值。可以简单地认为国有资本和经营国有资产属于同一范畴，是国有资产的一种价值表现形式。国有资本和国有资产的关系如图2－1所示。

图2－1　国有资产和国有资本的关系

在表现形式上，国有资产是一定时间点的财富的总和，是价值的直接体现，是所有者经营成果的象征；国有资本是国家在企业初始设立或经营过程中的一种物质形态或货币形态的投入。在财富形态上，国有资产是静态的国家财富，是以实物或货币形式存在的国家财富。资产可能产生利润，但它们

---

① 谭啸. 我国国有资本经营预算改革研究［D］. 北京：财政部财政科学研究所，2014.

不一定具有增值效应并产生利润；国有资本是一种动态的国家财富。它是国家对不同形式企业的投入，通过连续流通和周转，具有增值性和营利性。在管理方式上，国有资产更加注重行政手段的运用，辅之以经济手段；国有资本更注重经济手段的运用。

（二）国有资本投资和政府投资

很多人认为，国有资本投资与政府投资两者是同一个概念，实际上两者存在诸多差异，是两个极易混淆的不同的范畴。下面我们从两者的投资主体和投资目的两个角度阐述国有资本投资和政府投资的区别和联系，以便更加清楚地把握两者的内涵和外延。

第一，资本投资主体。许多人普遍认为这两者都是由国家或政府投资的，这似乎是一个很好的概括。不过这两个投资主体之间存在一定的差异。国有资本的投资者是国务院代表国家的国资委，地方各级代表地方政府的国资委；政府投资主体一般是代表国家和地方财政部门的财政部。虽然国资委和财政部都由国家授权投资，但是，不能认为两个投资主体是完全相同的。

第二，资本投资目的。国有资本投资更注重经济效益，同时承担社会责任。在大多数情况下，政府投资用于其他目的，如国家发展战略、解决社会问题或改善民生。投资的经济效益不是政府投资的首要目标。当然，国家为了长期经济效益可以进行大规模的基础设施投资，这些投资符合国有资本投资的定义，但周期一般较长，经济效益不明显。

第三节　国有资本投资功能定位

一、西方发达国家国有资本投资功能定位

国有资本不仅存在于中国这样的社会主义国家，在西方发达的市场经济国家也同样存在，但是由于基本社会制度和经济制度的不同，国有资本在不同国家经济社会发展中的功能和作用也存在着巨大的差异，因此准确认识中国与西方发达市场经济国家国有经济功能的差异，不仅有助于客观评价国有

经济在中西方国家经济社会发展中的重要作用，而且更有助于确立中国国有经济今后进行进一步改革的发展方向。

从西方发达国家国有资本投资发展的全过程来看，在战争、经济危机等特殊时期，国有资本投资都获得了很大的前进动力：19 世纪末的经济危机期间，以及第一次世界大战时，主要资本主义国家利用国有资本投资方式来应对经济竞争和战争；20 世纪 30 年代资本主义经济大危机时期，国有资本投资被用于克服经济危机；第二次世界大战结束后，大力发展国有资本投资是为了战后国家的重建和经济的复苏；2008 年的国际金融危机全面爆发后，西方各国纷纷采取再国有化的措施以控制危机蔓延、稳定资本市场、避免对实体经济造成更大的冲击。因此，在认识西方发达市场经济国家国有资本投资的功能之前，应先弄清西方发达国家国有资本投资的发展轨迹。

（一）西方发达国家国有资本投资的发展轨迹

历史上发达资本主义国家的国有资本投资比传统社会主义国家的国有资本投资出现得更早，在经济中的地位也较为独特，且自其产生之日其规模就一直处于动态的演变之中，纵观西方发达国家的国有资本投资发展历程，大体可以分为以下五个阶段。

第一阶段：17 世纪至第一次世界大战前夕。

尽管先后发生了两次工业和科技革命，但国有资本投资的规模和占国民经济的比重比较低，其职能仅限于初步的服务性功能，国有资本的分布范围也相对比较小，局限于最基本的生产和生活基础设施、特种商品和公用事业上。这主要是因为在此期间，经济社会发展水平低下，社会经济对国有资本投资的服务角色需求还非常小，因而其国有资本投资的分布也较为有限。

第二阶段：第一次世界大战至第二次世界大战。

在此期间，国有资本投资主要是为了应对战争和克服经济危机，国有资本布局开始逐步向非国有资本投资领域延伸。在此期间，国有资本在一些特殊产业，例如，军工和造币、港口建设、钢铁行业以及在公共事业领域都有不同程度的分布。在此阶段，受世界大战和经济大萧条的影响，西方各国的国有资本投资规模获得了较快的发展，国有资本投资的平均规模也接近于 20%。

第三阶段：第二次世界大战后至 20 世纪七八十年代私有化前。

在此期间，世界上的主要资本主义国家基本上完成了向发达国家的转变，相应地国有资本投资在社会经济中全面扮演着服务、引导、保证和调控性的角色，国有资本投资的布局范围空间扩张：交通运输行业、能源行业、煤气行业、水电行业、航空航天行业等产业领域，甚至国有资本投资在普通的竞争性领域都有涉足。应该说，在这一时期，国有资本投资的在各个发达国家的规模和分布均达到了历史最高水平，有力地促进了社会发展和经济增长。

第四阶段：20 世纪七八十年代至 21 世纪的全球金融危机爆发前。

在此期间，西方各发达国家逐渐进入了后工业时代，加之各国广泛掀起了私有化的浪潮，国有资本投资的特殊角色在新的环境下进入了回归和调整时期，其分布范围大规模收缩，而非国有经济的发展领域得到了进一步的拓展，如在自然垄断领域、公共事业领域、战略性领域以及一般竞争性领域，国有资本投资逐步让位于私营经济。从规模上看，这一时期各主要发达国家的国有资本投资比重不断下降，到 20 世纪 90 年代，其国有资本投资的平均规模仅为 7% 左右。

第五阶段：2008 年世界金融危机至今。

2008 年全球金融危机爆发以来，西方发达国家的经济发展受到了巨大的影响，为控制危机蔓延、稳定资本市场、避免对实体经济造成更大的冲击，美国和欧洲等国纷纷采取了再国有化的措施，如美国对花旗集团、通用汽车公司等集团公司采取了再国有化措施；德国对住房抵押贷款银行实施再国有化的措施，等等。应该说，西方国家的再国有化是解决金融危机的最后手段，也取得了较好的效果，为缓解金融危机的冲击发挥了重要作用。从西方发达国家国有资本投资的发展轨迹来看，由于国有企业能够克服私有产权的局限性，能够承受更大的风险，具有较高的信誉等优势，西方国家的再国有化政策在应对经济危机方面取得了较好的效果。①

（二）西方发达国家国有资本投资功能定位

尽管在西方发达市场经济国家的国有资本投资发挥了重要作用，但国有

---

① "国际金融危机与经济学理论反思"课题组．西方国家应对金融危机的国有化措施分析 [J]．经济研究，2009（11）：38 − 46.

资本始终无法取代私营经济成为资本主义市场经济的发展主体，这是因为这些国家的国有资本投资是在私有制和市场经济优势化的社会环境和背景下发展起来的，其存在的主要任务是促进私营经济的繁荣发展。因此，西方发达市场经济国家发展国有资本投资的主导思想是：作为民间或私人企业的补充，国有企业经营主要是为私人企业的发展创造良好的条件。① 从西方发达市场经济国家国有资本投资在国民经济中所扮演的历史角色和作用来看，国有资本投资具有双重属性，一方面国有资本投资的目的是为了维护统治阶级的利益；另一方面国有资本投资充当政府宏观调控工具，弥补市场调节的失灵。因此，总体来看，西方发达国家国有资本投资的功能主要体现在以下两个方面：

一方面是弥补市场失灵。这是西方发达国家国有资本投资最首要也是最重要的功能。西方国家推崇私有制和自由竞争，因此私营经济在这些国家的市场经济中占有支配地位。但是，市场经济并不是万能的，它存在着很多市场失灵的领域和时期，如上面所提到的那样，一旦遇到战争或经济危机，这些国家就会大力发展国有资本投资，因此，保持一定数量的国有资本投资以克服市场失灵是所有发达国家市场经济的共同追求，即便在20世纪80年代世界范围内掀起的私有化浪潮中，各个国家为了弥补市场机制的失效和不足，化解市场失灵、维护社会稳定、为其他市场主体创造良好外部环境，或多或少地保有了一定数量的国有企业。

另一方面是保证其实现国家职能的需要。第二次世界大战以后，西方各主要国家为加强政府对经济的控制和调节，采取了一系列的措施，而建立国有企业是其中的一个十分重要的手段。首先，国有资本投资对促进资本主义战后的经济复苏和保证资本主义顺利运行发挥着重要的作用。为了给私营经济的发展提供条件和开辟道路，资本主义国家在诸如交通运输业、航空航天、海洋开发等对经济发展具有重大意义的战略性行业以及原材料、农业、电力、公共设施和教育科研等部门进行了大规模的国有资本投资，这一系列的措施在客观上促进了经济的迅速复苏。其次，国有资本投资在促进政府经济社会发展政策中发挥着极其重要的作用，政府利用国有企业的商业活动使其服从于国家的经济和社会发展政策。最后，国有资本投资主要投资于战略部门、高风险部门和长期低回报部门，为国家构建了合理的产业结构和部门

① 王金存. 破解难题——世界国有企业比较研究［M］. 上海：华东师范大学出版社，1999.

结构，使社会再生产能够顺利进行，使区域和产业之间的协调发展，充分发挥国家的经济潜力，促进国家充分实现其经济调控功能。①

综上可知，在西方发达的市场经济国家，国有资本投资只是私营经济的一个补充，无法成为整个国民经济发展的主体，只有私营经济的发展遇到"瓶颈"或危机时，或在私营经济无力或不愿涉及的领域，国有资本投资才能体现其重要作用，即国有资本投资的功能仅定位于弥补市场失灵和实现国家职能的需要。

二、中国国有资本投资功能定位

由上文分析可知，西方发达市场经济国家的国有资本投资是在私有制和市场经济优势化的社会环境和背景下发展起来的，它的主要作用是作为私营经济的补充，服务于私营经济，国有资本投资的首要任务被定位于弥补市场机制在经济运行中的缺陷，在市场失灵的地方发挥作用。而中国的国有资本投资是在公有制的基础上建立起来的，特别是在社会主义初级阶段，国有资本投资的存在及其在国民经济发展中的主导和基础作用是社会主义公有制的核心，体现了公有制的主体地位，决定着社会的社会主义性质。②

《中国共产党章程》和《中华人民共和国宪法》对中国国有资本的性质及其在社会主义市场经济中的地位和作用有着明确的说明，强调国有资本投资和国有经济是国民经济中的主导力量。另外，在党和国家的各次决议中也多次强调了中国国有资本投资的地位和作用。1999 年，中共十五届四中全会提出，包括国有经济在内的公有制经济是中国社会主义制度的经济基础，是国家引导、推动、调控经济和社会发展的基本力量；2002 年，中共十六大报告中进一步指出，国有企业是中国国民经济的支柱；2007 年，中共十七大报告强调，增强国有资本投资活力、控制力、影响力；2012 年，中共十八大报告中再次强调不断增强国有经济活力、控制力、影响力；2017 年，中共十九大报告进一步强调，促进国有资产保值增值，推动国有资本做强做优做大。不难看出，这些纲领性的论述体现了国有经济对于党和国家的地位和作用，清楚地

---

① 周轶赢. 浅析我国转轨时期国有经济的功能定位 [J]. 江汉论坛，2006 (5)：61 - 64.
② 周新城. 对否定社会主义国有经济的几种观点的辨析 [J]. 当代经济研究，2011 (7)：21 - 29.

说明了国有资本投资在中国特色社会现代化建设中的基础和引领作用。

从哲学上讲，事物的本质属性是由主要矛盾决定的。公有制经济占主体地位的主要矛盾决定了中国社会主义社会的性质。公有制一旦失去主导地位，社会的性质就会发生根本性的变化。坚持和巩固公有制的主体地位是维护我国社会主义性质的关键。国有经济为主导，国有经济保持强大的影响力和控制力，是公有制为主体的决定性标志，也是我们必须坚持发展和完善国有经济、不断深化国有企业改革的最根本的原因。

三、学界关于中国国有资本投资功能定位的进一步探讨

虽然党和国家对国有资本投资地位和作用做出了明确的说明，但是学术界对国有资本投资存在及其功能定位的探讨和争论从未停止过，也形成了诸多值得深思的观点。

推崇西方自由竞争主义和私有制的新自由主义学者认为中国国有资本投资的功能应像西方国家那样，将其定位于弥补市场失灵，而国有资本投资改革的目标就是让其完全退出竞争性领域，专门从事于私人部门没有投资愿望的领域或市场机制无法正常运转的垄断领域及公共物品领域，以弥补私人投资的不足和解决市场失灵现象。同时，他们的观点大体体现在以下几个方面：（1）国有资本投资与市场经济是不相容的，只有彻底的私有化才能建立真正的市场经济，即随着市场经济的增长，国有资本投资逐步萎缩，此长彼消；市场经济完全建立起来的时候，也就是国有资本投资完全消失的时候；（2）国有资本投资的发展壮大会挤占私营经济的发展空间，导致与民争利，不利于市场经济的发展；（3）国有资本投资的存在会造成垄断，不利于市场竞争；（4）国有资本投资仅是手段，只有发展生产力才是目的，因此说国有资本投资可有可无；（5）国有资本投资产权不明晰，无人负责，效率低下；（6）相比于国有资本投资，私营经济更是先进生产力的代表；等等。① 总之，在新自由主义学者看来，中国的国有资本投资应完全效仿西

---

① 张宇. 正确认识国有经济在社会主义市场经济中的地位和作用——兼评否定国有经济主导作用的若干片面认识 [J]. 毛泽东邓小平理论研究，2010（1）：23 – 29.

方发达国家，主要承担弥补市场机制缺失的功能，国有资本投资不能过多存在，应尽快退出竞争领域，使其仅作为纠正公共产品或垄断行业市场失灵的工具而存在。

但在马克思主义学者看来，中国的国有资本投资是在有别于西方发达国家的背景和环境下发展起来的，对国有资本投资功能的定位和改革也要有别于西方发达国家，不能一切向西方发达国家国有资本的运营方式看齐，更不能完全照搬资本主义国家的企业管理制度和方法。总之，国有资本投资不应局限在为非国有资本投资拾遗补阙的范围，不能仅仅是作为弥补市场失灵而存在。对于中国国有资本投资的具体功能，早在 20 世纪就有不少学者开展了深入细致的研究。刘巨钦（1997）认为中国经济的进一步发展离不开国有资本投资，这不仅是因为国有资本投资的经济地位举足轻重，而且国有资本投资还是整个社会的内在稳定器，且有力地支撑了乡镇企业和私营经济的发展。① 剧锦文（1999）认为，在市场经济体制下，国有资本投资的主要功能除了弥补市场缺陷之外，还体现在"诱致"市场的产生。②

进入 21 世纪以来，随着国有资本投资发展和国有企业改革的进一步完善，关于国有资本投资定位的研究也日益丰富。陈敬武（2001）在区分西方国家国有资本投资一般性和特殊性功能的基础上，认为中国的国有资本投资应当具备主导关键领域、促进技术进步、增加劳动就业、优化国民经济结构、贡献税收和弥补市场失灵等功能。③ 居维刚（2005）认为国有资本投资在社会主义市场经济中有其特有的、难以为非国有资本投资所替代的功能，包括保障国家社会安全、维护国民经济协调发展、政府调控经济、提供公共物品、提高经济社会发展的整体效益的功能，等等。④ 张增臣（2005）从产业定位的角度认为国有资本投资的功能应体现在：促进经济发展、保证经济安全、公共产品的提供和宏观经济调控等方面。⑤ 杨励（2006）认为，国有资本投资的功能发挥应侧重于综合服务、引导、保证和调控性等方面的功

---

① 刘巨钦. 如何正确认识国有经济的地位和作用 [J]. 湘潭大学学报（哲学社会科学版），1997（2）：92-94.

② 剧锦文. 国有企业：产业分布与产业重组 [M]. 北京：社会科学文献出版社，1999.

③ 陈敬武. 国有经济的功能定位分析 [J]. 科学学与科学技术管理，2001（5）：53-56.

④ 居维纲. 关于国有经济"有进有退"问题的探讨 [J]. 思想理论教育导刊，2005（6）：73-78.

⑤ 张增臣. 国有经济功能与产业定位标准 [J]. 经济纵横，2005（7）：97-98.

能。① 尚启君（2007）认为，国有资本投资应在能源和重要原材料的持续供应和自主创新能力等方面发挥支撑作用。②

金融危机以来，随着中国国有资本投资在应对金融危机中所发挥出的重要作用及加快转变经济发展方式的提出，关于国有资本投资功能定位的研究也得到了进一步的发展。于洋（2010）认为，转型期的中国国有资本投资在动态中应该更好地体现控制力的功能、在转轨时期应该体现克服市场失效、协调地区之间经济发展、承担支付制度变迁成本的功能。③ 剧锦文（2010）提出了一个更系统、全面的关于国有资本投资功能的框架，国有资本投资应充当捍卫国家经济安全的屏障，实施国家战略目标的基本工具，政府宏观调控的政策工具、产业升级和区域振兴的手段。④ 张晨和张宇（2010）针对将国有资本投资的功能理解为"补充市场失灵"这一观点，认为仅仅从"市场失灵"角度考虑，无法体现其主导作用和宏观意义以及在社会主义市场经济中的地位与作用。⑤ 王佳菲（2011）认为在现代市场经济条件下中国发展国有资本投资需将"质"与"量"辩证结合：一方面，国有资本投资的"量"是前提，没有一定数量的国有资本投资就无法保障公有制的主体地位，更不用说任何控制力和影响力；另一方面，国有资本投资的"质"是关键，如果结构布局合理、经营良好，有利于国有资产的保值升值，则允许数量适当减少一些，反之，则除了努力提高质量外，还有必要让"量的优势"更加明显，才能发挥应有效应。⑥ 邹俊和张芳（2011）从加快转变经济发展方式的角度探索了国有资本投资的功能，国有资本投资的功能应该体现在大力加强科技创新、支付发展方式转变成本、协调区域经济发展、充当经济发展的"稳定器"以及发挥国有资本投资在战略新型产业的先导作用。⑦ 左大培（2011）认为，国有资本投资和国有企业的功能首先体现在带动产业升级和国家技术进步上，因此，国有资本投资应当集中投入在先进技术的研

---

①　杨励. 论中国国有经济的配置角色及其嬗变［J］. 清华大学学报（哲学社会科学版），2006（5）：116－121.

②　尚启君. 对新发展观下国有经济功能定位的思考［J］. 产权导刊，2007（1）：37－40.

③　于洋. 中国国有经济功能研究［D］. 长春：吉林大学，2010.

④　剧锦文. 转轨背景下国有经济的功能及其战略重组［J］. 当代经济管理，2010（1）：1－6.

⑤　张晨，张宇. "市场失灵"不是国有经济存在的依据——兼论国有经济在社会主义市场经济中的地位和作用［J］. 中国人民大学学报，2010（5）：38－45.

⑥　王佳菲. 现代市场经济条件下我国国有经济历史使命的再认识［J］. 马克思主义研究，2011（9）：70－78.

⑦　邹俊，张芳. 转变经济发展方式与国有经济功能再定位［J］. 前沿，2011（17）：107－110.

发和率先引进等方面。① 黄群慧和黄速建（2014）认为，国有经济从总体上已经与市场经济体制逐步适应和融合，在国民经济发展中起着主导作用。② 陈东琪等（2015）认为要着眼于更为长远的目标，绝大部分国有资本要集中于真正关系国家安全和国民经济命脉的关键领域，进一步增强在这些领域的控制力和影响力。③ 王碧峰（2018）认为，进入新经济时代以后，国有资本的作用要重点体现在把握和控制创新和新科技方面。④

第四节　本 章 小 结

本章从西方经济学视角以及马克思政治经济学视角详细阐述了资本、国有资本的相关内涵，讨论了国有资本与国有资产、国有资本投资与政府投资之间的联系与区别，在此基础上，探讨了中西方国家中国有资本的功能定位等问题以及学界关于中国国有资本投资功能定位的争论。通过本章的论述，目的是为了清晰地掌握国有资本和国有资本投资的内涵，认清西方发达资本主义国家以及中国的国有资本投资不同的功能与定位。另外，为了进一步深刻把握国有资本的内涵，了解和认识中国国有资本在社会主义建设中的功能定位，我们将在下一章对中国国有经济的发展历程和国有资本投资现状进行系统的梳理，以期更加直观地展现中国国有经济和国有资本投资的发展脉络，通过回顾中国国有经济和国有资本发展的历史脉络，展望国有经济和国有资本发展的美好未来。

---

① 左大培. 中国需要国有经济 [J]. 国企, 2011 (8): 99 - 103.
② 黄群慧, 黄速建. 论新时期全面深化国有经济改革重大任务 [J]. 中国工业经济, 2014 (9): 5 - 24.
③ 陈东琪, 臧跃茹, 刘立峰, 刘泉红, 姚淑梅. 国有经济布局战略性调整的方向和改革举措研究 [J]. 宏观经济研究, 2015 (1): 3 - 17.
④ 王碧峰. 主导基于先导: 对国有经济主导作用的一种新认识——兼论新经济对国有经济主导作用的挑战 [J]. 经济学家, 2018 (4): 73 - 79.

第三章

中国国有经济发展历程
和国有资本现状分析

新中国成立以来，经过 70 多年的发展，特别是经过 40 多年的深入改革与发展，中国的国有经济通过不断进行制度变革和体制创新，持续推进结构性调整与战略重组，国有资本的整体绩效显著提高，国有企业的竞争力和活力明显增强，充分发挥了国有经济对整个国民经济的引导和带动作用。本章对中国国有经济改革发展历程进行简要的回顾和评析，详细分析了近年来中国国有资本规模变动、结构变动、盈利状况、地区分布和行业分布等具体情况，一方面可以客观准确地认识和评价国有经济在中国经济社会发展中的地位和作用；另一方面也为后面的实证研究奠定一定的现实基础。

第一节　改革开放前中国国有经济的发展

一、国有经济的形成阶段（1949～1956 年）

从新中国成立至改革开放前，中国的经济发展先后经历了两个重要的发展阶段，分别是国民经济的恢复重建与社会主义改造阶段（1949～1956 年）和高度集中的计划经济阶段（1956～1978 年），相应地，中国的国有经济也经历了这两大阶段的发展。在此期间，其规模由最初的较小比例发展到改革开放前的最大比例，其分布领域几乎涉及当时中国的全部行业。由此可见，改革开放前国有经济在中国经济发展中扮演着无可替代的角色。

1949 年 10 月至 1952 年的新民主主义社会时期，新中国全面推行新民主主义革命的"三大经济纲领"，即"没收封建阶级的土地归农民所有，没收蒋介石、宋子文、孔祥熙、陈立夫为首的四大家族的垄断资本归新民主主义的国家所有"①。可以说，通过没收官僚资本主义，经过 3 年的恢复与调整，到 1952 年，中国已初步建立了社会主义国有经济。据统计，在新中国成立的时候，我国的国有及国有控股企业工业总产值占全国工业总产值的 26%，经过 3 年的发展，在 1952 年这一比重上升了 15.1%，达 41.1%。此外，在 1950~1952 年间，国有工业总产值增速分别是国民生产总值和工业总产值增速的 2.51 倍和 1.65 倍。可见，这一时期的中国国有经济已逐渐形成起来并开始逐步发挥作用，成为这一期间中国经济恢复和发展的主要推动因素。

经过三年的经济恢复和调整，社会主义国有经济、私人资本主义经济和个体经济之间的矛盾开始显现，为了调节三者之间的矛盾，以促进社会主义生产力的发展，从 1953 年开始，中国经济转入了大规模的改造和建设阶段②，并于 1956 年基本完成社会主义改造。从规模看，到 1956 年，国有工业的总产值占全国工业总产值的比重达到了 54.5%。由此可见，国有经济在这一时期基本形成了其在整个国民经济发展中发挥主要作用的角色。

二、国有经济的扩张阶段（1956~1978 年）

从 1956 年开始，中国正式进入了计划经济发展阶段，而国有经济也进入了一个非常特殊的发展阶段，即过度扩张阶段。国有经济的过度扩张从"大跃进"时期的大搞"以钢为纲"就可见一斑。从规模上看，1957 年中国工业总产值中国有工业总产值占比为 53.8%，经过 3 年的发展，在 1960 年国有经济的产值比例达到了 90.6%，其他类型经济的产值比重已经处于较低的水平。国有经济在国民经济部门中已占绝对的优势。

①　毛泽东选集：第四卷［M］. 北京：人民出版社，1991.
②　一方面，对农业、手工业和资本主义工商业进行全面的社会主义改造；另一方面，逐步建立社会主义工业化国家的发展目标，大力投资工业部门。

"文化大革命"时期，是国有经济过度扩张的最后阶段。在"文化大革命"期间，国有制进一步扩张推向了极端。国有工业企业的总产值占工业总产值的比重在 1976 年为 81.2%，造成了国民经济结构的严重失衡。国有经济过度扩张的弊端开始显现，主要表现在以下几点：一是国有经济所占的比重过大；二是国有经济的覆盖领域过广；三是国有经济的地区分布极不均衡且产业结构同质化严重；四是国有企业未能实现自主经营、自负盈亏，不是真正意义上的企业，同时国有企业背负了很重的社会包袱；五是政企不分。[①] 上述问题导致国有企业经营效率低下，国民经济结构性矛盾突出。此时，国有经济和国有企业完成了党和国家赋予的历史使命，同时逐渐暴露的弊端预示着计划经济体制和传统的国有经济体制改革势在必行。

第二节　改革开放后中国国有经济的发展

针对自计划经济时期国有经济就开始显现出的如效率低下、缺乏活力、政企不分等的各种问题，中国从改革开放伊始就对国有经济进行改革。回顾国有经济改革 40 余年的历程不难发现，中国国有经济和国有企业改革主要经历了以下三个发展阶段：一是扩大企业经营自主权阶段；二是建立现代企业制度阶段；三是战略性结构调整与重组阶段。

一、扩大企业经营自主权阶段（1978～1992 年）

改革开放初期，国有企业低效率主要是由于自主经营权的缺失和激励机制的缺失。针对这种情况，政府开始对国有企业实施放权让利改革，激发国有企业的生机和活力。

（一）国有企业以"放权让利"为重点的改革阶段（1978～1985 年）

在此期间（1979～1980 年），国有企业改革首先进行的是放权让利的试

---

① 杨励. 论中国国有经济的配置角色及其嬗变 [J]. 清华大学学报（哲学社会科学版），2006 (5)：116－121.

点工作。国家在四川省选择六家国营企业作为试点单位，允许这些企业在生产计划、技术改造和产品销售等诸多方面具有自主权，并允许这些企业在完成国家计划的前提下留存部分利润。放权让利的试点企业工作取得了良好成效，于是这一改革措施开始在全国广泛推广，截至 1980 年底，实行放权让利改革的国营企业超过了 6 000 家。然而，尽管放权让利的改革使企业扩大了自主经营权、激发了企业经营者和员工的工作积极性，极大地促进了企业的生产能力，但在计划经济体制下由于对企业生产经营监督机制的缺乏，利润留存制度使得企业为了获得更多的利润分成而虚构成本以隐藏利润，压低利润包干基数，不断地同国家讨价还价，从而减少上缴的利润份额，最终不仅难以完成财政上缴任务，还直接导致了严重的财政赤字现象[1]。

为了克服放权让利改革中出现的弊端，并出于改善财政状况的考虑，国家（1981～1982 年）开始推行经济责任制改革，对国有企业的利润分配制度进行调整。山东省在 1981 年首先将部分利润留存制度的企业改为盈亏包干制企业，在盈亏包干的制度安排下，国有企业必须保证首先完成利润上缴任务，政府与企业可以对剩余的利润部分按一定的比例进行分配。由于盈亏包干制度取得了较好的成效，于是中央把经济责任制在全国范围内推广。截至 1982 年底，中国县级以上的国有企业中，实行经济责任制的国有企业占比高达 80%。经济责任制的改革对于稳定国家财政收入起到了良好的作用，但负面影响也随之产生，例如，"鞭打快牛""苦乐不均"的现象依然存在，也未能摆脱"吃大锅饭"的状况，另外，部分企业负担了较重的上缴压力，挫伤了企业的生产积极性。

为了改善经济责任制的消极影响，在 1983 年 4 月份开始实施所得税制[2]，标志着国有企业改革步入"利改税"阶段。国有企业的"利改税"改革试图通过税收制度来规范国家和企业在利润分配上的关系，但这项改革措施是在价格体系不合理、税率不均衡的基础上进行的，具有明显的局限和缺陷，即完全混淆了税利的不同功能。此外，国有企业所得税以及税后的利润分配仍然是按照行政隶属关系进行划分，行政领导依然是国有企业的真正控制者，因此，此项改革仍未从根本上解决政企不分的形势，未能使企业真正

---

[1]　1979～1980 年，中国出现了约 300 亿元的财政赤字。
[2]　1983 年 4 月，财政部颁发了《关于国营企业利改税试行办法》。

走向自主经营、自负盈亏的道路。

（二）国有企业以"两权分离"为重点的改革阶段（1985～1992 年）

1984 年 10 月，中共十二届三中全会通过了《中共中央关于经济体制改革的决定》，决定将增强大中型国有企业的活力视为整个经济体制改革的中心环节，其中最重要的改革决定就是提出了分离国有企业的经营权和所有权，即"两权分离"改革。自此，以"两权分离"为指导方向的国有企业改革全面开展。首先，在承包期内，为了给予企业经营者更多的控制权和剩余索取权，激励企业经营者专心经营国有企业资产，消除偷懒和假报等弊病，在 1987～1991 年，对大中型国有企业实行承包经营责任制[①]。但是现实情况却远不能令人满意，承包经营责任制无法从根本上解决上述问题。承包经营责任制实施以后，企业经营者可以同发包方进行"一对一"谈判。大多数情况下，由于企业经营者相对于政府的行政官员拥有信息上的优势，结果导致企业在与政府部门进行讨价还价的时候能够争取更有利于企业一方的承包条款。此外，企业管理层与政府官员之间通过权钱交易获取其他企业未能享有的"优惠"条件，结果是寻租、设租等腐败现象加剧。[②] 与此同时，伴随着横向经济联合的发展，企业间有了资金的合作，股份制企业开始出现。在 1987 年 10 月，中央发布了一系列文件鼓励国有企业进行股份制改革试点，国有企业改革开始实行股份制试点。

二、建立现代企业制度阶段（1992～1999 年）

以中共十四大为标志，国有企业确立了建立现代企业制度的改革方向。1993 年召开的中共十四届三中全会提出，国有企业的改革方向是建立产权清晰、权责明确、政企分开、管理科学的现代企业制度。国家在 1994 年选

---

① 1986 年 12 月，国务院发布《关于深化企业改革增强企业活力的若干条例》，决定在全国范围内推行企业经营承包制度。1988 年 2 月，国务院发布《全民所有制工业企业承包经营责任制的暂行条例》，确定了国有企业进行承包须包死利润基数、确保上缴、超收多留、欠收自补。

② 吴敬琏，刘吉瑞. 论竞争性市场体制 [M]. 广州：广东经济出版社，1998.

择了 100 户国有企业进行现代企业制度改革试点①。截至 1997 年底，参加试点的企业多达 2 500 户，其中有 2 082 户企业完成了公司制改革。② 与此同时，国有企业在深化内部体制机制改革、分流冗余人员、分离社会负担等方面，进行了大量实际有效的工作，国有企业的实力普遍增强，活力得到激发，最为重要的是，通过现代企业制度改革试点摸清了建立现代企业制度的各种条件，积累了丰富的经验。

尽管建立现代企业制度的试点工作取得了一定的成功，但是整体看来，20 世纪 90 年代末国有企业还是陷入了艰难的发展阶段。一方面，1994 年国家开始推行财税体制改革、金融体制改革以及外汇外贸体制改革，而在旧体制下运营的国有企业难以适应新体制的变化，国有企业的低效率问题日益凸显；另一方面，以民营企业和外资企业为代表的其他所有制形式的经济成分的快速发展与国有企业形成鲜明的对比，威胁到国有企业的发展。再加上 1997 年爆发的亚洲金融危机使得外部经济环境迅速恶化，国有经济面临内忧外困的发展局面。在此背景下，截至 1997 年底，全国国有及国有控股的大型工业企业亏损面高达 39.1%，亏损额高达 665.9 亿元。为了摆脱国有经济的发展的严重危机，1997 年中共十五届一中全会提出了"三年脱困"规划，计划用 3 年左右的时间扭转大多数国有大中型企业的亏损困境，大多数国有大中型骨干企业争取到 20 世纪末初步建立起现代企业制度。③ 其中的具体举措主要包括：对重点行业进行结构性调整、债转股、重组上市和人员分流，其中最明显的政策就是推行"债转股"。"债转股"政策的实质是为了软化企业的预算约束，中央财政向企业间接或直接地提供补贴。④ 根据相关统计数据，"债转股"政策使国有企业卸下了大约 13 900 亿元的银行贷款包袱。"三年脱困"规划虽然使得国有企业在一定程度上摆脱了困难的境地，但是国有企业的发展前景仍然堪忧。国有企业经过三年的兼并、破产改革，

---

① 试点的内容主要包括：（1）完善企业法人制度，使企业享有法人财产权；（2）确立试点企业的公司组织形式，其中生产某些特殊产品的企业或属于特定行业的企业应改组为国有独资公司，大部分企业改组为有限责任公司，具备条件的企业可改组为股份有限公司，少数企业可改组为上市的股份有限公司；（3）按照公司法健全公司治理结构，建立健全股东大会、董事会和监事会；（4）改革企业劳动人事工资制度，取消企业管理人员的国家干部身份，建立企业与职工双向选择的用人机制。

② 林岗. 国有企业改革的历史演进及发展趋势 [J]. 中国特色社会主义研究，1999（3）：34 - 38.

③ 张神根. 党的第三代领导集体与九十年代的经济体制改革 [J]. 中共党史研究，2001（5）：41 - 46.

④ 吕大忠. 国有企业改革的方向：反垄断和市场化 [D]. 天津：南开大学，2010.

关闭了一批企业，虽然企业户数、规模和从业人数有所缩小，但是我国国有企业仍然是世界上最庞大的群体，经营管理方面的难题远未得到有效解决。

三、战略性结构调整与重组阶段（1999 年至今）

伴随着国有企业建立现代企业制度进程的不断向前推进，同时面对着如此庞大的国有企业群体，从 1999 年开始，我国的国有经济改革进入了战略性的结构调整和重组阶段。应该说，对国有经济进行战略性的结构调整也是围绕着建立现代企业制度而开展的，其核心是建立健全国有资产管理体制和建立有效的企业治理结构，其直接目标是从根本上摆脱传统国有经济布局给国有经济改革与发展带来的障碍、加强国有经济对整个国民经济的控制力和影响力。[①] 需要说明的是，国家在强调巩固发展国有经济，进一步做强做优做大国有经济的前提下，也一直致力于推动非公有制经济平等充分的发展。[②] 事实上，从过去 40 多年的发展改革经验来看，在国有经济战略布局调整、公有制经济发展壮大的同时，其他所有制经济形式也取得了长足的进步。需要强调的是，尽管国家主张对国有经济进行战略性结构调整和重组，但从来没有提到"国退民进"的说法，即使在一般的竞争性领域，也是主张"有退有进"，笼统地说"国有企业要从一切竞争性领域退出"等"退出"言论与中央有关精神不符。

第三节　中国国有资本总体现状分析

一、国有资本总体规模变动

根据国务院国有资产监督管理委员会发布的数据显示，截至 2017 年底，全国国有资产监管系统下的企业实现营业收入 50.0 万亿元，上缴税费总额

---

① 喻新强. 国有经济主导地位与控制力问题研究［D］. 长沙：湖南大学，2006.
② 徐黎. 国有企业的新起点、新方向、新发展　中央党校经济学部副主任韩保江教授解读十八大报告［J］. 国企，2012（12）：54－58.

占全国财政收入的1/4，显现了国有资本强大的支柱作用。根据最新发布的《2017年中国国有资产监督管理年鉴》，截至2015年末，全国上报国有资产监管系统的国有企业的国有资产合计数为738 827.2亿元。自2005年以来，国有资产规模整体上呈不断上升趋势。表3-1和图3-1给出了2005~2016年全国大型、中型和小型国有企业资产合计数随时间变动的情况，其中表3-1和图3-1中的国有资产总量不包括微型国有企业相关数据。

表3-1　　　　　　　　全国大、中、小型国有资产合计　　　　　　单位：亿元

年份	国有资产总量
2005	86 231.6
2006	97 624.8
2007	116 200.4
2008	131 828.7
2009	535 371.6
2010	373 851.8
2011	368 229.0
2012	445 920.8
2013	504 564.9
2014	467 020.2
2015	519 510.6
2016	604 048.9

资料来源：根据《中国国有资产监督管理年鉴》（2006~2017）整理所得。

根据表3-1和图3-1可以看出，2005~2016年间，国有资产系统监管下的大型、中型和小型国有企业资产总量之和总体上呈不断上升趋势。其间，受2008年全球金融危机的影响，2008~2009年国有企业资产总量大幅上涨，而在2009~2011年期间，国有企业资产总量开始回落，2011~2013年总体上呈稳步上升态势。2013年11月，中共十八届三中全会通过《中共中央关于全面深化改革若干重大问题的决定》对国有企业改革做出了一系列指示，标志着国有企业改革迈入新的时代。2014年随着国有企业开始推进混合所有制改革，竞争性领域的进一步放开，公共资源配置市场化、划转部分国有资本充实社会保障基金等一系列改革措施安排，2013~2014年国有

资产总量有所下降。2014 年以后，为了不断增强国有经济的活力、控制力、影响力和抗风险能力，以做强做优做大国有企业为核心思想的国有企业和国有资本改革迈上了新的台阶。

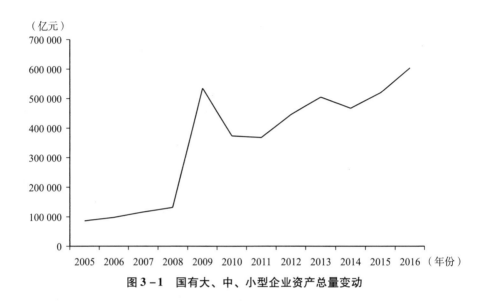

图 3 - 1   国有大、中、小型企业资产总量变动

二、国有企业规模分布——户数情况

根据国务院国有资产监督管理委员会发布的数据显示，截至 2016 年上报国有资产统计单户报表的国有资产系统监管企业共 132 948 户。表 3 - 2 给出了 2005 年、2010 年、2015 年和 2016 年国有企业中大型、中型和小型企业户数随时间变动的情况。

表 3 - 2 　　　　　　　　　　　**国有企业规模分布**　　　　　　　　　单位：户

年份	大型国有企业	中型国有企业	小型国有企业
2005	2 761	12 765	111 544
2010	3 659	14 442	106 354
2015	8 377	25 085	41 759
2016	8 757	25 736	44 074

资料来源：根据《中国国有资产监督管理年鉴》（2006～2017）整理所得。

通过表 3 - 2 可以看出，2005 年、2010 年、2015 年和 2016 年，国有企业中大型和中型国有企业的户数不断增加，而小型国有企业户数呈下降趋势。

根据表 3 - 2 和图 3 - 2 所示，从企业规模上看，2005 年国有资产系统监管下的大型国有企业有 2 761 户，占比 2.17%，中型国有企业有 12 765 户，占比 10.05%，小型国有企业有 111 544 户，占比 87.78%。可以看出，2005 年国有企业中小型企业数量尤为庞大。

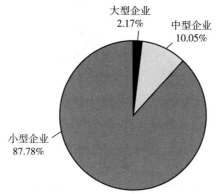

图 3 - 2　2005 年国有企业规模分布

根据表 3 - 2 和图 3 - 3 所示，从企业规模上看，2010 年国有资产系统监管下的国有企业中，大型国有企业有 3 659 户，占比 2.94%，中型国有企业有 14 442 户，占比 11.60%，小型国有企业有 106 354 户，占比 85.46%。显而易见，相较于 2005 年，2010 年的大型国有企业和中型国有企业的数量和占比均有所上升，而小型国有企业数量和占比有所下降。

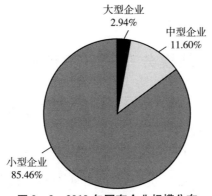

图 3 - 3　2010 年国有企业规模分布

根据表 3 - 2 和图 3 - 4 所示，从企业规模上看，2015 年国有资产系统监管下的国有企业中，大型国有企业有 8 377 户，占比 11. 14%，中型国有企业有 25 085 户，占比 33. 35%，小型国有企业有 41 759 户，占比 55. 51%。通过与 2005 年和 2010 年的比较，可以明显地看出，大型和中型国有企业数量增加明显，占比显著上升，而小型国有企业的数量和占比明显下降。

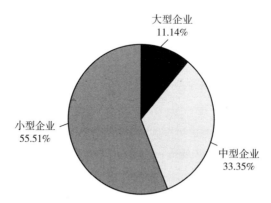

图 3 - 4　2015 年国有企业规模分布

综合来看，国有企业中，大、中、小型国有企业户数总和由 2005 年的 127 070 户，下降到 2016 年的 78 567 户，总户数下降了 38% 左右。其中，大型国有企业的户数不断增加，占比不断上升，由 2005 年的 2. 17% 上升到 2016 年的 11. 15%；中型国有企业的户数不断增加，占比不断上升，由 2005 年的 10. 05% 上升到 2016 年的 32. 75%，而小型国有企业户数呈下降趋势，占比不断下降，由 2005 年的 87. 78% 下降到 2016 年的 56. 10%，降幅明显。

三、国有企业规模分布——资产总量变动情况

根据国务院国有资产监督管理委员会发布的数据显示，截至 2016 年，国有资产系统监管的国有企业年末国有资产总量合计 738 827. 2 亿元。2005 ~ 2016 年期间，大型、中型和小型的国有企业总资产绝对数值整体上呈上升趋势，但在某些年份，尤其是 2008 年全球金融危机前后，较为例外。表 3 - 3 给出了国有企业资产总量规模分布随时间变动的情况，其中不包括

微型国有企业数据。

表 3 - 3	大、中、小型国有企业资产总量分布		单位：亿元
年份	大型企业	中型企业	小型企业
2005	23 615.60	16 767.40	45 848.60
2006	27 886.50	19 153.70	50 584.60
2007	97 012.70	6 950.60	12 237.10
2008	109 195.20	7 402.50	15 231.00
2009	433 584.50	39 217.60	62 569.50
2010	115 759.60	75 755.30	182 336.90
2011	199 187.20	81 528.60	87 513.20
2012	251 739.30	103 474.50	90 707.00
2013	290 244.60	102 679.10	111 641.20
2014	213 884.50	120 721.70	132 414.00
2015	299 769.00	107 777.90	111 063.70
2016	355 102.20	125 946.60	123 000.10

资料来源：根据《中国国有资产监督管理年鉴》（2006～2017）整理所得。

通过表 3 - 3 和图 3 - 5 可以看出，在国有资产监管系统下的国有企业中，2005～2016 年，大型国有企业的国有资产总量从总体上看呈上升趋势，其中 2005～2008 年大型国有企业的国有资产总量逐年增加，受 2008 年全球金融危机的影响，2008～2009 年大型国有企业的国有资产总量迅速大幅上涨，2009～2010 年又迅速回落，2010～2013 年稳步上升，2013～2014 年有所下降，2015 年后有所回升。

从表 3 - 3 和图 3 - 5 可以看出，2005～2016 年，中型国有企业的国有资产总量从总体上看呈上升趋势，其中，2005～2006 年，中型国有企业的国有资产总量不断上升；但是，在 2006～2008 年，中型国有企业国有资产总量呈下降趋势；2008 年以后，中型国有企业国有资产总量快速增长；2010～2014 年整体上呈稳步上升态势，2015 年有所回落。

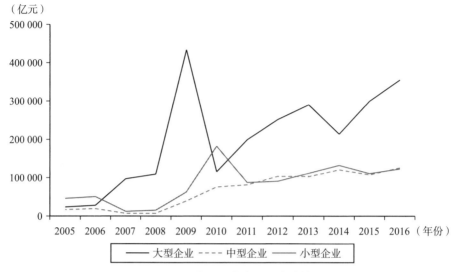

图 3 – 5　国有企业资产总量变动情况

从表 3 – 3 和图 3 – 5 可以看出，2005～2016 年，小型国有企业国有资产绝对量总体上呈上升趋势，2005～2006 年，小型国有企业的国有资产总量不断上升；但是在 2006～2008 年，小型国有企业国有资产总量大幅下降；受 2008 年全球金融危机的影响，2008～2010 年小型国有企业国有资产总量大幅上涨；2011～2014 年开始又迅速回落到稳步增长态势，2015 年小型国有企业国有资产总量略有下降。

根据表 3 – 3 和图 3 – 6 所示，从企业资产规模上看，2005 年，国有资产系统监管下的国有企业中，大型国有企业国有资产总量为 23615.6 亿元，占

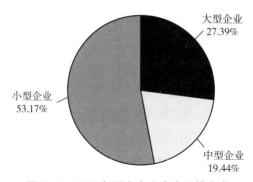

图 3 – 6　2005 年国有企业资产规模分布

比 27.39%，中型国有企业国有资产总量为 16 767.4 亿元，占比 19.44%，小型国有企业国有资产总量为 45 848.6，占比 53.17%。显而易见，2005 年，国有资产系统监管下的国有企业中，小型国有企业资产总量规模最大，而且超过了大、中型国有企业资产规模之和。

根据表 3 - 3 和图 3 - 7 所示，从企业规模上看，2010 年，国有资产系统监管下的国有企业中，大型国有企业国有资产总量为 115 759.6 亿元，占比 30.96%，中型国有企业国有资产总量为 75 755.3 亿元，占比 20.27%，小型国有企业国有资产总量为 182 336.9 亿元，占比 48.77%。相较于 2005 年大型国有企业国有资产总量占比有所上升，占比由 27.39% 上升到 30.96%；中型国有企业的国有资产总量占比变化不明显，维持在 20% 左右；而小型国有企业的国有资产总量占比有所下降，占比由 53.17% 下降到 48.77%。

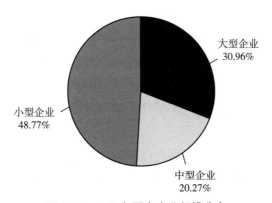

图 3 - 7　2010 年国有企业规模分布

根据表 3 - 3 和图 3 - 8 所示，从企业规模上看，在 2015 年全国大型国有企业国有资产总量为 299 769 亿元，占比 57.80%，中型国有企业国有资产总量为 107 777.9 亿元，占比 20.78%，小型国有企业国有资产总量为 111 063.7 亿元，占比 21.42%。通过与 2010 年的对比，不难发现，大型国有企业国有资产总量占比显著上升，占比由 30.96% 上升到 57.8%，且大型国有企业国有资产超过中型和小型国有企业资产总量之和；中型国有企业的国有资产总量占比变动幅度不大，由 2010 年的 20.27% 增加到 20.78%；而小型国有企业的国有资产总量占比显著下降，占比由 48.77% 下降到 21.42%，变动幅度相对较大。

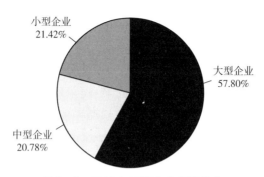

图 3 – 8　2015 年国有企业规模分布

总体来看，2005～2016 年期间，国有企业中，从大、中、小型国有企业国有资产总量变动趋势来看，大型国有企业国有资产总量不断增加，占比不断上升，由 2005 年的 27.39% 上升到 2016 年的 58.79%，变动幅度较大；中型国有企业国有资产总量不断增加，占比维持在 20% 左右，变动幅度不大。而小型国有企业虽然国有资产绝对量不断增加，但是占比大幅下降，由 2005 年的 53.17% 下降到 2016 年的 20.36%，降幅比较明显。

四、国有企业按隶属关系划分

表 3 – 4 给出了 2005～2016 年全国国有企业按照隶属关系划分的国有企业户数、从业人员人数和国有资产总量具体情况。图 3 – 9 给出了 2005～2016 年间，全国国有企业按隶属关系划分的国有企业户数变动情况。根据表 3 – 4 和图 3 – 9 可以看出，2005～2013 年，中国国有企业中，中央企业户数呈逐年递增趋势，2014 年由于新一轮国有企业改革的开启，中央企业户数有所下降，2015 年中央企业户数略有回升。

表 3 – 4　　　　　　　　2005～2016 年国有企业按照隶属关系划分情况

年份	户数（户）		从业人数（万人）		资产总量（亿元）	
	中央企业	地方国有企业	中央企业	地方国有企业	中央企业	地方国有企业
2005	22 239	104 828	1 709.9	2 222.7	49 353.2	36 878.1
2006	22 582	96 672	1 701.0	2 078.6	55 956.5	41 668.1
2007	22 889	92 198	1 732.3	2 005.9	66 995.9	49 204.5

续表

年份	户数（户）		从业人数（万人）		资产总量（亿元）	
	中央企业	地方国有企业	中央企业	地方国有企业	中央企业	地方国有企业
2008	23 592	90 139	1 701.7	1 970.6	72 926.1	58 902.6
2009	25 408	89 707	1 712.7	1 981.0	82 481.7	74 677.3
2010	30 836	93 619	1 770.5	1 990.1	94 804.5	99 001.3
2011	44 232	100 483	1 834.4	2 073.7	102 245.0	117 659.8
2012	48 183	103 637	1 819.5	2 068.7	112 288.0	139 471.7
2013	51 327	107 857	1 834.9	2 084.4	122 965.0	165 437.3
2014	40 615	73 156	1 455.9	1 644.4	103 018.0	140 014.4
2015	42 411	82 555	1 418.6	1 676.0	109 004.0	168 625.6
2016	43 400	89 548	1 358.6	1 690.3	111 910.9	205 773.6

资料来源：根据《中国国有资产监督管理年鉴》（2006~2017）整理所得。

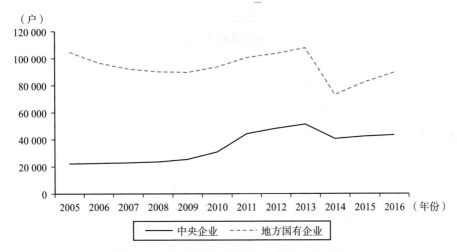

图3-9　中央和地方国有企业户数变动情况

　　另外，从图3-9可以看出，2005~2009年，我国地方国有企业户数呈逐年下降趋势，2009~2013年企业户数又逐年回升。同中央企业类似，2014年地方国有企业户数有所下降，2015年户数又有所回升。

　　图3-10给出了2005~2016年期间，全国国有企业按隶属关系划分的国有企业从业人员人数变动情况。根据表3-4和图3-10可以看出，

2005～2013年，我国国有企业中中央企业从业人员人数整体上呈逐年递增趋势，个别年份例外。2014年后由于新一轮国有企业改革的开启，中央企业从业人员人数有所下降。

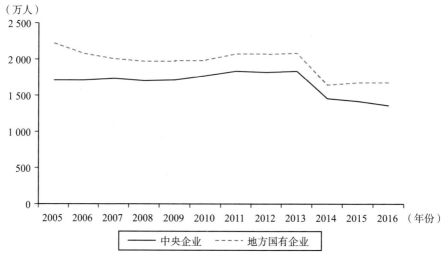

图3-10　中央和地方国有企业从业人员变动情况

另外，从图3-10可以看出，2005～2009年，地方国有企业从业人员人数呈逐年下降趋势，2009～2013年企业从业人员人数又整体呈缓慢增加态势。同中央企业类似，2014年地方国有企业从业人员人数有所下降，2015年从业人员人数又有所回升。

图3-11给出了2005～2016年间，全国国有企业按隶属关系划分的国有企业资产总量变动情况。根据表3-4和图3-11可以看出，2005～2013年，我国国有企业中的中央企业和地方企业资产总量整体上呈逐年递增趋势。2014年后，由于新一轮国有企业改革的开启，中央和地方国有企业资产总量有所下降，2015年中央和地方国有企业资产总量均有所回升。

五、国有企业盈利状况分析

随着国有企业的不断深化改革，尤其自2003年国务院国有资产监督管理委员会成立以后，国有企业经营状况逐年得到了改善。表3-5给出了

2005~2016 年全国国有企业盈利和亏损企业的具体情况。

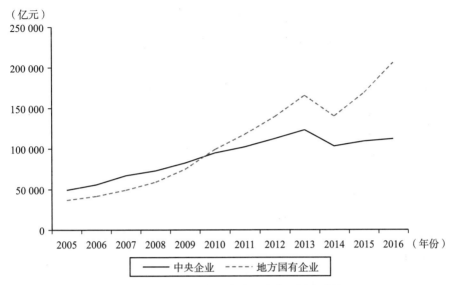

图 3-11 中央和地方国有企业资产总量变动情况

表 3-5   2005~2016 年国有企业盈亏情况

年份	户数（户）		从业人员数（万人）		国有资产总量（亿元）	
	盈利企业	亏损企业	盈利企业	亏损企业	盈利企业	亏损企业
2005	67 985	59 082	2 773.7	1 158.5	72 452.3	13 781
2006	69 053	50 201	2 778.5	996.1	85 546.1	12 078.6
2007	81 754	33 333	3 187.9	550.2	108 509	7 691.3
2008	81 409	32 322	2 822.1	850.3	111 991.2	19 814.8
2010	80 933	43 522	2 878.7	879.2	312 653.3	61 198.5
2011	93 602	51 113	2 870.9	1 043.3	381 592.8	85 238.1
2012	97 527	54 293	2 769.2	1 131.3	443 057	110 161.1
2013	102 128	57 056	2 806.2	1 116.4	508 766.2	126 711.6
2014	73 262	40 509	2 268.7	838.1	465 094	96 639.9
2015	78 900	46 066	2 182.7	923	534 916	107 986.7
2016	84 502	48 446	2 269	788.9	618 645	120 182.2

注：由于 2009 年统计数据的缺失，表中未包括 2009 年相关数据。
资料来源：根据《中国国有资产监督管理年鉴》（2006~2017）整理所得。

图 3 - 12 给出了 2005 ~ 2016 年中国国有企业盈利和亏损企业户数变动情况。从表 3 - 5 和图 3 - 12 中可以看出，国有企业中盈利企业户数高于亏损企业户数，2005 ~ 2013 年国有企业中盈利企业户数逐年上升，而在 2013 ~ 2014 年盈利企业户数有所下降，2015 年盈利企业户数开始回升。

另外，从表 3 - 5 和图 3 - 12 中可以看出，国有企业中亏损企业户数在 2005 ~ 2008 年逐年下降，但在 2008 ~ 2013 年亏损企业户数逐年上升。同盈利企业变动情况类似，亏损企业户数在 2013 ~ 2014 年有所下降，2015 年亏损企业户数开始回升。

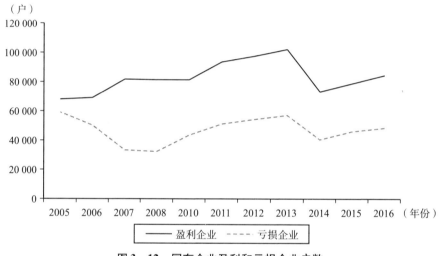

图 3 - 12　国有企业盈利和亏损企业户数

表 3 - 6 和图 3 - 13 给出了 2005 ~ 2008 年和 2010 ~ 2015 年间中国国有企业盈利和亏损企业资产总量对比情况。可以看出，2005 ~ 2008 年和 2010 ~ 2015 年间，国有企业中盈利资产的比重远远高于亏损资产的比重，且盈利资产比重都在 80% 以上，2007 年盈利资产比重高达 93.38%，说明国有企业总体经营状况良好。其中 2005 ~ 2007 年国有企业盈利资产比重持续上升，2008 ~ 2013 年这一比例略有下降，但是 2014 年以后国有企业中盈利资产比重开始逐步回升。

表3－6 　　　　　国有企业盈利企业和亏损企业资产总量 　　　　　单位：%

年份	盈利资产比重	亏损资产比重
2005	84.02	15.98
2006	87.63	12.37
2007	93.38	6.62
2008	84.97	15.03
2010	83.63	16.37
2011	81.74	18.26
2012	80.09	19.91
2013	80.06	19.94
2014	82.80	17.20
2015	83.20	16.80
2016	83.73	16.27

注：由于2009年统计数据的缺失，表中未包括2009年相关数据。
资料来源：根据《中国国有资产监督管理年鉴》（2006～2017）整理所得。

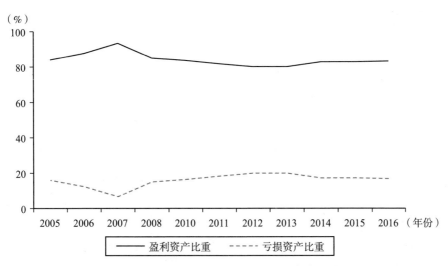

图3－13 国有企业盈利企业和亏损企业资产总量比重

第四节 中国国有资本地区分布状况

一、三大地区国有资本总量分布

为深入把握中国国有资本的地区分布情况，按照东部沿海地区、中部内陆地区和西部边远地区把我国划分为三大经济带。① 表3-7和图3-14给出了2005~2016年间，三大地区的国有资本总量分布及其变动趋势。

表3-7   国有资本总量地区分布   单位：亿元

年份	东部沿海地区	中部内陆地区	西部地区
2005	59 487.1	11 256.0	11 480.8
2006	69 577.6	12 276.1	12 640.4
2007	94 712.6	10 133.3	10 760.5
2008	105 798.9	11 810.4	13 657.3
2009	403 928.4	58 497.6	69 531.4
2010	240 506.4	48 626.0	61 225.5
2011	295 025.4	63 623.8	85 403.7
2012	335 414.9	79 564.9	108 210.4
2013	379 750.3	95 580.7	125 869.3
2014	331 513.6	85 213.3	105 192.7
2015	381 510.3	95 900.5	122 134.3
2016	434 551.7	111 948.9	138 309.3

资料来源：根据《中国国有资产监督管理年鉴》（2006~2017）整理所得。

根据表3-7可以看出，2005~2016年，三大地区的国有资本总量呈不

---

① 其中，东部沿海地区包括：北京、天津、河北、辽宁、上海、江苏、浙江、福建、山东、广东、广西、海南、重庆、大连、宁波、厦门、青岛和深圳18个省区市。中部内陆地区包括：山西、内蒙古、吉林、黑龙江、安徽，江西、河南、湖北和湖南9个省区。西部边远地区包括：四川、贵州、云南、西藏、陕西、甘肃、青海、宁夏和新疆9个省区。

断上升趋势,且在 2009 年左右均发生大幅度波动。其中,东部沿海地区国有资本总量年均增长幅度最大,由 2005 年的 59 487.1 亿元上升至 2016 年的434 551.7 亿元,增长了 6.3 倍。中部内陆地区国有资本总量,由 2005 年的11 256 亿元上升至 2016 年的 111 948.9 亿元,增长了 8.9 倍。西部地区国有资本总量年均增长幅度最大,由 2005 年的 11 480.8 亿元上升至 2016 年的138 309.3 亿元,增长了 11 倍。

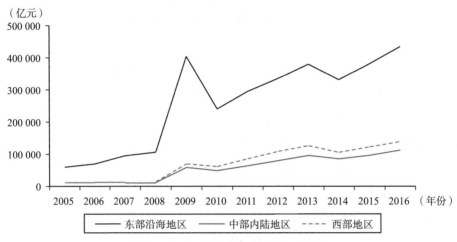

图 3-14　国有资本地区分布变动趋势

根据图 3-14 也可以看出,东部沿海地区、中部内陆地区和西部地区的国有资本总量呈不断上升趋势,且三大地区国有资本总量在 2009 年左右均发生大幅度波动。2005~2016 年,东部沿海地区国有资本总量年均增长幅度最大,中部地区次之,西部地区增长幅度最小。但是,从增长速度来看,西部地区增长最快,国有资本总量年均增长 25.4%;中部内陆地区次之,国有资本总量年均增长 23.2%。东部沿海地区最为缓慢,国有资本总量年均增长 19.8%。

根据表 3-7 和图 3-15 可以看出,2005 年东部沿海地区国有资本总量为 59 487.1 亿元,占比高达 72.35%,远远高于其他两个地区的国有资本总量,甚至大于其他两个地区的国有资本总量之和;中部内陆地区国有资本总量为 11 256 亿元,占比 13.69%,规模比其他两个地区都小;西部地区国有资本总量为 11 480.8 亿元,占比约 13.96%,与中部地区规模大体相当。

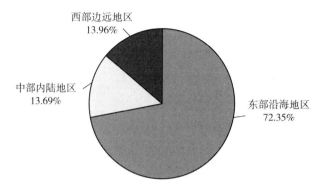

图 3 – 15   2005 年国有资本总量地区分布

根据表 3 – 7 和图 3 – 16 可以看出，2010 年东部沿海地区国有资本总量为 240 506.4 亿元，占比高达 68.64%，远远高于其他两个地区的国有资本总量，且大于其他两个地区的国有资本总量之和。中部内陆地区国有资本总量为 48 626 亿元，占比 13.88%。西部地区国有资本总量为 61 225.5 亿元，占比 17.48%，国有资本总量规模明显超过中部地区。

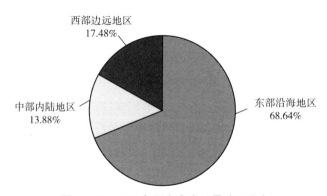

图 3 – 16   2010 年国有资本总量地区分布

根据表 3 – 7 和图 3 – 17 可以看出，2015 年东部沿海地区国有资本总量为 381 510.3 亿元，占比高达 63.63%，远远高于其他两个地区的国有资本总量，仍远远大于其他两个地区的国有资本总量之和。中部内陆地区国有资本总量为 95 900.5 亿元，占比 16%。西部地区国有资本总量为 122 134.3 亿元，占比 20.37%，国有资本总量规模明显超过中部地区，且与中部地区国有资本规模差距越来越大。

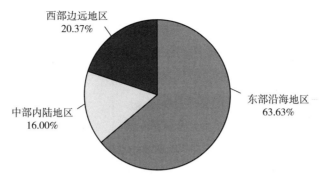

图3-17 2015年国有资本总量地区分布

总体来看，2005～2016年间，三大地区国有企业资本规模，东部沿海地区国有资本总量比重不断下降，由2005年的72.35%下降至2016年的63.46%；中部内陆地区国有企业国有资本总量比重略有增加，占比由2005年的13.69%上升至2016年的16.35%，变动幅度不大。而西部边远地区国有资本比重不断增加，由2005年的13.69%上升至2016年的20.20%，增幅明显。

二、各省份国有资本总量分布

为明确国有资本在全国各省、自治区和直辖市的分布规模，表3-8给出了2005年、2010年和2015年中国国有企业国有资本总量在各省份的具体分布情况。图3-18给出了，2005年、2010年和2015年中国国有企业国有资本总量的地区分布变动情况。

表3-8 各省份国有资本分布

地区	2005年		2010年		2015年	
	资产总量（亿元）	占比（%）	资产总量（亿元）	占比（%）	资产总量（亿元）	占比（%）
北京市	2 645.2	7.58	5 320.6	5.37	7 066	8.66
天津市	1 718.6	4.92	6 347.3	6.41	4 137	5.07
河北省	998.1	2.86	2 307.8	2.33	1 618	1.98

续表

地区	2005 年		2010 年		2015 年	
	资产总量（亿元）	占比（%）	资产总量（亿元）	占比（%）	资产总量（亿元）	占比（%）
山西省	1 231.4	3.53	2 756.5	2.78	3 691	4.52
内蒙古自治区	508.7	1.46	1 416.4	1.43	436	0.53
辽宁省	1 394.8	4.00	3 074.2	3.11	1706	2.09
吉林省	435.3	1.25	610.8	0.62	599	0.73
黑龙江省	584.2	1.67	688.7	0.70	1 073	1.31
上海市	4 497.7	12.89	9 324.1	9.42	9 400	11.52
浙江省	2 314.6	6.63	6 936.3	7.01	4 313	5.28
江苏省	436.3	1.25	9 854.2	9.95	3 463	4.24
安徽省	992.4	2.84	3 485.7	3.52	2 928	3.59
福建省	1 228	3.52	3 031.3	3.06	3 964	4.86
江西省	462.7	1.33	1 793.3	1.81	1 695	2.08
山东省	1 864.7	5.34	4 442	4.49	4 054	4.97
河南省	1 287.1	3.69	2 351.2	2.37	2 040	2.50
湖北省	601.4	1.72	1 741.4	1.76	2 307	2.83
湖南省	718.3	2.06	2 221.4	2.24	1 380	1.69
广东省	4 006.2	11.48	7 361.3	7.44	7 235	8.86
海南省	993.4	2.85	479.9	0.48	704	0.86
广西壮族自治区	196.2	0.56	2 608.6	2.63	2 017	2.47
贵州省	1 152.5	3.30	1 320.8	1.33	2 016	2.47
四川省	1 229.3	3.52	4 805.7	4.85	2 964	3.63
重庆市	582.3	1.67	5 271.5	5.32	2 618	3.21
云南省	818.9	2.35	3 638.5	3.68	1 876	2.30
陕西省	100.8	0.29	2 980.1	3.01	2 470	3.03
甘肃省	846.9	2.43	1 188	1.20	1708	2.09
青海省	439	1.26	409.9	0.41	408	0.50
西藏自治区	89	0.26	91.3	0.09	246	0.30
宁夏回族自治区	200.9	0.58	370.4	0.37	483	0.59
新疆维吾尔自治区	324.1	0.93	772	0.78	1 000	1.23

资料来源：根据《中国国有资产监督管理年鉴》（2006、2011 和 2016）整理所得。

根据表 3-8 和图 3-18 可以看出，2005 年中国国有企业国有资本总量的地区分布情况，排名前十的省市依次为：上海市、广东省、北京市、浙江省、山东省、天津市、辽宁省、河南省、山西省和四川省，占比依次为：12.89%、11.48%、7.58%、6.63%、5.34%、4.92%、4.00%、3.69%、3.53% 和 3.52%。在东三省中，辽宁省国有资本总量最多，占比为 4.00%，全国排名第 7；其次为黑龙江省，占比为 1.67%，全国排名第 20；最后为吉林省占比为 1.25%，全国排名第 26。

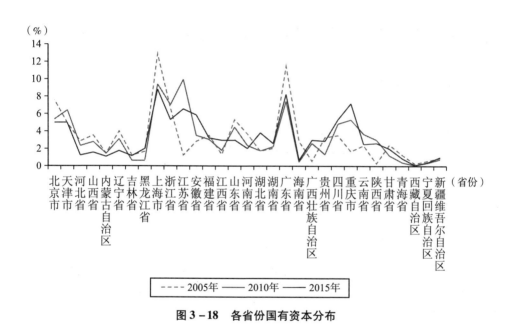

图 3-18　各省份国有资本分布

根据表 3-8 和图 3-18 可以看出，2010 年中国国有企业国有资本总量的地区分布情况，排名前十的省份依次为：江苏省、上海市、广东省、浙江省、天津市、北京市、重庆市、四川省、山东省和云南省，占比依次为：9.95%、9.42%、7.44%、7.01%、6.41%、5.37%、5.32%、4.85%、4.49% 和 3.68%。在东三省中，辽宁省国有资本总量最多，占比为 3.11%，全国排名第 12；其次为黑龙江省，占比为 0.70%，全国排名第 26；最后为吉林省占比为 0.62%，全国排名第 27。

从表 3-8 和图 3-18 可以看出，2015 年中国国有企业国有资本总量的地区分布情况，排名前十的省份依次为：上海市、广东省、北京市、浙江省、天津市、山东省、福建省、山西省、江苏省和四川省，占比依次为：11.52%、8.86%、8.66%、5.28%、5.07%、4.97%、4.86%、4.52%、4.24%和3.63%。在东三省中，辽宁省国有资本总量最多，占比为2.09%，全国排名第20；其次为黑龙江省，占比为1.31%，全国排名第25；最后为吉林省占比为0.73%，全国排名第28。

三、2015 年各地区国有资本分布

为明确国有资本在全国各地区的分布规模，表3-9给出了2015年全国包括新疆生产建设兵团在内的32个地区的国有企业户数、从业人数、国有资本总量的具体分布情况。

表 3-9   2015 年各省区市和新疆生产建设兵团国有
企业户数、从业人数、国有资本总量

地区	户数（户）	从业人数（万人）	国有资本总量（亿元）	国有资本占比（%）
北京市	7 066	116	8 439.7	5.00
天津市	4 137	44.7	8 303.5	4.92
河北省	1 618	53.6	2 098.5	1.24
山西省	3 691	123.4	2 653.4	1.57
内蒙古自治区	436	21.8	1 844.6	1.09
辽宁省	1 706	59.4	2 969.5	1.76
吉林省	599	16.6	1 968.7	1.17
黑龙江省	1 073	30.4	3 391	2.01
上海市	9 400	113.7	14 852.7	8.81
浙江省	4 313	69.9	8 968.6	5.32
江苏省	3 463	54.2	11 036.7	6.55
安徽省	2 928	83	9 897.6	5.87
福建省	3 964	45.2	5 450.4	3.23
江西省	1 695	46.2	5 012.9	2.97
山东省	4 054	124	5 090.1	3.02
河南省	2 040	74.4	3 424.4	2.03

续表

地区	户数（户）	从业人数（万人）	国有资本总量（亿元）	国有资本占比（%）
湖北省	2 307	38.7	6 462.8	3.83
湖南省	1 380	29.8	4 400.2	2.61
广东省	7 235	108.2	13 903.3	8.25
海南省	704	5.7	1 126.2	0.67
广西壮族自治区	2017	64.4	5 037.2	2.99
贵州省	2 016	60.3	4 854.6	2.88
四川省	2 964	56.2	9 025.5	5.35
重庆市	2 618	56.4	12 122.3	7.19
云南省	1 876	32.6	4 238	2.51
陕西省	2 470	66.6	4 413.2	2.62
甘肃省	1 708	33.1	3 324.9	1.97
青海省	408	9.1	1 466	0.87
西藏自治区	246	2.4	183.4	0.11
宁夏回族自治区	483	5.1	696.8	0.41
新疆维吾尔自治区	1 000	15.1	1 699.7	1.01
新疆生产建设兵团	940	15.9	269.5	0.16

资料来源：根据《中国国有资产监督管理年鉴》（2016）整理所得。

从表 3-9 可以看出，在 2015 年，从各省区市和新疆生产建设兵团国有企业户数来看，排名前十的依次为上海市、广东省、北京市、浙江省、天津市、山东省、福建省、山西省、江苏省和四川省。在 2015 年，从各省区市和新疆生产建设兵团国有企业中从业人员人数上来看，排名前十的依次为：山东省、山西省、北京市、上海市、广东省、安徽省、河南省、浙江省、陕西省和广西壮族自治区。另外，从表 3-9 和图 3-19 可以看出，在 2015 年，中国国有企业国有资本总量排名前十的省区市和新疆生产建设兵团依次为：上海市、广东省、重庆市、江苏省、安徽省、四川省、浙江省、北京市、天津市和湖北省，占比依次为：8.81%、8.25%、7.19%、6.55%、5.87%、5.35%、5.32%、5.00%、4.92% 和 3.83%。在东三省中，黑龙江省国有资本总量最多，占比为 2.01%，全国排名为第 20；其次为辽宁省，占比为 1.76%，全国排名为第 22；最后为吉林省占比为 1.17%，全国排名为第 25。

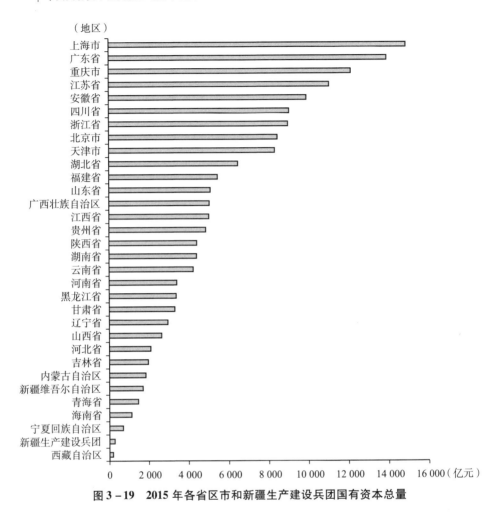

图 3 – 19　2015 年各省区市和新疆生产建设兵团国有资本总量

第五节　中国国有资本行业分布状况

一、国有资本行业分布情况

随着中国经济社会的发展，经济结构的持续调整，国有经济优化布局的深入推进，国有企业在各行业中的比重也随之发生变动。表 3 – 10 给出了

2005 年、2010 年和 2015 年国有资本在不同行业间分布的具体情况。

表 3 - 10　　　　　　　　　　　国有资本总量行业分布

行业	2005 年		2010 年		2015 年	
	资产总量（亿元）	占比（%）	资产总量（亿元）	比重（%）	资产总量（亿元）	比重（%）
农林牧渔业	1 290.8	1.50	2 171.7	0.58	3 400.1	0.53
工业	39 961.1	46.34	142 488.1	38.11	234 811.4	36.52
建筑业	2 239.7	2.60	14 143.8	3.78	40 272.4	6.26
地质勘查及水利业	505.2	0.59	1 856.2	0.50	3 601	0.56
交通运输业	12 116.1	14.05	62 678.8	16.77	62 393.4	9.70
仓储业	619	0.72	1 140.4	0.31	3 397.9	0.53
邮电通信业	9 027.1	10.47	33 413.1	8.94	43 206.7	6.72
批发零售餐饮业	4 644.5	5.39	23 060	6.17	28 683.4	4.46
房地产业	2 514	2.92	20 430	5.46	49 352.4	7.68
信息技术服务业	170.5	0.20	955	0.26	14 97.4	0.23
社会服务业	11 031.6	12.79	59 011.5	15.78	141 227.6	21.97
卫生体育福利业	84.1	0.10	278.8	0.07	479.5	0.07
教育文化广播业	1 123	1.30	2 941.1	0.79	1 341.9	0.21
科研和技术服务业	404.1	0.47	2 219.8	0.59	6 642	1.03
机关社团及其他	500.4	0.58	7 063.8	1.89	22 595.7	3.51

资料来源：根据《中国国有资产监督管理年鉴》（2006、2011 和 2016）整理所得。

　　根据表 3 - 11 可以看出，2005 年、2010 年和 2015 年各行业中国有资本总量的比重排名情况。总体来看，近些年，随着我国产业结构的不断调整，第三产业迅速发展，在产值和固定资产投资方面均超过第二产业。一方面，虽然工业行业国有资本规模占比排名一直是第一名，但是国有资本规模占比一直呈下降趋势；另一方面，随着第三产业的崛起，社会服务业的国有资本规模占比和排名一直呈上升趋势；作为第三产业的房地产业排名在 2005 年为第 6 名，2015 年上升为第 4 名，而且国有资本比重一直上升，在一定程度上说明了近 10 年来房地产业在经济发展中的支柱产业的地位。

表 3 - 11 国有资本总量行业占比排名

排名	2005 年	2010 年	2015 年
1	工业（46.34%）	工业（38.11%）	工业（36.52%）
2	交通运输业（14.05%）	交通运输业（16.77%）	社会服务业（21.97%）
3	社会服务业（12.79%）	社会服务业（15.78%）	交通运输业（9.70%）
4	邮电通信业（10.47%）	邮电通信业（8.94%）	房地产业（7.68%）
5	批发零售餐饮业（5.39%）	批发零售餐饮业（6.17%）	邮电通信业（6.72%）
6	房地产业（2.92%）	房地产业（5.46%）	建筑业（6.26%）
7	建筑业（2.60%）	建筑业（3.78%）	批发和零售餐饮业（4.46%）
8	农林牧渔业（1.50%）	机关社团及其他（1.89%）	金融业及其他（3.51%）
9	教育文化广播业（1.30%）	教育文化广播业（0.79%）	科研和技术服务业（1.03%）
10	仓储业（0.72%）	科研和技术服务业（0.60%）	地质勘查及水利业（0.56%）
11	地质勘查及水利业（0.59%）	农林牧渔业（0.58%）	农林牧渔业（0.53%）
12	机关社团及其他（0.58%）	地质勘查及水利业（0.50%）	仓储业（0.53%）
13	科研和技术服务业（0.47%）	仓储业（0.31%）	信息技术服务业（0.23%）
14	信息技术服务业（0.20%）	信息技术服务业（0.26%）	教育文化广播业（0.21%）
15	卫生体育福利业（0.10%）	卫生体育福利业（0.07%）	卫生体育福利业（0.07%）

资料来源：根据《中国国有资产监督管理年鉴》（2006、2011 和 2016）整理所得。

2008 年全球金融危机爆发，为应对危机 2008 年 11 月中国政府出台了扩大内需、促进经济平稳较快增长的十项措施，也就是"四万亿计划"。根据该计划，中央和地方政府推行适度宽松的货币政策和积极的财政政策，投入大量资金进行公路、铁路、港口和机场等重大基础设施建设，而国有企业是这一刺激计划的最重要的实施载体，结果导致交通运输业在 2005 ~ 2010 年间国有资本规模占比上升，2010 ~ 2015 年呈下降趋势。全球金融危机过后，中国经济发展步入新的发展阶段，进入结构调整和驱动升级转换阶段，为提高经济发展的质量和效益，保障经济的健康可持续发展，中国对于科技研发的重视程度越来越高，科研和技术服务行业国有资本规模占比和排名一直呈上升趋势。另外，随着国有资本投资布局的优化调整，以及第一产业同第

二、第三产业发展的绝对规模差距逐年加大，农林牧渔业的国有资本规模和占比一直呈下降趋势。

二、工业行业中国有资本分布情况

本部分从国有经济的工业企业的数量、资产总量、产出水平、投资水平、就业状况、收入情况和盈利能力等方面研究国有经济在规模和比重上的发展和变化情况。

（一）工业行业中国有经济总量情况

随着我国对国有经济进行战略性结构调整的不断深化，通过改制、兼并和重组，国有工业企业的数量在快速减少，由 2003 年的 34 280 家减少至 2016 年的 19 022 家，平均每年减少约 1 173 家。不过，尽管国有企业的数量在快速减少，从业人员数也在逐年下降，由 2003 年的 2 163 万人减少至 2016 年的 1 696 万人，平均每年减少 35.92 万人，但国有企业的单位工人产出水平、规模、投资水平、盈利能力等方面却在不断地增强。国有工业企业的总产值由 2003 年的 53 408 亿元增加至 2016 年的 227 533 亿元，净增加 174 125 亿元，年均增长 11.8%。国有资产的总量由 2003 年的 94 520 亿元增加至 2016 年的 417 704 亿元，净增加 323 184 亿元，年均增长 12.1%。固定资产投资总量由 2003 年的 42 118 亿元增加至 2016 年的 178 816 亿元，净增加 136 698 亿元，年均增长 11.8%，如表 3 - 12 所示。

表 3 - 12　　　　　2003～2016 年中国国有工业企业发展情况

年份	企业数（家）	工业总产值（亿元）	资产总计（亿元）	固定资产投资（亿元）	从业人员人数（万人）	主营业务收入（亿元）	利润总额（亿元）
2003	34 280	53 408	94 520	42 118	2 163	58 027	3 836
2004	35 597	70 229	109 708	46 283	1 973	71 431	5 453
2005	27 477	83 750	117 630	49 140	1 875	85 574	6 520
2006	24 961	98 910	135 153	57 045	1 804	101 405	8 485
2007	20 680	119 686	158 188	64 190	1 743	98 515	10 795

续表

年份	企业数（家）	工业总产值（亿元）	资产总计（亿元）	固定资产投资（亿元）	从业人员人数（万人）	主营业务收入（亿元）	利润总额（亿元）
2008	21 313	143 950	188 811	75 927	1 794	147 508	9 064
2009	20 510	146 630	215 742	90 853	1 803	151 701	9 287
2010	20 253	185 861	247 760	102 013	1 836	194 340	14 738
2011	17 052	221 036	281 674	111 884	1 812	228 900	16 458
2012	17 851	228 730	312 094	136 168	1 893	245 076	15 176
2013	18 574	240 315	343 986	146 122	1 889	257 817	15 918
2014	18 808	244 458	371 309	164 828	1 843	262 692	14 508
2015	19 273	228 359	397 404	174 672	1 778	241 669	11 417
2016	19 022	227 533	417 704	178 816	1 696	238 990	12 324

注：国有工业企业是指规模以上国有及国有控股工业企业。2012 年及以后各年份工业总产值为工业销售产值数据。

资料来源：2003 年和 2005～2016 年的数据来源于 2004 年和 2006～2017 年的《中国统计年鉴》及《中国工业统计年鉴》；2004 年的数据来源于《中国经济普查年鉴》(2004)。

从表 3 - 12 中可以看出，国有工业主营业务收入由 2003 年的 58 027 亿元增加至 2016 年的 238 990 亿元，净增加了 180 963 亿元，年均增长 11.5%；实现利润总额由 2003 年的 3 836 亿元增加至 2016 年的 12 324 亿元，净增加 8 488 亿元，年均增长 9.39%；单位工人产出[①]由 2003 年的 246 916 元，增加至 2016 年的 1 341 586 元，净增加了 1 094 670 元，年均增长 13.9%。

从国有经济近 15 年的发展状况来看，尽管国有企业的数量在不断减少，但资产总量规模却在不断扩大。从表 3 - 12 可以看出，国有经济的综合实力、运行效率、经济效益也在明显增强。应该说，随着国有经济改革的不断推进，特别是随着国有资产监管体制的建立和不断完善，国有企业的生产经营状况发生了根本性的变化，国有经济和国有企业发展的质量和效益都有了显著提高，国有经济和国有企业的竞争力、影响力和控制力大大增强。

此外，2002 年中国仅有 11 家企业跻身世界企业 500 强，而根据 2015 年的《财富》世界 500 强名单，其中有 94 家中国大陆地区的企业榜上有名，其中除 6 家民营企业：太平洋建设集团（江苏）、华为技术有限公司（深

---

① 单位工人产出 = 工业总产值/从业人员人数。

圳)、中国民生银行(北京)、浙江吉利控股集团(杭州)、正威国际集团(深圳)、山东魏桥创业集团有限公司(滨州)外其余88家均为国有及国有控股企业。世界企业500强名单中中国大陆民营企业仅6家,占中国大陆上榜企业的6.4%,国有企业为88家,占比高达93.6%。由此可见,国有企业的市场竞争力特别是国际竞争力在显著提高,表明国有经济依然是现阶段中国经济发展的中流砥柱,发挥着重要的主导作用。

(二) 工业行业中国有资本分布情况

随着国有企业改革的深入推进,国有资本在工业行业中的布局也在不断地调整之中。为清楚地掌握国有资本在工业行业中的具体分布,我们整理了2005年、2010年和2015年工业行业中国有资本的具体情况,如表3-13和表3-14所示。

表 3-13 工业行业中国有资本分布情况

行业	2005 年		2010 年		2015 年	
	资产总量(亿元)	比重(%)	资产总量(亿元)	比重(%)	资产总量(亿元)	比重(%)
煤炭工业	2 684.9	6.96	14 627.3	10.75	17 362.2	7.33
石油和石化工业	11 250.1	29.18	35 552.3	26.13	62 096.3	26.22
冶金工业	4 822.7	12.51	20 565.1	15.11	24 410.4	10.31
建材工业	365.2	0.95	2 181	1.60	4 640.3	1.96
化学工业	1 334	3.46	4 550.8	3.34	8 141.3	3.44
森林工业	23.9	0.06	29.6	0.02	62.2	0.03
食品工业	187.4	0.49	701.3	0.52	1 044.1	0.44
烟草工业	2 093.4	5.43	5 316	3.91	449.2	0.19
纺织工业	269.4	0.70	352.8	0.26	2 250.8	0.95
医药工业	298	0.77	688.6	0.51	23 391.7	9.88
机械工业	2 515.4	6.52	11 619.9	8.54	11 438.7	4.83
电子工业	645.4	1.67	2 637.6	1.94	5 251.2	2.22
电力工业	9 611.2	24.93	30 987.3	22.77	60 382.2	25.50
市政公用工业	1 486.5	3.86	3741.3	2.75	10 099.4	4.27
其他工业	972.5	2.52	2 520.6	1.85	5 771.6	2.44

资料来源:根据《中国国有资产监督管理年鉴》(2006、2011和2016)整理所得。

表 3 - 14 工业行业中国有资本占比排名

排名	2005 年	2010 年	2015 年
1	石油和石化工业（29.18%）	石油和石化工业（26.13%）	石油和石化工业（26.22%）
2	电力工业（24.93%）	电力工业（22.17%）	电力工业（25.50%）
3	冶金工业（12.51%）	冶金工业（15.11%）	冶金工业（10.31%）
4	煤炭工业（6.96%）	煤炭工业（10.75%）	医药工业（9.88%）
5	机械工业（6.52%）	机械工业（8.54%）	煤炭工业（7.33%）
6	烟草工业（5.43%）	烟草工业（3.91%）	机械工业（4.83%）
7	市政公用工业（3.86%）	化学工业（3.34%）	市政公用工业（4.27%）
8	化学工业（3.46%）	市政公用工业（2.75%）	化学工业（3.44%）
9	其他工业（2.52%）	电子工业（1.94%）	其他工业（2.44%）
10	电子工业（1.67%）	其他工业（1.85%）	电子工业（2.22%）

资料来源：根据《中国国有资产监督管理年鉴》（2006、2011 和 2016）整理所得。

根据表 3 - 13 和表 3 - 14 能够看出，2005 年、2010 年和 2015 年 3 个年份中，国有资本规模最大的三个行业均为石油和石化工业、电力工业、冶金工业。其中，石油和石化工业国有资本规模始终最多，相较于 2005 年，2010 年石油和石化工业国有资本规模占比有所下降，同 2010 年相比较，2015 年石油和石化工业国有资本规模占比波动不大；上述 3 个年份中，电力工业国有资本总量排名第二，国有资本规模占比大体上呈先下降后上升的变动态势，整体来看占比波动较小；冶金工业国有资本总量排名均为第三名，国有资本规模占比大体上呈先上升后下降的变动趋势。总体来看，2005～2015 年国有资本规模占比总体呈上升趋势的行业有电子工业、建材工业。国有资本规模占比在 2005～2010 年上升而 2010～2015 年下降的行业有：冶金工业、煤炭工业、机械工业、食品工业。国有资本规模占比在 2005～2010 年下降而 2010～2015 年上升的行业有石油和石化工业、电力工业、市政公用工业、化学工业、纺织工业、医药工业、其他工业。

第六节 本章小结

从新中国成立至今，以改革开放为界，我国国有经济的发展与改革总体上经历了两大发展阶段：改革开放前，以国有经济的形成与扩张为主；而改革开放后，则主要表现为对国有经济进行改革与调整。本章在历程梳理的基础上，详细介绍了我国国有经济以及国有资本的具体变动和分布情况，包括近十年来我国国有资本的总体状况、具体分布、盈利能力、地区分布和行业分布等具体情况，有利于我们从直观上把握国有资本的规模、结构和分布等特征。自 2005 年以来，国有资本规模整体上呈不断上升趋势，盈利能力也大幅度提升，国有资本的分布结构不断优化。国有资本在不断做强做优做大的同时，是否有效发挥了其作为国家调控手段的职能，在经济周期的不同阶段是否起到了"稳定器"的作用，值得我们深思。鉴于此，我们将在下一章基于经济周期波动理论深入探析在不同经济发展阶段国有资本投资对经济增长的动态影响。

第四章

经济波动视角下中国国有企业对经济增长的动态影响研究

本章从经济周期波动理论出发，在理论上探析了国有企业在经济周期不同阶段对经济增长的动态影响，进一步选取 2004～2015 年中国经济增长和不同类型企业产值的相关数据，运用状态空间可变参数模型，深入研究国有企业对经济增长的动态效应。通过本章的研究发现，在不同经济发展阶段，国有企业对经济增长的影响存在显著差异。另外，近年来国有企业对经济增长的拉动效应趋于下降；其他类型企业对经济增长带动效应低于金融危机前水平，中国经济发展的结构性日益矛盾凸显。

第一节　引　　言

一、问题的提出

1978 年中共十一届三中全会提出"把全党工作重点转移到社会主义现代化建设上来"，"共和国长子"——国有企业开启了改革的新局面。党的十九大再次重申"做强做优做大"国有资本，预示着国有企业发展又一次迈入了全新的时代。在全面深化改革的历程中，国有企业发展始终是最敏感、最富争议性的一项内容。一方面，从新中国成立初的"吾家有子初长成"到如今多领域的"世界一流"，国有企业的确引领和见证了中国的崛起；另一方面，国有经济在改革发展中一系列的问题也引发了广泛争论，例如，"低效率"和"国进民退"等质疑。特别是为应对 2008 年国际金融危机，中国政府推出了"四万亿计划"①，同时制定了"十大产业振兴规划"②，货币市场流动性短时间内大幅上升，仅 2009 年一年增加的贷款额就为 10 万亿元人民币左右。而在资金投放和产业振兴规划等方面，国有企业是这一系列经济刺激方案的承载主体。国有企业对经济发展的影响如何、国有资本投资是否有效等一系列的问题可谓众说纷纭，目前学术界尚未达成一致看法。然而，伴随着国有企业和非国有企业在金融危机中的不同表现，以及近年来国有企业在国计民生若干领域中的出色成就，学术界开始反思国有企业被忽视的其他特质，重新审视国有企业对于经济发展的宏观效率。

二、国有企业对经济增长的影响研究综述

目前学术界关于中国国有企业对经济增长影响的观点大致可以分为三种论点：一是国有企业发展不利于经济增长；二是国有企业发展会拉动经济增长；三是国有企业对经济增长的作用不确定。部分学者认为：国有企业发展会阻碍经济增长。关于国有企业阻碍经济发展的观点可以概括为国有企业对经济发展的"拖累效应"，包括"直接拖累效应"和"间接拖累效应"。其中，"直接拖累效应"是指国有企业本身占据了大量的资源，但是由于内部效率低下而降低了整体的资源配置效率，最终不利于经济增长（刘小玄，2000；周黎安等，2007）③④，"间接拖累效应"是指国有企业享有一系列的"优惠"条件而损害了各个市场主体间的公平竞争，进而挤占和拖累民营企业发展，最终也会损害整体的经济增长。⑤ 还有部分学者从国有企业创新溢

---

① 2008 年 9 月，国际金融危机全面爆发后，中国经济增速快速回落，出口出现负增长，大批农民工返乡，经济面临硬着陆的风险。为了应对这种危局，中国政府于 2008 年 11 月推出了进一步扩大内需、促进经济平稳较快增长的十项措施。初步匡算，实施这十大措施，到 2010 年底约需投资 4 万亿元，本书简称为"四万亿计划"。

② 十大产业振兴规划，是中国为应对国际金融危机对中国实体经济的影响，根据国务院部署，由国家发展改革委与工业和信息化部，会同国务院有关部门开展的钢铁、汽车、船舶、石化、纺织、轻工、有色金属、装备制造业、电子信息，以及物流业十个重点产业调整和振兴规划的编制工作，是一项应对国际金融危机，保增长、扩内需、调结构的重要措施。

③ 刘小玄. 中国工业企业的所有制结构对效率差异的影响——1995 年全国工业企业普查数据的实证分析 [J]. 经济研究, 2000 (2)：17 – 25.

④ 周黎安, 张维迎, 顾全林, 汪淼军. 企业生产率的代际效应和年龄效应 [J]. 经济学 (季刊), 2007, 6 (4)：1297 – 1317.

⑤ 王永进, 刘灿雷. 国有企业上游垄断阻碍了中国的经济增长？——基于制造业数据的微观考察 [J]. 管理世界, 2016 (6)：10 – 21 + 18.

出的角度研究了其对经济活动中技术创新的影响。程强等（2015）指出，国有企业正向溢出效应能够提升区域的创新效率。[①] 武丽娟等（2016）指出，国有企业对非国有企业具有正向技术溢出效应，而非国有企业的技术溢出效应有限。[②] 吴友等（2016）通过研究得出，不同所有制企业间的创新溢出具有非对称性，民营企业成为创新溢出的最大吸收方，而国有企业难以获取其他所有制企业创新投入的外部性，成为主要的溢出方，港澳台资企业与外资企业之间具有"挤占效应"，国有企业在全国范围内存在溢出效应。[③] 赵庆（2017）指出，国企是技术扩散的中心，有很强的创新溢出效应。[④]

从当前中国大多数研究中，我们可以看出，大多数文献认为，在过去相当长的一段时期内国有企业内部效率低下，低效率问题无疑不利于经济增长；而有关国有经济的"间接拖累"争论仍未达成一致看法。另外一部分学者认为，国有企业对经济增长具有明显的拉动效应。于长革（2006）在合理界定公共投资规模和范围的情况下，认为政府公共投资对经济增长具有显著的刺激效应[⑤]；钱谱丰、李钊（2007）发现，在经济发展的初始阶段，公共投资增长对非公共投资的引致性作用巨大，对经济增长的边际意义也更大。[⑥] 因此，国有企业发展会引致非国有企业投资，进而推动经济增长。综合此类学者的观点，我们能够发现，此类学者一般从经济增长阶段理论和市场失灵理论出发进行论证。同时，还有部分学者（孙群力，2005；郭庆旺，贾俊雪，2006；王文成，2013）[⑦⑧⑨] 的研究结果表明国有企业发展对经济增长的影响效应不确定。

关于国有企业对于经济增长的影响不能达成一致结论，甚至出现截然相反的论调，应该说，产生这一分歧的根本在于相关研究基于不同的理论分析

① 程强，尹志锋，叶静怡. 国有企业与区域创新效率——基于外部性的分析视角 [J]. 产业经济研究，2015（4）：10 - 20.
② 武丽娟，徐璋勇，苏建军. 市场结构、技术差距与企业间技术溢出效应——基于国有企业与"三资"企业间关系的研究 [J]. 西北大学学报（哲学社会科学版），2016（1）：108 - 113.
③ 吴友，刘乃全. 不同所有制企业创新的空间溢出效应 [J]. 经济管理，2016（11）：45 - 59.
④ 赵庆. 国有企业真的低效吗？——基于区域创新效率溢出效应的视角 [J]. 科学学与科学技术管理，2017（3）：107 - 116.
⑤ 于长革. 政府公共投资的经济效应分析 [J]. 财经研究，2006，32（2）：30 - 41.
⑥ 钱谱丰，李钊. 对政府公共投资的经济增长效应的探讨 [J]. 理论探讨，2007（4）：108 - 111.
⑦ 孙群力. 公共投资、政府消费与经济增长的协整分析 [J]. 中南财经政法大学学报，2005（3）：76 - 81.
⑧ 郭庆旺，贾俊雪. 政府公共资本投资的长期经济增长效应 [J]. 经济研究，2006（7）：29 - 40.
⑨ 王文成. 国有经济的投资效应研究——基于中国工业制造业 28 个行业的实证分析 [J]. 中国工业经济，2013（7）：134 - 145.

框架。关于国有企业效率和挤占效应的分析更多基于新古典微观经济分析框架；而国有企业拉动经济增长的分析更多基于经济增长阶段论、经济周期波动理论和市场失灵等相关理论。另外，产生分歧的一个重要原因还在于人们对于国有企业功能定位的认识不同。在我国社会主义市场经济中，尤其当前我国处于结构转型的深水区，国有企业的制度安排承载着重要的战略意义。国有企业不仅参与经济还调控经济，做强做优做大国有企业，对于巩固和完善社会主义制度、实现国民经济持续健康发展、增强国家竞争力具有重要意义[①]。我们应当看到，中国国有企业属全民所有，是推进国家现代化、保障人民共同利益的重要力量，其定位不同于西方发达国家国有企业，更与一般的市场竞争主体不一致。因此，在分析国有企业的经济效率时，不仅要分析国有企业的微观经济效率，更要注重国有企业所带来的宏观效率。在对待国有企业的问题上，不妨多一些历史学派的思考。

从目前已有的研究来看，关于国有经济的功能和作用还没有达成统一的共识，同时也是困扰有关部门制定相关政策的一个难题。综合现有的研究不难发现，大部分学者的分析框架基于新古典微观分析框架内，且大多数研究侧重于国有企业对于经济发展的微观效率的考量。此外，绝大多数学者对国有经济功能与作用的研究均采用的是定性研究的手段，缺乏相应的定量佐证。鉴于此，本章基于宏观经济周期波动理论，应用状态空间可变参数模型分析金融危机前后和后危机时期国有企业对经济发展的影响，比较不同发展阶段国有企业对于经济增长的动态效应，以期揭示国有企业发展的宏观经济效率，进而重新审视和反思中国国有企业的功能和定位，为有关部门出台和制定相关政策提供一定的现实依据。

第二节　经济周期波动与国有企业相关理论分析

一、经济周期波动理论

根据经济发展规律和经济周期波动理论以及大多数经济体的发展历程不

---

① 本报评论员. 牢牢把握国有企业改革的正确方向 [N]. 人民日报, 2015 – 09 – 14 (001).

难发现，一国的经济发展路径不是一帆风顺的，经济在沿着经济发展的总体增长趋势中会伴随着经济活动的变化而呈现出一定的周期波动特征。如图4-1所示。

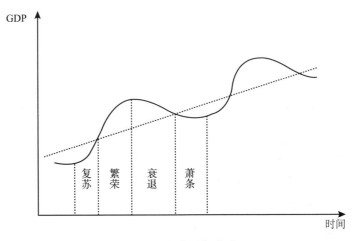

图 4-1　经济周期波动

当经济处于繁荣阶段时，意味着经济活动处于一种高水平的发展状态，即此时的就业、产量以及社会总产出水平均逐渐达到最高水平。然而，繁荣阶段不可能长期持续下去，当消费增长放缓引起投资减少或投资自身下降时，经济活动就会下滑，使经济进入衰退阶段。随着经济的进一步下滑，投资的减少一方面会使生产下降、失业增加，另一方面使消费减少、产品滞销、利润减少、企业的投资将进一步减少，最终经济步入萧条阶段。随着消费引起的企业库存的减少以及现有设备的不断损耗，企业将考虑增加投资，从而将带动就业增加、产量扩大，使经济进入复苏阶段。随着生产和就业的继续扩大，经济又逐步走向繁荣阶段。

经济周期波动理论分为众多流派，其中经典的经济周期理论又以凯恩斯经济周期理论和实际经济周期理论为代表。凯恩斯经济周期理论从需求角度出发，强调投资的边际效率冲击引起的投资规模变动，而后通过萨缪尔森乘数——加速数模型的放大效应引起经济波动。而实际经济周期波动理论则从供给角度出发，强调外生全要素生产率冲击引起经济波动。综合各流派的主张，不难发现，各流派观点的差异主要体现在波动诱发因素的"内生性"

和"外生性"的分歧。

二、经济周期波动和国有企业发展

相关研究表明，在完全依赖市场调节的经济环境中，金融危机更容易引发经济衰退（Mishin，1997）[①]；在经济衰退期间，国有企业不仅投资下降较少（梁琪和余峰燕，2014）[②]，而且国有企业业绩表现优于私营企业（Liu et al.，2012；Hossain et al.，2013）[③][④]。通常情况下，当经济步入萧条，在内外部环境不景气时，非国有企业在"自利"动机驱动下会缩减投资。此时，国有企业在"民退"潮流中，积极增加基础类投资，适度扩张边界，从而阻止经济断崖式下滑。随着经济先行指标得到回升，经济增长预期上调，国有企业适度减少投资，收缩边界，非国有经济得以刺激和发展。

一般而言，对于市场经济不发达的经济转轨国家，政府需要利用国有企业维护宏观经济和社会的稳定。经济平稳发展时期，国有企业主要承担基础技术创新、技术赶超、技术扩散和社会福利以及公共品的提供等任务；当经济发生波动时，国有企业可以作为克服"市场失灵"和"政府失灵"的制度安排，充当宏观经济的稳定者。在经济转型期，国有企业通过产业结构调整与重组，投资导向等手段，引导资源合理流动，缓解市场黏性，防止经济陷入大的波动。

三、经济周期的不同阶段国有企业角色分析

基于上述分析，我们可以认为，在宏观经济周期的不同阶段，国有经济对经济增长的动态作用也会呈现出阶段性特征。具体而言，针对中国国有企业对经济增长的作用机制提出以下三个理论预期：

第一，在经济平稳期，国有企业向关系国家安全和国民经济命脉的重要

---

① Mishin, F. S. The Causes and Propagation of Financial Instability: Leasons for Policymakers [J]. Economic Policy Symposium – jackson Hole, 1997, 35（2）：55 – 96.

② 梁琪，余峰燕. 金融危机、国有股权与资本投资 [J]. 经济研究，2014（4）：47 – 61.

③ Liu, C., K. Uchida, and Y. Tang, Corporate Governance and Firm Value During the Globle Financial Crisis: Evidence from China [J]. International Review of Financial Analysis, 2012（21）：70 – 80.

④ Hossain, M., Pankaj K. Jain, Santanu Mitra. State Ownership and Bank Equity in the Asia – Pacific Region [J]. Pacific – Basin Finance Joural, 2013（21）：914 – 931.

行业和关键领域集中,承担基础技术创新、技术赶超和技术扩散①以及社会福利和公共品的提供等任务。此阶段,国有企业更多扮演"护航员"的角色。

第二,当经济发生波动时,通过新设国有企业或扩大国有企业投资,尤其是基础设施领域的投资,扩张国有企业活动边界,拉动全社会的投资和增加就业机会,阻止经济快速下滑,发挥国有企业的稳定器功能。此阶段,国有企业更多扮演"救援人"的角色。

第三,在经济转型期,国有企业应当根据国内外发展趋势,把握经济发展规律,积极做好预判,顺势而为、乘势而动,通过产业结构调整与重组,投资导向等手段,引导资源合理流动,缓解市场黏性,防止经济陷入大的波动。此阶段,国有企业更多扮演"摆渡人"的角色。

综合上述分析,我们认为,在宏观经济周期的不同阶段,国有企业对经济增长的影响应是不同的,国有企业对经济发展的影响应呈现出动态变动的特征。在理论分析的基础上,我们进一步从经验上分析在经济周期波动的不同阶段国有企业对于经济增长的动态效应。

第三节　中国国有企业对经济增长影响的经验分析

根据理论部分的分析,国有企业在经济周期波动的不同阶段应该扮演着不同的角色,而且从整体来看,国有企业应该是整个宏观经济运行的稳定器。那么,对于中国而言,在经济发展的不同阶段,国有企业对于经济增长的动态影响是否具有显著性差异。为回答这几个问题,我们进一步采用定量分析的手段深入探析不同发展阶段国有企业对经济发展的动态影响。

一、经济增长和国有企业发展统计性分析

改革开放以来,中国经济呈现出相对平滑的增长过程,同时一些国内研

---

① 黄速建,余菁. 中国国有企业治理转型 [J]. 经济管理,2008 (Z1):16－21.

究发现①，中国经济增长存在着明显的周期性波动。而诱导中国经济周期波动的因素主要体现在固定资产投资波动、消费—投资结构失衡，全要素生产率冲击和外部环境等因素。中国经济增长短期波动的存在已是不争的事实，尤其是 2008 年金融危机给中国经济带来的冲击巨大，以至于到目前其影响还未完全消退。

选用国有企业工业销售产值和国内生产总值年度数据分别表示国有企业发展和经济增长。为了使数据具有可比性，采用工业出厂价格指数和国内生产总值指数把上述两个时间序列折算为以 2003 年为基期的不变价，所有数据均来自国家统计局网站。通过比较国内生产总值增长率和国有企业工业销售产值占国内生产总值比重对两者的动态关系进行定量描述。图 4－2 刻画了国内生产总值增长率和国有企业工业销售产值占 GDP 比重的变化趋势，其中实线表示国有企业工业销售产值占国内生产总值的比重，虚线表示历年国内生产总值增长率。

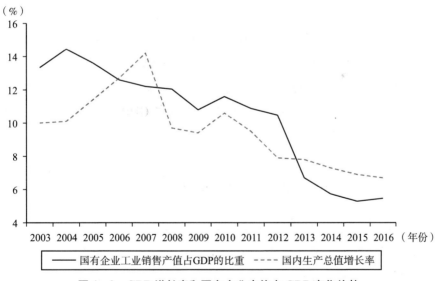

图 4－2　GDP 增长率和国有企业产值占 GDP 变化趋势

---

① 刘金全. 投资波动性与经济周期之间的关联性分析 [J]. 中国软科学，2003 (4)：30－35；郭庆旺，贾俊雪. 中国经济波动的解释：投资冲击与全要素生产率冲击 [J]. 管理世界，2004 (7)：22－28；姚敏，周潮. 中国经济周期波动的特征和影响因素研究 [J]. 经济问题探索，2013 (7)：5－9.

　　一方面，由图 4 - 2 国有企业工业销售产值占 GDP 的比重（实线部分）可以看出：在 2004 ~ 2008 年，国有企业工业销售产值占 GDP 比重变化趋势总体上呈现出向下滑态势；2010 年国有企业工业销售产值占 GDP 比重有所上升；2010 年以后，国有企业工业销售产值占 GDP 比重开始下滑。而且 2012 年后，国有企业销售产值占 GDP 比重下滑幅度较大。另一方面，由图 4 - 2 虚线可以看出：2004 ~ 2007 年，国内生产总值增长率不断上升；2008 ~ 2009 年，国内生产总值增长率开始下降；国内生产总值增长率在 2010 年有所回升。但是，从 2011 年开始国内生产总值增长率又趋于下降。

　　从上述结果可以看出，受 2008 年下半年开始的国际金融危机的冲击，中国的经济波动明显，不确定风险加大。为应对突发的冲击，中国政府于 2008 年 11 月推出了经济刺激计划，而国有企业作为刺激措施的承载者和实施者主体加大投资，扩张活动边界。在一系列的政策措施安排下，国有企业工业销售产值在 2010 年度有所上升。在国有企业带动下，中国国内生产总值增速由 2009 年的 9.4% 增加到 2010 年的 10.6%，经济在一定程度上得以恢复，有效避免了经济硬着陆的风险。然而，面对世界经济复苏乏力，加上中国经济发展不平衡、不持续、不协调的矛盾逐步显现，经济步入转型升级阵痛期。与此同时，国有企业开始新一轮的战略性结构调整。从 2011 年开始，国有企业工业销售产值占 GDP 的比重和总体经济增速开始下降。

二、状态空间可变参数模型设定

　　随着中国经济体制改革的逐步推进，国民经济各部门产业结构的不断调整以及国有企业改革的不断完善，中国经济的发展方式也逐渐发生了变化。与此同时，我们清楚地看到，受各种内外部因素的冲击，例如，国际环境的不确定性和国内政策变化等因素的影响，中国的经济增长呈现出结构变化特征。因此，为了反映中国经济增长方式的转变和经济结构的动态变动，传统计量经济理论中的固定参数模型很难实现预期的设想，无法揭示不同阶段以及不同类型的经济形式对经济增长的动态作用机理。为此，本节将利用哈维（Harvey，1989）[①] 和汉密尔顿（Hamilton，1994）[②] 的状态空间模型实证研究经济周期波动下不同类型经济形式对经济增长的动态影响。为此，本节将利用状态空间可变参数模型分析在经济周期不同阶段国有企业对经济增长的动态效应。根据实际研究问题的需要，本节拟建立以下状态空间可变参数模型来进行实证分析：

量测方程：

$$\ln GDP_t = \alpha_t + sv1\ln SOE_t + sv2\ln SHC_t + sv3\ln COE_t + sv4\ln FDI_t + sv5\ln QT_t + \varepsilon_t$$

$$(4.1)$$

状态方程：

$$svk = svk(-1) \quad (k=1,2,3,4,5) \quad (4.2)$$

其中，式（4.1）中的 GDP_t 表示国内生产总值，SOE_t、SHC_t、COE_t、FDI_t 和 QT_t 分别表示国有企业、股份有限公司、集体企业、外商投资企业和其他形式的产值。以上为本书所建立的状态空间模型的一般表达形式，由一组观察方程和状态方程所构成。其中量测方程是观察方程，表示国内生产总值与国有企业、股份制企业、集体企业、外商投资企业和其他类型企业产值之间的一般关系；状态方程的参数 $svk(k=1,2,3,4,5)$ 为状态变量，均为不可观测变量，分别反映各个时点不同类型企业产值对国内生产总值的弹性系数，须利用可观测变量 GDP_t、SOE_t、SHC_t、COE_t、FDI_t 和 QT_t 来估计。本书假定 svk 的变动服从随机游走分布形式。

三、数据来源和说明

本节选取各类型企业工业总产值代表各类型企业的产值。根据相关统计资料计算的历年各类型企业工业主营业务销售收入同工业销售产值的比例接近 1，因此，在相关统计指标变动和缺失的情况下，为保证数据的一致性和可比性，本节利用主营业务收入代表工业总产值。样本数据范围为 2004 年第一季度至 2015 年第四季度。另外，由于 2007 年第一季度至 2010 年第四季度主营业务收入若干月份统计缺失，其中缺失的季度数据为经过移动平均

① Harvey A. C. Forecasting Structural Time Series Models and the Kalman Filter [M]. Cambridge University Press，1989.

② Hamilton J. D. Time Series Analysis [M]. Princeton University Press，1994.

调整的。为保证数据的可比性，我们利用 GDP 增长指数和企业商品价格指数把相关季度数据调整为以 2003 年为基期的不变价。为进一步消除回归中的异方差问题，提高回归模型估计精度，本节对所有数据取对数。以上所有数据来源于中国知网数据库和国研网数据库。

此外，由于本节使用的季度数据，其中包含着季节要素和不规则要素，因此，在利用状态空间方法进行估计之前，首先采用 Census X12 方法对公式 (4.1) 中的数据进行季节调整。另外，状态空间可变参数模型是一种平稳时间序列建模技术，因此我们进行计量经济分析时需要进一步对公式 (4.1) 中各时间序列变量进行模型设定检验。

四、变量的平稳性检验和协整关系检验

目前单位根检验有多种方法，常见的有 DF 单位根检验、ADF 单位根检验、ERS 单位根检验、KPSS 单位根检验等。本节采用最常用的 ADF 单位根检验方法对国有企业、股份有限公司、集体企业、外商投资企业和其他形式的产值等时间序列进行单位根检验。其中，ADF 单位根检验最佳滞后阶数按照 SC 准则确定（SC 值越小，则滞后阶数越佳）。表 4-1 给出了各时间序列变量 ADF 单位根检验的结果。

表 4-1　　　　　　　　　　时间序列的单位根检验结果

序列	变量	ADF 值	1% 临界值	5% 临界值	10% 临界值
水平序列	$\ln GDP_t$	22.0869	−2.6111	−1.9474	−1.6127
	$\ln SOE_t$	−2.1451	−3.5683	−2.9212	−2.5986
	$\ln COE_t$	−1.1905	−2.6111	−1.9474	−1.6127
	$\ln SHC_t$	−2.3330	−4.1485	−3.5005	−3.1796
	$\ln FDI_t$	−5.9942	−3.5654	−2.9200	−2.5979
	$\ln QT_t$	−2.6367	−4.1525	−3.5024	−3.1807
一阶差分序列	$D\ln GDP_t$	−5.7627	−3.5683	−2.9212	−2.5986
	$D\ln SOE_t$	−11.1475	−4.1525	−3.5024	−3.1807
	$D\ln COE_t$	−7.8020	−2.6120	−1.9475	−1.6127
	$D\ln SHC_t$	−8.3505	−3.5683	−2.9212	−2.5986
	$D\ln QT_t$	−4.9994	−2.6120	−1.9475	−1.6127

资料来源：作者利用 EViews8.0 软件计算。

根据表4-1的单位根检验结果可知，公式（4.1）中的除 $\ln FDI_t$ 外所有的时间序列的水平值均是非平稳的，而 $\ln FDI_t$ 的 ADF 值在1%的显著性水平上可以拒绝单位根假设，表明 $\ln FDI_t$ 序列是平稳的，为 $I(0)$ 过程；经过一阶差分后，$D\ln GDP_t$、$D\ln SOE_t$、$D\ln SHC_t$、$D\ln COE_t$ 和 $D\ln QT_t$ 这些时间序列变量的一阶差分序列是平稳的。虽然除了 $\ln FDI_t$ 序列，上述各时间序列变量非平稳，但由于 $\ln GDP_t$、$\ln SOE_t$、$\ln SHC_t$、$\ln COE_t$、和 $\ln QT_t$ 都是 $I(1)$ 过程，于是，可以进一步对各时间序列变量进行协整关系检验。本书采用 Johansen 极大似然估计法来检验变量 $\ln GDP_t$、$\ln SOE_t$、$\ln SHC_t$、$\ln COE_t$、$\ln FDI_t$ 和 $\ln QT_t$ 之间的协整关系，Johansen 协整关系检验结果如表4-2所示。

表4-2　　　　　　　　　　　Johansen 协整关系检验结果

特征根迹检验	特征值	迹统计量	5%临界值	P 值
没有协整关系	0.6945	163.2680	95.7537	0.0000
最多存在1个协整关系	0.5660	102.7911	69.8189	0.0000
最多存在2个协整关系	0.4996	60.2177	47.8561	0.0023
最多存在3个协整关系	0.3249	24.9079	29.7971	0.1648
最大特征值检验	特征值	最大特征值统计量	5%临界值	P 值
没有协整关系	0.6945	60.4769	40.0776	0.0001
最多存在1个协整关系	0.5660	42.5733	33.8769	0.0036
最多存在2个协整关系	0.4996	35.3098	27.5843	0.0042
最多存在3个协整关系	0.3249	20.0375	21.1316	0.0706

资料来源：作者利用 EViews8.0 软件计算。

根据表4-2的 Johansen 协整关系检验结果可知，公式（4.1）中的变量在1%的显著性水平上存在协整关系。因此，根据状态空间模型的基本要求，可采用状态空间可变参数模型来分析不同类型企业发展对经济增长的动态作用机理。

五、变参数模型估计

基于上述分析，本书可利用 Kalman 滤波来求解状态空间的可变参数模型的参数。模型估计结果如下：

量测方程：

$$\ln GDP_t = 2.83 + sv1\ln SOE_t + sv2\ln SHC_t + sv3\ln COE_t$$
$$+ sv4\ln FDI_t + sv5\ln QT_t + \varepsilon_t \quad\quad\quad (4.3)$$

状态方程：

$$svk = svk(-1) \quad\quad (k = 1, 2, 3, 4, 5) \quad\quad\quad (4.4)$$

为进一步检验状态空间模型的估计结果的可信度，我们需要进一步对残差的平稳性进行检验。如果估计式（4.3）的残差序列是平稳的，则认为式（4.3）的估计较为可信。根据表4-3残差单位根检验结果，状态空间模型的残差在1%的显著性水平为平稳序列，上述模型估计结果有效。

表4-3　　　　　　　　　　　残差单位根检验

序列	ADF 值	1% 临界值	5% 临界值	10% 临界值
残差	-6.235	-3.589	-2.930	-2.603

根据状态空间可变参数模型的估计结果，图4-3和表4-4刻画了在2004~2015年经济增长的不同阶段，中国国有企业工业产值和其他各类型工业企业产值对经济增长影响的动态弹性系数。

根据图4-3和模型的估计结果可得，2004~2006年上半年，国有企业对经济增长的拉动效应较小，平均弹性系数为-0.32；从2006年第二季度开始至2007年第一季度，国有企业对经济增长的拉动效应稳步上升，此阶段平均弹性系数为0.15；2007年，国有企业对经济增长影响的动态弹性系数徘徊在0.2左右，波动较小；然而，从2008年上半年开始，国有企业对经济增长的拉动效应大幅提升，2008年第三季度达到最高（高达0.66），即国有企业工业增加值每增加1%将带动国内生产总值增加0.66%；2008年下半年至2013年末，国有企业工业产值对国内生产总值影响的平均弹性系数维持在0.4以上，远大于其他类型企业产值对经济增长影响的平均弹性系数。

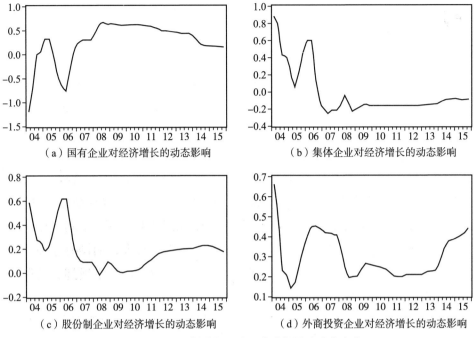

（a）国有企业对经济增长的动态影响　　（b）集体企业对经济增长的动态影响

（c）股份制企业对经济增长的动态影响　　（d）外商投资企业对经济增长的动态影响

图4-3　不同类型企业对经济增长影响动态变化

表4-4　　　　　　　　各类型企业分阶段平均动态弹性系数

年份	国有企业	集体企业	股份制企业	外商投资企业
2004~2007	-0.14421	0.238331	0.31386	0.368162
2008~2015	0.459194	-0.14595	0.121493	0.263495
2004~2015	0.258058	-0.017859	0.185615	0.298383

另外，国有企业对经济拉动效应于2011年第一季度开始逐渐下降，到2015年第四季度，国有企业工业产值对经济增长的弹性系数下降至0.14左右，2011~2015年国有企业对经济增长影响的动态弹性系数均值为0.2左右。

从图4-3和表4-4还可以看出，金融危机前后各类型企业对经济增长的拉动效应变动明显，2008年金融危机前，国有经济对于经济增长的拉动效应较小，危机过后国有经济的拉动效应大幅增加，危机前后弹性系数增加了0.6左右，而集体企业、股份制企业和外商投资企业受经济危机影响较大，2008年前后弹性系数分别下降了0.38、0.19和0.10。

综合以上分析，在不同经济发展阶段，我们可以把国有企业对于经济增长的动态影响结果总结如下，同时结合中国经济发展的实际情况，给出不同结果背后所对应的内在机制。

结果一，2004~2007年间，国有企业对经济增长的拉动效应较小。国有企业对经济增长的平均弹性系数（-0.14421）较低，主要有两方面的原因：一方面，进入21世纪以后，尤其是2003年国务院国有资产监督管理委员会成立以后，国有企业改革继续推进，实施一系列的主辅分离、兼并重组、减员增效等改革措施。国有企业在"瘦身"的同时集中资源做强做大主业。在此期间，国有企业侧重于战略重组和结构调整，处于"瘦身健体"阶段，因此对经济增长的拉动效应较小；另一方面，在2004~2007年间，中国经济增长迅速，民营经济快速扩张，对经济增长的影响较大，而国有企业本能地收缩边界，更多地让位和服务于其他类型企业的发展。综上所述，此阶段的国有企业对经济增长的拉动效应较小。

结果二，2008~2010年末，国有企业对经济增长的拉动效应大幅提升。国有企业对经济增长的平均弹性系数大幅提高，其主要原因是：受金融危机的影响，国有企业作为国家应对金融危机诸多刺激措施的载体，必须确保经济的平稳运行。2007年开始于美国的次贷危机，对中国的影响开始显现。2008年全球经济落入寒冬，中国也未能独善其身，拉动经济增长的"出口"马车开始乏力，出口负增长，企业减产、停产甚至破产的情况开始加剧，其他类型的经济形式对产出的贡献程度大幅下降，中国经济面临硬着陆的风险。而此时国有企业积极响应政府扩张性公共投资政策，积极增加基础类投资，扩张活动边界，国有企业产出对经济增长拉动作用大幅提升，有效避免了经济硬着陆风险，有力地维护了经济持续稳定发展。综上所述，此阶段的国有企业对经济增长拉动作用较强。

结果三，从2011年开始，国有企业对经济增长的拉动效应逐步下降，与此同时，在国有企业的投资拉动下，其他类型的经济形式开始复苏（股份制企业最明显，于2010年下半年开始产出弹性稳步上升）。随着中国经济逐步迈入转变发展方式、优化经济结构和增长动力转换阶段，国有企业开始新一轮的布局优化、结构调整和战略性重组。同时随着其他经济类型的逐步复苏，国有企业开始收缩边界，聚焦产业结构调整和升级。综上所述，在此阶段，国有企业对经济的推动作用较经济危机期间开始下降。

另外，通过图 4 – 3 和表 4 – 4 我们也可以看出，国有企业和其他类型的企业对经济增长的动态弹性系数在整体上呈反方向波动，在危机时期表现最明显，很好地说明了国有经济发展"逆周期"和"反危机"的作用机制。后危机时期，虽然经济发展逐步恢复，经济增长预期上调，但是随着中国经济结构性矛盾开始凸显，传统增长红利边际效应下降，各类型企业对经济增长的拉动作用明显低于危机前的水平。

第四节　中国国有与非国有固定资本投资波动分析

为进一步解释不同经济增长阶段国有企业对经济增长的影响，我们进一步分析国有固定资本存量和非国有固定资本存量的波动情况。全社会固定资本存量数据借鉴雷辉等（2014）[①] 研究成果，缺失年份按照文献所采用的估计方法计算补齐；国有资本固定存量数据借鉴徐丹丹等（2017）[②] 的研究成果；非国有固定资本存量为全社会固定资本存量减去国有固定资本存量所得。我们应用 HP 滤波方法对国有固定资本存量和非国有固定资本存量波动成分进行定量刻画。

一、HP 滤波分析

利用 HP 滤波可以把长期趋势和短期波动分离出来。因此，根据 HP 滤波分离的两种成分可以判断经济发展的长期趋势和短期波动。本节将利用 HP 滤波方法对国有固定资本存量和非国有固定资本存量进行分解，主要是想通过 HP 滤波提取其中的短期高频波动成分，用于揭示两者的波动情况。

进一步应用 HP 滤波方法对国有固定资本存量和非国有固定资本存量波动成分进行定量刻画，如图 4 – 4 所示。

① 雷辉，张娟. 我国资本存量的重估及比较分析：1952 – 2012 ［J］. 经济问题探索，2014（7）：16 – 21.
② 徐丹丹，刘超，董莹. 我国国有固定资本存量测算及其规模变迁分析 ［J］. 经济理论与实践，2017（6）：105 – 107.

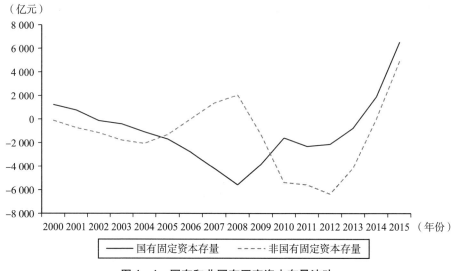

（亿元）

图 4-4　国有和非国有固定资本存量波动

二、国有和非国有固定资本存量波动结果分析

从图 4-4 可以清楚地看到，在 2004～2008 年上半年，国有固定资本存量呈下降态势，同可变参数状态空间模型估计的结果相呼应。国有企业通过瘦身健体、兼并重组和结构调整等一系列的市场化改革，国有固定资本存量波动成分呈下降态势。与此同时，2004～2008 年间经济增长迅速，若干非国有投资禁区逐步放开，非国有经济得以快速发展。国有企业更多地让位和服务于其他所有制经济的发展。因此，此阶段国有企业对于经济增长的拉动作用较小。

2008～2010 年非国有固定资本存量开始下降，同时国有固定资本存量开始大幅上升，同可变参数状态空间模型估计的结果二相呼应。在此期间，受全球金融危机影响，非国有"理性人"在自利和逐利动机驱动下大幅缩减投资，而国有固定资本投资在危机期间的表现截然相反。国有固定资本存量大幅上升。因此，此阶段国有企业对经济增长的拉动大幅增强，有力地维护了金融危机期经济平稳过渡。2011 年上半年开始，非国有固定资本存量开始稳步上升，同可变参数状态空间模型估计的结果三相呼应，即在国有资本投资拉动下，经济开始逐步复苏。

本部分通过分析不同经济增长阶段，国有和非国有固定资本存量波动情况，进一步验证和解释了可变参数状态空间模型的估计结果。综合以上分析，我们验证了前文所提出的理论预期：在经济增长的不同阶段，国有企业对经济增长的动态作用机制。在经济平稳期，国有资本向关系国家安全和国民经济命脉的重要行业和关键领域集中，承担基础技术创新、技术赶超和技术扩散以及社会福利和公共品的提供的任务，此阶段，国有经济应更多扮演"护航员"的角色；当经济发生波动时，国有企业通过新设企业、扩大基础设施投资、扩张活动边界等方式拉动全社会投资，增加就业机会，为非国有企业发展营造有利条件，阻止经济断崖式下滑，从而发挥国有企业的经济社会发展的稳定器功能。此阶段，国有经济更多扮演"救援人"的角色；在经济转型期，国有经济尤其是国有企业应根据国内外发展趋势和经济发展规律，积极做好预判，通过产业结构调整与重组，投资导向等手段，引导资源合理流动，缓解市场黏性，防止经济陷入大的波动，即此时的国有经济更多扮演"摆渡人"的角色。

第五节 结论与启示

本章通过状态空间可变参数模型以及国有和非国有固定资本存量的波动分析，验证了本章的理论预期，揭示了国有企业对于经济增长的动态作用机理，有利于重新审视国有企业的功能和定位。综合全书分析，可以得到以下基本结论：

第一，揭示了国有企业经济增长的动态作用机理。一是，在经济平稳期，随着国有企业不断深化改革，国有企业更多集中于国计民生领域，更多地承担维护市场秩序，创造良好的发展环境，以及提供社会福利和公共品的任务。此阶段，国有经济更多地扮演"护航员"的角色。二是，当经济发生波动时，国有企业作为宏观调控的重要的制度安排，通过新设企业、增加投资、扩张活动边界等方式拉动全社会投资，创造更多就业机会，为非国有经济的发展营造有利条件。国有企业成为拉动整个国民经济复苏的重要工具。此阶段，国有企业更多扮演"救援人"的角色。三是，在经济转轨时期，国有企业根据国内外发展趋势和经济发展规律，通过产业结构调整与重组，投资导向等手段，引导资源合理流动，缓解市场黏性，防止经济陷入大的波动，维护转型期经济社会的平稳过渡。此阶段，国有企业更多扮演"摆渡人"的角色。

第二，证明了中国国有企业的宏观有效性。国有企业作为社会主义市场经济体制的核心制度安排，在调控经济的同时还参与经济。因此，中国国有企业具有双重属性，同时兼备市场和国家的双重优势。在经济发展的不同阶段，国有企业的制度安排很好地解决了中国所面临的"市场失灵"和"政府失灵"的两难问题，因此在促进经济社会发展上是宏观有效的。另外，中国国有企业属全民所有，其定位有别于西方发达国家国有企业，更与一般的市场竞争主体不同，是推进国家现代化、保障人民共同利益，维护经济平稳发展的重要力量。

第三，厘清了国有企业和非国有企业之间的发展关系。中国的国有企业和其他类型的企业之间不是此消彼长的关系，更不是"零和博弈"。在经济发展不同阶段，国有企业通过不断深化改革，战略性结构调整，合理界定"有所为"和"有所不为"的领域，完善核心基础设施以及技术扩散等途径为非国有经济发展创造良好的环境，破除非国有经济发展的"瓶颈"，提高非国有部门的边际生产率和回报率，极大促进和引导了非国有经济的发展，最终实现"国民共进"。

第四，一定程度上揭示了中国现阶段的经济发展特征。金融危机过后，虽然中国经济发展逐步恢复，经济增长预期上调，但是国有企业对于经济增长的拉动效应趋于下降，同时其他各类型企业对经济增长的拉动作用明显低于危机前的水平。这说明中国现阶段结构性矛盾凸显。另外，中国经济仍面临较大的下行压力，传统的经济发展方式已不具有可持续性，中国转变经济发展方式势在必行。

此外，中国经济已进入新常态发展时期。在新形势下，我们面临着经济速度放缓、发展驱动转换等多重叠加的风险和挑战。[1] 在相当长的历史时期内，国有企业微观低效率是不争的事实，国有企业改革还有很长的路要走。当前，中国国有企业是研发创新的主导力量，较强的研发水平形成企业较强的研发效率和较强的溢出效应，提高国有企业整体的研发效率和溢出效应，是行业集约发展、经济发展由数量转向质量的关键动力。提高国有企业整体

---

① 宋方敏. 习近平国有经济思想研究略论［J］. 政治经济学评论，2017，8（1）：3–24.

的研发效率及其溢出效应，有助于降低国有企业的生产成本，提高国有企业生产效率；有助于带动行业整体效率水平的提升，进一步带动行业的集约型发展。另外，我们还要认清，中国国有企业属全民所有，是推进国家现代化、保障人民共同利益的重要力量。做强做优做大国有资本，不仅在于克服微观层面企业运行的低效率问题，还在于从整体上达到社会资源最优配置，进而谋求经济社会发展的宏观效率最大化。

第六节　本章小结

本章从经济周期波动理论出发，在理论上探析经济周期不同阶段国有企业对经济增长的作用机制，并选取 2004～2015 年中国经济增长和不同类型企业产值的相关数据，运用状态空间可变参数模型，深入研究国有企业对经济增长的动态效应。通过本章的研究揭示了国有企业经济增长的动态作用机理，证明了中国国有企业的宏观有效性，并在一定程度上揭示了中国现阶段的经济发展特征。在不同经济发展阶段，国有企业对经济增长的影响存在显著差异。另外，近年来国有企业对经济增长的拉动效应趋于下降；其他类型企业对经济增长带动效应低于金融危机前水平，中国经济发展的结构性矛盾凸显。本章初步应用 HP 滤波方法分析了国有经济投资和非国有经济投资之间的关系，为了进一步深刻把握国有资本投资与非国有资本投资之间的关联，我们将在下一章从理论和实证两个层面探析中国国有资本投资对非国有资本投资的动态影响。

第五章

中国国有经济投资对非国有经济投资的动态影响研究

在全面深化改革的历程中，国有经济投资与非国有经济投资的进退关系问题始终是最敏感、最富争议性的一项内容。本章在理论推导国有经济投资与非国有经济投资关系的基础上，应用时间序列协整分析和误差修正模型进行实证研究。研究发现，国有经济投资同非国有经济投资之间不存在长期均衡关系，而近十几年来，国有经济投资能够积极拉动非国有经济投资的增加，且存在着显著的阶段性特征：后危机时期国有经济投资对非国有经济投资的拉动作用较金融危机前明显下降，国有经济投资对非国有经济投资的拉动存在滞后性，同期国有经济投资会"挤出"非国有经济投资。另外，2001 年以后非国有经济投资受国有和非国有固定资本存量之间长期均衡关系的制约。

第一节　引言和文献回顾

一、引言

自改革开放以来，国有经济投资为中国的崛起做出了卓著的历史功绩。特别是近些年来，随着国有资产监督管理体制的逐步完善、国有企业的战略性结构调整和一系列的市场化经营改革，中国国有经济投资布局不断优化，效益得到了明显的提升，同时对国民经济的健康发展发挥着不可替代的支撑和导向作用。国有经济投资是中国经济社会持续健康发展的先导和重要保障。根据国家统计局和财政部公布的数据显示，2017年中国国有控股企业固定资本投资占全社会固定资本投资（不含农户）的比重为36.9%，国有资产继续保持稳中有进，2017年国有资产总额高达151.7万亿元，是当年国内生产总值的1.8倍，国有企业营业总收入超过52万亿元，同比增长13.6%，应交税金4.23万亿元，占全国税收收入的29%。另外，根据2018年《财富》杂志公布的世界500强排行榜，我国国有企业达73家，占全部中国上榜企业的61%。一方面，国有企业在不断做强做优做大的同时体现了国有经济投资所产生的强大影响力；另一方面，非国有经济投资贡献不容小觑，2017年非国有固定资本投资占全社会固定资本投资（不含农户）的比例为60.4%，自2012年以来，这一比例已连续5年超过60%，其在激发经济活力、改善民生和增加就业岗位等方面发挥了不容置疑的作用，做出了不可磨灭的历史贡献。

当前，中国经济社会发展迈入新的时代，经济由高速发展阶段向高质量发展阶段过渡，面临着经济发展方式转型和经济增长动力转换的艰巨任务，对中国国有经济投资在新经济形式下如何有效发挥先导与调控作用提出了新的挑战。国有经济投资作为社会主义市场经济的"马车夫"，能否通过合理的投资布局来积极引导非国有经济投资，从而促使两者形成良好的互动关系，直接关系到国民经济社会的健康发展，决定着经济高质量发展能否顺利实现。在现实经济活动中，中国国有经济投资同非国有经济投资的"进退"关系如何，两者之间是否存在良性互动的"平衡之道"，本章拟对此进行深入研究。

二、相关文献回顾

为应对上一轮经济危机，中国政府实施了大规模国有资本投资。后危机时期，大型国有企业经济效益普遍利好，国有经济投资作为参与和调控经济的重要手段有效避免了中国经济的"硬着陆"。尽管如此，学术界对于国有经济投资的论调仍然众说纷纭，尤其一些"与民争利"的声音不绝于耳，致使国有资本投资和国有企业的发展再次陷入非议的漩涡。根据《中华人民共和国宪法》规定，"国有经济是社会主义全民所有制经济，是国民经济中的主导力量"，国有经济投资最基本的出发点是为了保障全体人民群众的根本利益。中国国有经济的定位和功能不同于西方，与一般市场主体也有所不同，国有经济投资的初衷不是为了与民争利，更不是追求"国进民退"。

国内外学者对于国有经济投资和非国有经济投资关系的研究主要聚焦在国有经济对非国有经济的挤入和挤出效应上。部分学者的研究结果表明，国有经济投资会促进私人投资的发展，例如，阿绍尔等（Aschauer et al.，1989）研究认为，公共投资会提高私人资本的回报率，从而刺激私人投资增加。[①] 克里斯托夫·坎普斯（Christophe Kamps，2005）研究发现，在大多数经济合作与发展组织（OECD）国家，公共投资对私人投资和产出具有积极的促进作用。[②] 国内一些研究（郭庆旺等，2006；刘溶沧等，2001；王小利，2005；周耀东等，2012；王文成等，2013）[③] 也得出了国有经济投资会挤入非国有经济投资的结论。还有一部分学者认为，国有经济投资会挤出非国有经济投资，例如，拜拉姆和沃德（Bairam and Ward，1993）[④] 的研究表明，绝大多数 OECD 成员国家的政府支出对私人投资会产生负面影响，其中 19 个国家的政府支出在很大程度上挤出了私人投资。国内部分学者（庄龙涛，1999；刘小玄，2000；刘瑞明等，2010；刘瑞明等，2011）[⑤] 的研究也认为，国有经济会拖累非国有经济的发展，国有经济投资在一定程度上会对非国有经济投资产生挤出效应。另外，还有一些学者研究发现，国有经济投资对非

① Aschauer, David Alan. Does Public Capital Crowd Out Private Capital? [J]. Journal of Monetary Economics, 1989, 24 (2)：171 – 188.

② Christophe Kamps. The dynamic effects of public capital VAR evidence for OECD countries [J]. International Tax & Public Finance, 2005, 12 (4)：533 – 558.

③ 郭庆旺, 贾俊雪. 政府公共资本投资的长期经济增长效应 [J]. 经济研究, 2006 (7)：29 – 40；刘溶沧, 马栓友. 赤字、国债与经济增长关系的实证分析——兼论积极财政政策是否有挤出效应 [J]. 经济研究, 2001 (2)：13 – 28；王小利. 中国 GDP 长期增长中公共支出效应的实证分析 [J]. 财经研究, 2005, 31 (4)：122 – 132；周耀东, 余晖. 国有垄断边界、控制力和绩效关系研究 [J]. 中国工业经济, 2012 (6)：31 – 43；王文成, 沈红微, 王燨慧. 国有经济投资对非国有经济投资的带动效应研究 [J]. 中国软科学, 2013 (7)：132 – 144.

④ Bairam E, Ward B. The Externality Effect of Government Expenditure on Investment in OECD Countries [J]. Applied Economics, 1993 (25)：711 – 716.

⑤ 庄龙涛. 实施积极的财政政策应防范财政风险 [J]. 财政研究, 1999 (9)：20 – 22；刘小玄. 中国工业企业的所有制结构对效率差异的影响——1995 年全国工业企业普查数据的实证分析 [J]. 经济研究, 2000 (2)：17 – 25；刘瑞明, 石磊. 国有企业的双重效率损失与经济增长 [J]. 经济研究, 2010 (1)：127 – 137；刘瑞明. 金融压抑、所有制歧视与增长拖累——国有企业效率损失再考察 [J]. 经济学 (季刊), 2011, 10 (2)：603 – 618.

国有经济投资的影响不确定，例如，巴克斯特和金（Baxter and King，1993）① 研究发现，短期内增加公共投资会挤占私营部门可获得的资源，因而会导致私人投资的下降；但在长期内，公共投资的增加有利于私人资本边际生产率的提高，进而会促进私人投资的增加，也就是说，公共资本投资和私人资本投资短期内呈相互替代关系，而在长期内两者呈互补关系。王文成（2013）② 研究发现，在不同行业的不同发展阶段，国有经济投资对非国有经济投资的拉动效应存在着较大差异。

三、研究意义

通过比较现有的研究成果不难发现，对于国有经济投资与非国有经济投资之间的关系，现有的文献之所以会得出不同的结论，一方面是因为样本的选取和研究视角的选择存在着较大差异。不同国家、不同发展阶段以及不同的研究视角所得的结论自然有些许差异；另一方面是因为现有研究对国有经济的定位和功能认识不同，研究框架和分析层面也就存在一定差异。部分研究基于新古典微观分析框架内，只是聚焦了国有经济投资的微观经济效率，而忽视了中国国有经济所特有的其他特质，关于国有经济投资的宏观有效性研究还不够深入。另外，现有的文献数据相对陈旧，对于近些年国有经济投资和非国有经济投资之间的变动关系解释能力不足。鉴于此，本节首先从理论层面分析国有经济投资和非国有经济投资之间的关系；其次从宏观层面基于国有和非国有经济投资的存量和增量两个视角，运用变结构协整分析方法和误差修正分析方法，深入研究中国国有经济投资对非国有经济投资的影响，以期揭示中国国有经济投资和非国有经济投资的变动关系。

---

① Baxter, M., and R. G. King. Fiscal Policy in General Equilibrium [J]. American Economic Review, 1993, 83 (3): 315–333.

② 王文成. 国有经济的投资效应研究——基于中国工业制造业 28 个行业的实证分析 [J]. 中国工业经济, 2013 (7): 134–145.

第二节　理论与描述性统计分析

一、理论分析

本节通过构建一个包含国有资本投资和非国有资本投资的两部门经济增长模型,先在理论上分析国有资本投资对非国有资本投资的影响。考虑经济系统中存在两个经济部门:一个部门为国有经济部门,参与和调控经济;另一个部门为非国有经济部门,参与经济的同时受国有经济部门的影响。假定中国的总量生产函数是柯布—道格拉斯生产函数形式。在传统的柯布—道格拉斯生产函数的基础上,把资本分为国有资本和非国有资本两部分。扩展后的柯布—道格拉斯生产函数可以表示为:

$$Y_t = A_t L_t^\alpha S_t^\beta P_t^\gamma \tag{5.1}$$

其中,式(5.1)中 Y_t 用于度量经济增长,用 GDP_t 表示;A_t 为全要素生产率;L_t 为劳动力;S_t 为国有资本投入,用国有固定资本存量表示;P_t 为非国有资本投入,用非国有固定资本存量表示。α、β 和 γ 分别为劳动、国有资本和非国有资本的产出弹性系数。容易求得国有资本和非国有资本的边际产出分别为:

$$MP_s = \beta \frac{Y_t}{S_t} \tag{5.2}$$

$$MP_p = \gamma \frac{Y_t}{P_t} \tag{5.3}$$

在完全竞争的市场条件下,国有资本的边际产出和非国有资本的边际产出分别等于两者的边际收益,同时国有资本和非国有资本的边际产出(收益)相等。本书用 RS_t 和 RP_t 分别表示国有资本的边际收益和非国有资本的边际收益。综合上述分析可得:

$$MP_s = \beta \frac{Y_t}{S_t} = RS_t \tag{5.4}$$

$$MP_p = \gamma \frac{Y_t}{P_t} = RP_t \tag{5.5}$$

$$MP_s = RS_t = MP_p = RP_t \tag{5.6}$$

$$P_t = \frac{\gamma}{\beta} S_t \tag{5.7}$$

由于在现实的经济中，国有经济在参与经济的同时还调控经济，不仅追求经济效益，还追求社会效益和承担社会责任。另外，现实经济系统中还存在着各种套利行为。因此，在现实经济中，国有资本实际收益和非国有资本实际收益并不相等。波多野（Hatano，2010）研究发现：受不同的风险偏好以及套利等因素的影响，虽然公共资本边际收益与私人资本边际收益不相等，但是两者之间存在着稳定的比例关系，即 $RP_t = \lambda RS_t$，由式（5.4）和（5.5）可得：

$$P_t = \frac{\gamma}{\lambda\beta} S_t \tag{5.8}$$

由式（5.8）可以看出，国有资本存量和非国有资本存量之间存在均衡关系。在完全竞争的市场经济条件下 $\lambda = 1$，一般非完全竞争的现实经济中 $\lambda \neq 1$。根据上述推导可知，国有资本存量和非国有资本存量存在着长期稳定的均衡关系。另外，我们可以把国有资本看作是受政府影响的外生变量，国有资本投资受政府预算决定和产业政策等经济决策影响。当国有资本投资发生变动时，会导致非国有资本存量偏离两者潜在的长期均衡关系，与此同时，受国有资本存量和非国有资本存量长期均衡关系制约，非国有经济部门投资会发生相应变动。

综上所述，通过理论推导发现，长期内，国有资本存量和非国有资本存量之间存在着稳定的均衡关系。也就是说，短期内，国有经济投资变动会使非国有资本存量偏离两者的长期均衡关系，而非国有资本投资会对"偏离行为"做出相应的变动调整，最终使得非国有资本存量和国有资本存量恢复到潜在的长期均衡关系。

自1992年中共十四大提出建立社会主义市场经济体制以来，经过近10年的发展，到21世纪初，中国初步确立了社会主义市场经济体制。随着市场化改革的逐步深入，市场机制逐渐在资源配置中起决定性作用，价格信号引导资源配置成为常态，要素配置扭曲在很大程度上得以缓解。在长期内，受供求机制、价格机制、竞争机制和风险机制等一系列市场机制的调节，中国国有经济投资和非国有经济投资的边际收益可能存在稳定的比例关系。因此，根据理论部分的推导，我们可以假设，中国国有资本存量和非国有资本存量之间存在稳定的均衡关系。为验证上述理论假设在中国是否成立，我们从中国经济的实际情况出发，进一步从经验层面实证分析中国国有资本投资和非国有资本投资之间的动态关系。

二、统计性分析

下面选取我国 1980 ~ 2016 年间国有资本投资和非国有资本投资相关数据，首先应用时间序列协整分析方法研究中国国有资本存量和非国有资本存量之间的长期均衡关系；其次利用误差修正模型估计中国国有资本投资和非国有资本投资的短期变动关系，以期从经验层面揭示中国国有经济投资同非国有经济投资之间是否存在"平衡之道"。

选用国有固定资本存量表示国有经济资本存量，非国有固定资本存量表示非国有经济资本存量。下文中用 $SSOE_t$ 表示国有固定资本存量的时间序列，$SNSOE_t$ 表示非国有固定资本存量的时间序列。同上一章全社会固定资本存量数据借鉴雷辉（2014）的研究成果，缺失数据按照文献所采用的估计方法计算补齐，国有资本固定存量数据借鉴徐丹丹（2017）的研究成果，非国有固定资本存量为全社会固定资本存量减去国有固定资本存量所得，样本数据的选取范围为 1980 ~ 2016 年。为缓解回归中的异方差问题，提高模型的估计精度，本书在实证研究中采用时间序列变量的对数形式（即 $\ln SSOE_t$ 和 $\ln SNSOE_t$）进行分析。

图 5 - 1 和图 5 - 2 分别刻画了 1980 ~ 2016 年中国国有固定资本存量与非国有固定资本存量的变化趋势以及两者所占全社会固定资本存量的比重变动趋势。

从图 5 - 1 中可以看出，在 1980 ~ 2016 年，无论是国有固定资本存量还是非国有固定资本存量在总体上均呈现出不断上升的趋势，但增加的幅度具有明显的阶段性：1980 ~ 2002 年，国有固定资本存量年均增长 1 052.35 亿元，非国有固定资本投资总量年均增长 1 365.89 亿元，此阶段两者的总量水平较低且增加幅度较小；2002 年以后，国有与非国有固定资本存量增加的幅度较大，同时总量水平迅速提高。2002 ~ 2016 年，国有固定资本存量年均增长 8 611.15 亿元，非国有固定资本存量年均增长 11 542.98 亿元。另外，

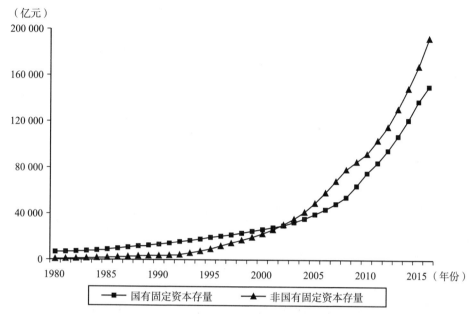

图5-1 国有与非国有固定资本存量

从图5-1中可明显看到，在2002年以前，国有固定资本存量大于非国有固定资本存量，但是自2002年起，非国有固定资本存量超过了国有固定资本存量，这一点在图5-2中表现得更为明显。

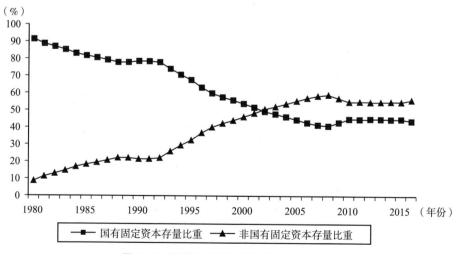

图5-2 国有与非国有固定资本存量比重

从图 5 - 2 中可以看出，在 1980～2016 年间，从全社会固定资本存量规模来看，国有固定资本存量占比总体上呈下降趋势，而非国有固定资本存量的比重总体上呈不断上升趋势，但是某些年份较为例外，尤其是 2008 年全球金融危机前后，两者均发生明显的波动。根据图 5 - 2 可知，在 1980～2002 年间，国有固定资本存量的比重一直大于非国有固定资本存量比重；然而，自 2002 年以后，非国有固定资本存量的比重超过了国有固定资本存量的比重。另外，从图 5 - 2 中还可以看出，2008 年左右国有固定资本存量和非国有资本存量发生明显的结构性变动：自 2008 年以后，虽然非国有资本存量占比仍大于国有资本存量占比，但是 2008～2012 年非国有资本存量占比呈下降趋势，而 2008～2012 年国有资本存量占比呈上升趋势，同 2008 年之前两者的变动趋势完全相反。在 2012～2016 年间，两者各自比重的变化趋于平稳。

第三节　中国国有经济投资对非国有经济投资动态影响的实证分析

一、协整关系检验

由于本书采用的是时间序列模型，而时间序列模型是一种针对平稳序列的建模技术。因此，在进行协整分析之前需要进行模型检验。本节采用 ADF 单位根检验方法进行平稳性检验。[①] 表 5 - 1 给出了 $\ln SSOE_t$ 和 $\ln SNSOE_t$ 的 ADF 检验结果。

表 5 - 1　　　　　　　1980～2016 年时间序列单位根检验结果

序列	变量	ADF 值	1% 临界值	5% 临界值	10% 临界值
水平序列	$\ln SSOE_t$	2.6622	- 2.6327	- 1.9507	- 1.6111
	$\ln SNSOE_t$	- 1.2691	- 3.6394	- 2.9511	- 2.6143

① 王文成，沈红微，王燨慧. 国有经济投资对非国有经济投资的带动效应研究 [J]. 中国软科学，2013（7）：132 - 144.

序列	变量	ADF 值	1% 临界值	5% 临界值	10% 临界值
一阶差分序列	$D\ln SSOE_t$	2.6622	− 2.6327	− 1.9507	− 1.6111
	$D\ln SNSOE_t$	− 3.8552	− 4.2733	− 3.5578	− 3.2124
二阶差分序列	$D2\ln SSOE_t$	− 5.7052	− 2.6347	− 1.9510	− 1.6109

资料来源：作者利用 EViews8.0 软件计算。

根据表 5 - 1 可知，在 1980 ~ 2016 年间，$\ln SSOE_t$ 为 $I(2)$ 过程所生成，$\ln SNSOE_t$ 为 $I(1)$ 过程所生成，两者非同阶单整序列，因此，可以认为 1980 ~ 2016 年，国有固定资本存量与非国有固定资本存量之间不存在长期稳定的协整关系。

通过进一步检验发现，虽然 1980 ~ 2016 年国有固定资本存量同非国有固定资本存量之间不存在协整关系，但是根据表 5 - 2 的单位根检验结果可得，2001 ~ 2016 年，$\ln SSOE_t$ 和 $\ln SNSOE_t$ 均由 $I(2)$ 过程所生成，两者为同阶单整序列。因此，可以认为，在 2001 ~ 2016 年，国有固定资本存量与非国有固定资本存量之间有可能存在协整关系。下面对 2001 ~ 2016 年 $\ln SSOE_t$ 序列和 $\ln SNSOE_t$ 序列进行协整关系检验。

表 5 - 2　　　　　　　2001 ~ 2016 年时间序列的单位根检验结果

序列	变量	ADF 值	1% 临界值	5% 临界值	10% 临界值
水平序列	$\ln SSOE_t$	− 1.9659	− 4.8001	− 3.7912	− 3.3423
	$\ln SNSOE_t$	− 2.6005	− 4.8001	− 3.7912	− 3.3423
一阶差分序列	$D\ln SSOE_t$	− 2.5573	− 4.0044	− 3.0989	− 2.6904
	$D\ln SNSOE_t$	− 1.5237	− 4.0044	− 3.0989	− 2.6904
二阶差分序列	$D2\ln SSOE_t$	− 3.4281	− 2.7550	− 1.9710	− 1.6037
	$D2\ln SNSOE_t$	− 3.0198	− 2.7550	− 1.9710	− 1.6037

资料来源：作者利用 EViews8.0 软件计算。

本节采用 Johansen 协整检验方法对 2001 ~ 2016 年中国有固定资本存量序列与非国有固定资本存量序列进行协整关系检验。国有固定资本存量与非国有固定资本存量协整关系检验结果如表 5 - 3 所示。

表 5 - 3   协整关系检验结果

特征根迹检验	特征值	迹统计量	P 值
没有协整关系	0.6178	14.9835	0.0596
最多存在 1 个协整关系	0.1028	1.5181	0.2179
最大特征值检验	特征值	最大特征值统计量	P 值
没有协整关系	0.6178	13.4654	0.0666
最多存在 1 个协整关系	0.1028	1.5181	0.2179

资料来源：作者利用 EViews8.0 软件计算。

根据表 5 - 3 的 Johansen 协整关系检验结果可知，2001～2016 年，中国的国有固定资本存量序列与非国有固定资本存量序列在 10% 的显著性水平上存在 1 个协整关系。经估计，2001～2016 年，中国国有固定资本存量与非国有固定资本存量之间的协整关系如式（5.9）所示：

$$\ln SNSOE_t = -0.711 + 1.082\ln SSOE_t \qquad (5.9)$$
$$(-0.97) \qquad (15.38)$$

其中，式（5.9）中调整的 $R^2 = 0.974$，括号内为 t 检验值，F 统计量为 517.4，在 1% 的水平上显著。从式（5.9）的估计结果来看，2001～2016 年，国有固定资本存量对非国有固定资本存量的影响系数为 1.082，估计结果在 1% 的水平下显著，表示国有固定资本存量每增加 1%，将带动非国有固定资本存量增加 1.082%。根据估计结果可得，2001～2016 年间，中国国有经济投资对非国有经济投资产生了明显的"挤入"效应。

虽然在 2001～2016 年中国国有固定资本存量与非国有固定资本存量存在长期均衡关系，但是我们应当看到，在此阶段中国经济增长发生了明显的波动，尤其是遭到了 2008 年全球金融危机的冲击。因此，我们认为在经济发展的不同阶段，中国国有固定资本存量与非国有固定资本存量应该呈现出变结构的均衡关系。基于此，本节将进一步采用带有结构变化的协整分析方法研究国有经济投资和非国有经济投资之间的均衡关系，进而分析在不同的经济发展阶段，国有经济投资对非国有经济投资的影响。

二、变结构协整分析

（一）结构突变点确定

现实经济活动中，由于受到一系列突发事件的影响，经济运行轨迹可能会发生剧烈的波动，产生结构突变。通常情况下，我们可以根据重大、突发的历史事件来确定结构突变点。从本书选取的样本区间来看，由于 1980 ～ 2016 年 $\ln SSOE_t$ 和 $\ln SNSOE_t$ 不存在协整关系，而 2001 ～ 2016 年两者存在协整关系，因此，下面的实证分析基于 2001 ～ 2016 年的样本区间。根据图 5 - 2 国有资本存量与非国有资本存量的比重变动可以看出，国有固定资本与非国有固定资本存量比重在 2008 年前后发生了明显的波动。从经济运行的实际情况来看，在 2001 ～ 2016 年间，中国经济发展受到了 2008 年全球金融危机的冲击。基于此，可以较为粗略地判断 2008 年为中国经济发展的结构突变时机。

为准确地确定两者的结构突变时机，我们进一步通过分析国有固定资本存量、非国有固定资本存量以及全社会固定资本存量的实际波动状况来判断相应的结构突变时机。我们采用 HP 滤波方法计算 1980 ～ 2016 年期间中国国有固定资本存量、非国有资本存量和全社会固定资本存量的波动成分。图 5 - 3 和图 5 - 4 分别刻画了国有固定资本存量、非国有固定资本存量和全社会固定资本存量的波动成分。

根据图 5 - 3 可知，自 2001 年以来，中国国有固定资本存量（图中的实线部分）在 2008 年发生显著的波动，其波动成分在此时达到波谷。与此同时，非国有固定资本存量（图中的虚线部分）也在 2008 年发生明显的波动，其波动成分在此时达到波峰。这一结果说明，在面对 2008 年全球金融危机的冲击时，非国有固定资本存量从 2008 年由波峰开始衰退，相反国有固定资本存量成分则在 2008 年由谷底开始上升，同样面对外部环境的冲击，国有固定资本存量波动成分同非国有固定资本波动成分呈现出截然不同的反方向变动，这也从某种程度上表明国有经济投资的"逆周期"和"反危机"功能。

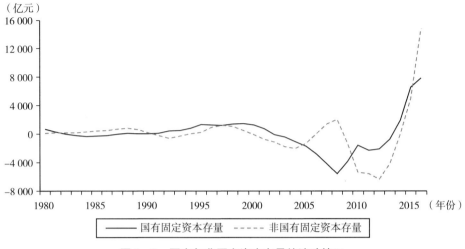

图 5 – 3　国有与非国有资本存量的波动情况

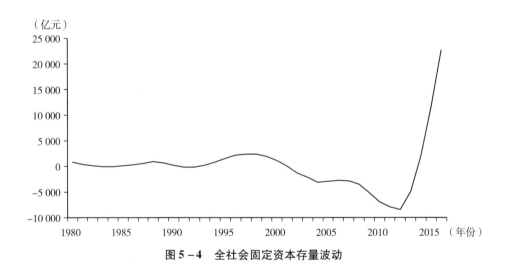

图 5 – 4　全社会固定资本存量波动

　　为深入揭示国有与非国有经济投资的动态变动特征，我们进一步考察全社会总投资存量的动态波动轨迹。根据图 5 – 4 可得，在 2001～2016 年间，全社会固定资本存量波动成分明显的波峰出现在 2008 年左右，波谷出现在 2012 年左右。全社会固定资本存量的波动成分在 2008 年左右的波峰位置与国有和非国有固定资本存量的波谷和波峰位置接近，这表明全球金融危机发生以后，非国有固定资本存量下降导致全社会固定资本存量下降；自 2012 年开始，在国有经济投资的拉动下，非国有固定资本存量开始上升，进而全社会固定资本存量开始上升。上述结果表明：在经济危机期间，国有经济投资能够积极发挥政策性"稳定器"和"反危机"的功能，有效避免了经济的大幅下滑。

由于本节的研究重点在于分析中国国有资本投资对非国有资本投资的动态影响，因此，本节以国有资本投资发生显著波动的年份作为变结构协整分析模型中的结构突变时机。综合上述分析，本节所判断的变结构协整分析模型的结构突变点为 2008 年。基于此，下面进一步分析在 2008 年金融危机发生前后的两个不同经济发展阶段，国有资本投资对非国有资本投资的动态影响。

（二）变结构协整方程构建

根据前面分析可知，2001～2016 年，国有经济投资的波动成分存在 1 个结构突变时机，即 2008 年为结构突变点，而这一个结构突变点将我们所选取的样本区间分成了两个阶段，分别为 2001～2007 年和 2008～2016 年。下面进一步分析 2008 年金融危机发生前后中国国有资本投资与非国有资本投资的动态关联性特征。

通过计算可知，在 2001～2007 年间，国有固定资本存量的年平均增长率为 9.52%，非国有固定资本存量的年平均增长率为 17.28%，非国有固定资本存量增长速度快于国有固定资本存量增长速度；在 2008～2016 年间，国有固定资本存量的年平均增长率为 13.57%，非国有固定资本存量的年平均增长率为 11.86%，非国有固定资本存量增长速度明显慢于国有固定资本存量增长速度，进一步验证了 2001～2016 年，中国国有经济投资与非国有经济投资确实存在着明显的结构性变化特征。面对 2008 年全球金融危机的冲击，为确保经济的平稳增长，国有经济投资增长速度大幅上升，而非国有经济投资增长速度大幅下滑，危机期间国有固定资本存量平均增速超过了非国有经济投资的平均增速。国有经济投资作为灵活的政策调控工具，全球金融危机过后，国有固定资本存量迅速上升说明了一旦面对内外部不确定性因素的巨大冲击，国家可以通过国有经济投资的收缩与扩张，防止经济发生断崖式下滑，同时也能够为非国有经济发展创造良好的环境，增加投资者信心，促进非国有经济投资的增加，最终为经济的平稳运行保驾护航。

表 5 - 4 给出了不同发展阶段国有固定资本存量与非国有固定资本存量之间的相关系数，反映了国有经济投资与非国有经济投资在这两个阶段上的关联性。从表 5 - 4 可以看到，在两个不同的阶段，国有固定资本存量与非国有固定资本存量的相关系数均接近于 1，说明二者的相关程度较高。

表 5 - 4　　　　　　　　　　国有与非国有固定资本存量相关系数

项目	2001 ~ 2007 年	2008 ~ 2016 年
相关系数	0.999	0.993

在上述结构突变分析的基础上，对中国国有经济投资对非国有经济投资的动态影响进行实证分析。我们在协整方程式（5.9）的基础上引入协整向量的时变特征，进而建立带有结构变化的协整方程。为建立带有结构变化的协整方程，在 2001 ~ 2016 年间，根据上文所确定的 2008 年作为各协整变量的结构突变点时点，我们引入以下虚拟变量：

$$D = \begin{cases} 0, & t < 2008 \\ 1, & t \geqslant 2008 \end{cases}$$

根据设定的虚拟变量 D，本节建立以下形式的虚拟变量模型来分析国有固定资本存量投资与非国有固定资本存量在不同经济发展阶段上的协整关系。

$$\ln SNSOE_t = \alpha_0 + \alpha_1 D + \beta_0 \ln SSOE_t + \beta_1 D \ln SSOE_t + u_t \qquad (5.10)$$

其中，式（5.10）中的 α_0、α_1、β_0 和 β_1 为模型式待估参数。根据虚拟变量模型的性质，β_0 表示在 2001 ~ 2007 年间的国有经济投资对非国有经济投资的影响系数，$\beta_0 + \beta_1$ 表示在 2008 ~ 2016 年间国有经济投资对非国有经济投资的影响系数。

（三）回归结果与分析

根据上文的 Johansen 协整关系检验结果可知，在 2001 ~ 2016 年间，中国国有固定资本存量与非国有固定资本存量之间具有协整关系。因此，我们可以认为国有固定资本存量与非国有固定资本存量不存在伪回归现象。下面对式（5.10）进行 OLS 估计，同时对这一估计执行"异方差和自相关稳健性"统计检验，得到最终的估计结果如式（5.11）所示：

$$\ln SNSOE_t = -7.4065 + 8.8479D + 1.7197\ln SSOE_t - 0.8251D \times \ln SSOE_t + u_t$$
$$(-16.76) \quad (12.39) \quad (41.64) \quad (-13.11) \quad\quad (5.11)$$

其中，模型估计的调整的 $R^2 = 0.996$，括号内为 t 检验值，F 统计量为 1 237.34，在 1% 的水平上显著；模型残差在 5% 的显著性水平上不存在序列相关性，相应的 J – B 统计量为 0.69，表明模型估计式（5.11）的残差服从正态分布。根据式（5.11）的估计结果，我们可以判定，在 2001 ~ 2016 年间，中国国有固定资本与非国有经济投资间存在协整关系，而且存在显著的变结构特征。式（5.11）的估计结果表达式即为 2001 ~ 2016 年国有经济投资与非国有经济投资的带有结构变化的协整关系方程。

根据式（5.11）的估计结果可得，在 2001 ~ 2007 年间，国有固定资本存量对非国有固定资本存量的影响系数为 1.72，估计系数在 1% 的水平下显著，表明国有固定资本存量每增加 1 个百分点，将带动非国有固定资本存量增加 1.72 个百分点，$D\ln SSOE_t$ 的估计参数为 – 0.825，且在 1% 的水平下显著，表明在 2008 ~ 2016 年间，国有固定资本存量对非国有固定资本存量的影响系数为 0.895，即国有固定资本存量每增加 1 个百分点将带动非国有固定资本存量增加 0.895 个百分点。2001 ~ 2016 年，虽然国有经济投资能够有效拉动非国有经济投资的增加，但是金融危机后的国有经济投资对非国有经济投资的拉动效应明显低于危机前的水平，这样的结果表明，在 2001 ~ 2016 年，国有经济投资对非国有经济投资产生"挤入"效应，但这种"挤入"效应表现出显著的阶段性特征。

从本节的研究结果来看，在 2001 ~ 2016 年间，国有资本投资对非国有资本投资仍有着正向的带动效应，但这种带动效应存在着明显的结构突变特征。国有经济投资对非国有经济投资的影响系数相较于危机前有所下降，影响系数由危机前的 1.72 下降为危机后的 0.895。估计结果一方面表明中国的经济发展受上一轮全球金融危机的影响巨大；另一方面也在一定程度上说明了中国经济社会结构性矛盾开始凸显，传统的经济发展方式已不具有可持续性，国有经济投资对非国有经济投资的带动能力下降，国有经济结构调整、转型升级势在必行。

三、误差修正模型分析

为进一步分析国有经济投资和非国有经济投资的关系，揭示国有经济投资变动对非国有经济投资的短期影响，我们选取 2001～2016 年国有经济固定资本存量和非国有经济固定资本存量相关数据，得到以下误差修正方程：

$$\Delta \ln SNSOE_t = 0.5967 \Delta \ln SSOE_{t-1} - 0.6074 \Delta \ln SSOE_t$$
$$+ 1.0203 \Delta \ln SNSOE_{t-1} - 0.0999 ECM_{t-1} \qquad (5.12)$$

其中，误差修正模型中的被解释变量 $\Delta \ln SNSOE_t$ 为非国有固定资产存量的一阶差分，表示非国有经济投资的变动；解释变量中，$\Delta \ln SSOE_t$ 为国有固定资产存量的一阶差分，表示国有经济投资的变动，ECM_t 为国有固定资本存量与非国有固定资本存量长期协整方程式（5.9）的残差序列。误差修正模型（5.12）的调整的 $R^2 = 0.84$，估计系数均在 1% 的水平下显著，残差在 1% 的显著性水平上不存在序列相关性。从误差修正模型的估计结果可以看出：$t-1$ 期的非国有固定资产存量每低于长期均衡水平 1%，t 期的非国有固定资本存量将增加 0.09%；$t-1$ 期的国有固定资本存量每增加 1%，将拉动 t 期的非国有固定资本增加 0.60%；但是，当期的国有固定资本存量每增加 1%，将使当期的非国有固定资本存量下降 0.61%。误差修正模型估计结果说明，短期内，国有经济投资对非国有经济投资的拉动效应存在滞后性，且同期的国有经济投资会对同期的非国有经济投资产生"挤出"效应。另外，非国有经济投资受国有固定资本存量和非国有固定资本存量之间长期均衡关系的制约。

综合上述分析我们发现，1980～2016 年，中国国有和非国有固定资本存量之间不存在长期稳定的均衡关系。但是在 2001～2016 年，中国国有和非国有固定资本存量之间存在变结构的均衡关系，国有经济投资能够带动非国有经济投资的增加，但是存在着显著的阶段性特征，也就是说，相比金融危机之前，危机过后国有经济投资对非国有经济投资的拉动效应显著下降。另外，根据误差修正模型的估计结果不难发现，2001～2016 年，国有经济投资对非国有经济投资的拉动效应存在滞后性，同期的国有经济投资会对同期的非国有经济投资产生"挤出"效应，非国有经济投资受国有固定资本存量和非国有固定资本存量之间的长期均衡关系的制约，即在短期内当非国有经济投资偏离二者的长期均衡关系时，在长期内会自动恢复到二者的长期均衡关系，即国有经济投资与非国有经济投资之间存在着良性互动的"平衡之道"。

第四节　结论与启示

本章在理论推导国有经济投资同非国有经济投资关系的基础上，采用2001～2016年中国国有经济和非国有经济投资的相关数据，运用变结构的时间序列协整分析方法和误差修正分析方法，从经验层面揭示了国有经济投资同非国有经济投资的长短期变动关系。综合全书分析，得到了以下几点基本结论。

第一，在长期内，中国的国有经济投资和非国有经济投资之间不存在均衡稳定的协整关系。在1980～2001年期间，虽然随着改革开放的深入，国有企业改革不断推进，但是中国社会主义市场经济体制尚未真正确立，国有经济在国民经济中的比重仍然较大，非国有经济成分比重较小。此阶段，国有经济投资和非国有经济投资之间的变动关系受外生因素影响较大，例如，受市场准入、预算软约束、金融抑制、行政垄断和税收歧视等外在因素的影响，难免造成一系列价格扭曲、要素扭曲和市场分割等现象，导致市场机制调节乏力。因此，国有经济投资增加很难有效地带动非国有经济投资发生有规律的变动。在此期间，国有经济投资和非国有经济投资之间并不存在长期稳定的均衡关系。

第二，随着市场化改革的深入，国有经济投资和非国有经济投资二者关系逐渐步入"正轨"。自2001年以后，国有经济投资能够带动非国有经济投资增加，但是存在显著的阶段性特征：后危机时期国有经济投资对非国有经济投资的拉动较危机前明显下降。随着社会主义现代市场体系基本确立，市场在资源配置中逐步发挥决定性作用，价格机制引导资源配置逐渐成为常态。另外，随着国有经济战略性结构调整的深化、国有企业现代企业制度的确立和民间投资禁区的逐步放开，国有经济和非国有经济步入协调发展的正轨，国有经济投资对非国有经济投资拉动效应明显。但是，在内因和外因的双重作用下，特别是近年来中国经济步入新常态，国内传统增长红利逐步消退、结构性矛盾日益凸显，加之受2008年全球金融危机的强烈冲击，国际经济社会发展环境的不确定风险增加，国有经济投资对非国有经济投资的拉动效应较危机前明显下降，国有经济结构调整、转型升级势在必行。

第三，2001~2016年，中国国有经济投资对非国有经济投资的拉动存在滞后性，同期国有经济投资会"挤出"同期非国有经济投资。由于市场传导机制的滞后性和国有经济投资项目建设周期等因素的制约，国有经济投资对非国有经济投资的拉动效应存在滞后性；而同期内，受到资源有限性和私人投资意愿的影响，国有经济投资在一定程度上会"挤出"私人投资。另外，值得一提的是，本节实证证明了在2001~2016年间，非国有经济投资受国有固定资本存量和非国有固定资本存量之间的长期均衡关系的制约。长期内，国有经济投资通过改善企业生产经营的外部环境、增加投资者信心、完善基础设施和技术溢出等途径为非国有经济投资创造有利条件，进而提高非国有经济投资的边际生产效率和收益率，刺激非国有经济投资的增长。

此外，虽然中国经济发展逐步恢复，经济增长预期上调，但是在今后较长一段时期，中国面临着增长速度放缓、发展驱动转换、经济结构调整、环境压力增大、国际竞争加剧、社会矛盾凸显等多重叠加的风险和挑战[1]，中国经济已进入新常态发展时期。在过去相当长的历史时期内，国有经济投资效率低下是不争的事实，过去应对金融危机而出台的一些刺激计划也有失精准，国有资本投资的布局优化和效率提升还有很长的路要走，面临的挑战也更加严峻。值得一提的是，中国的国有经济投资和非国有经济投资之间不是此消彼长的关系，更不是"零和博弈"。从近些年中国经济运行的实际情况可以看出，国有经济投资积极布局高铁、机场、港口、通信等基础设施领域，进一步放开竞争性领域，为非国有经济投资创造了良好的软硬件环境，有力地带动了非国有经济投资的增加。

第五节 本章小结

本节在理论推导国有经济投资与非国有经济投资关系的基础上，应用时

① 宋方敏. 习近平国有经济思想研究略论［J］. 政治经济学评论，2017，8（1）：3-24.

间序列协整分析和误差修正模型，实证研究了两者之间的内在关联。中国的国有经济投资和非国有经济投资之间不是此消彼长的关系，更不是"零和博弈"，在经济平稳期，国有经济投资更多集中于国计民生领域，更多的承担维护市场秩序，创造良好的发展环境的任务；当经济发生波动时，国有经济投资通过扩张活动边界等方式拉动全社会投资，创造了更多就业机会，为非国有经济的发展营造有利条件；在经济转轨时期，国有投资通过产业结构调整与重组、投资导向等手段，引导资源合理流动，缓解市场黏性，维护经济社会的平稳过渡。在经济发展的不同阶段，国有经济投资通过不断的战略性结构调整，合理界定"有所为"和"有所不为"的领域，适度收缩和扩张边界，力求实现"国民共进"。另外，本章研究还发现，中国国有经济投资对非国有经济投资的拉动存在滞后性，因此我们关注在研究国有资本投资效应时不仅要关注其当期效应，还要重点关注和分析其长期的作用效果，分析国有资本投资的滞后效应，基于此，我们将在下一章分别从总量视角和分行业视角出发实证研究中国国有资本投资的滞后效应，以期更加全面和客观地考察国有资本投资效应，为将来科学合理的投资决策和评估提供理论上的参考和借鉴。

第六章

中国国有资本投资滞后效应研究

本章以中国制造业的数据为样本,从总量视角和分行业视角出发采用动态面板数据模型和向量自回归模型对中国国有资本投资的滞后效应进行研究。首先采用动态面板数据模型研究国有资本投资与非国有资本投资对工业总产值影响的当期以及滞后效应,对比分析国有资本投资对非国有资本投资的当期即滞后影响。其次,进一步采用向量自回归模型(VAR),分别研究每个行业国有资本投资和非国有资本投资对于各行业总产值的影响的当期和滞后效应,对比国有资本投资和非国有资本投资的作用效果的差异和不同,探讨各行业国有资本投资对非国有资本投资的当期和滞后效应。最后针对计量结果进行分析并给予经济学解释,并在此基础上提出相应的政策建议。

第一节 引 言

一、问题的提出

国有资本投资作为公共投资的重要组成部分之一,是政府有效配置资源、强化国家经济实力和进行宏观调控的有效手段。在中国经济持续快速增长的大背景下,国有资本投资对中国的经济增长具有重要意义。2016 年 10 月,习近平总书记在全国国有企业党的建设工作会议上强调,国有企业是中国特色社会主义的重要物质基础和政治基础,是我们党执政兴国的重要支柱和依靠力量。国有经济在国民经济中的作用显而易见，那么如何利用国有经济，利用国有资本投资去拉动整个经济，以及去带动非国有经济和非国有资本投资是在这个大背景下的一个很重要的研究课题和研究方向。

目前看来，对于国有经济有些人可能没有足够的信心或者对其持有些许的怀疑态度，认为其存在效率低下、投资回报率低、资产流失严重等问题，当然我们也要清晰地认知和承认国有经济现阶段存在的一些问题和不足，但与此同时我们无法否认的是，自从改革开放至今，国有经济一直在国民经济和国家发展上扮演着至关重要的角色，它不仅是支柱，更是带动者。因此在这种大环境下，我们要做的是如何不断改进，让国有经济、国有投资发挥更大更有效的价值和作用。作为国有投资来说，它是促进整个国民经济包括国有经济更好更快发展的重要力量，本章所关注的不仅仅是投资的当期效应，还要重点关注和分析其长期的作用效果，并且分别从总量视角和分行业视角出发，抽丝剥茧地分析国有资本投资的滞后效应，提出比较清晰的投资意见和建议，为将来的投资决策提供一个理论上的参考和借鉴。

国有投资与经济增长的关系，并不是一个新的研究课题，众多学者已经对二者之间的关系进行了深入的研究，然而仅仅关注二者之间的短期关系并不能在机理层面阐述国有投资对经济增长的作用效应。因为在国有资本投资领域，投资的经济效益并不一定能在当期得以显著表现，很可能在投资过后的若干期才得以充分显现，随着时间的推移和各行业发展历程的推进还会发生变化，甚至与短期的作用效果并不相同。因此要想更全面地衡量中国国有资本投资的作用效果，提出更合理的投资组合建议，很有必要综合考虑国有资本投资的短期和长期的作用效果，对国有资本投资的当期效应和滞后效应进行研究，本章将更加注重于对国有资本投资滞后效应的研究。

二、研究意义分析

（一）理论意义

改革开放以来年，中国创造的"中国奇迹"引起了无数中外研究者广泛而深入的关注，有人从经济和政治体制入手试图去发现"中国奇迹"的根源，也有人从资源禀赋、比较优势、后发优势等角度进行挖掘，然而从

20 世纪 50 年代的社会主义改造到工业优先发展战略确立再到成功应对数次金融危机，我们发现一个因素始终在中国经济和社会发展过程中起着中流砥柱的作用，这个因素就是国有资本。因此，研究国有资本投资的当期效应以及其滞后效应在当今社会具有重要的理论意义和实践作用。

国有资本投资现如今是中国经济领域的热点和核心问题，随着中国经济发展新常态的到来，如何更好地发挥"三驾马车"对经济发展的拉动作用是中国亟须解决的经济和社会问题，在全面深化改革的背景下，加强国有资本投资的作用来促进中国经济和社会更好的发展就显得尤为重要。本章利用国有资本投资和国有资产管理的相关理论知识，结合数理经济学的学科知识，全面论证国有资本投资效应问题，依据具体的实证结果为后续的研究结论和建议提供可供参考的方向。

现有文献关于投资滞后效应的相关研究，更多地集中在对于固定资本投资的当期效应的研究上，本章从国有资本投资滞后效应的视角，在进行相关理论分析的基础之上，使用计量经济学的分析方法对本章的研究问题进行探究和论证，使得研究课题更具有针对性和现实参考性。同时本章还将对国有资本投资进行分行业研究，进而在各个层面对国有资本投资进行深入和细致的挖掘，因此研究方法和相关结论都将更加全面和完整，为以后国有资本投资和滞后效应的研究提供借鉴和参考。

（二）实践意义

本章研究更加侧重于实践作用和现实意义，具体来说本章实践作用主要有以下几个方面。一是国有资本投资是中国拉动经济增长的一个非常主要的因素，那么如何设计最优化或者更优化投资方案就显得尤为重要。本章通过宏观上国有资本投资的效应研究，致力于得出国有资本投资对国民经济和非国有经济的作用效果以及滞后效应，进而尝试给出国有资本投资方案和投资走向的相关建议，凸显本章鲜明的现实意义和理论指导作用，而不仅仅是空洞的侃侃而谈。二是由于国民经济各行业的特征和发展历程之间的差异，国有经济对其投资效果和滞后效应必然会有所差异。因此，本章在研究中会加入国有资本分行业投资的效果分析，根据对各个行业国有资本投资计量结果的比较研究，结合不同行业的特征和其行业发展规律，并依据不同行业国有资本投资效果的差异对其进行分类，在此基础上给出不同行业之间的差异性投资方案的建议，为我国将来的政策制定提供基本的理论参考。

本章的创新点在于对国有资本投资的滞后效应进行深入研究。在现有的研究当中，更多的是对国有经济的投资效应或者是固定资产投资的滞后效应的研究，而本章则致力于在国有资本这一领域进行宏观和中观视角上的研究，力求揭示出国有经济对工业总产值的作用效果，以及国有资本投资和非国有资本投资之间的相互作用关系，更重要的是探究国有资本投资的滞后效果如何，并且通过对各行业国有资本投资效果分析来区分各行业的差异，最终推导出如何能够更好地在各行业之间进行国有资本投资规划，以期达到更好的投资效果和收益，推动中国经济更好地向前发展。本章将以中国工业制造业为研究对象，分别从总量视角和分行业视角对国有资本投资的作用效果进行分析，具体来说本章的核心问题如下：

从总量视角出发，通过动态面板数据模型探究国有资本投资在总量上对于整个工业总产值的作用效果如何，包括在当期其对工业总产值有一个正向的带动作用，还是有一个负向的抑制作用，以及这种作用效果的明显与否。当然在此基础之上，我们重点关注的是，在滞后若干期后这种作用效果是否还会较为明显的体现，在滞后期内的作用效果会与当期的作用效果相同还是相反，以及这种滞后效应的显著与否。同理，在总量视角下，也要着重分析国有资本投资对非国有资本投资的作用效果和滞后效应如何。

从分行业视角出发，通过向量自回归模型探究在工业制造业各个行业内部国有资本投资对其工业总产值的作用效果，包括在其当期有一个正向的拉动作用，还是一个负向的抑制作用，以及这种作用效果明显与否。同时，在此基础之上，我们重点关注的是，在当期作用得以显现之后，在其滞后期这种作用效果是否还会较为显著的体现，在滞后期内这种作用效果会与当期作用效果相同还是相反，以及这种作用效果显著与否。同理，在分行业视角下，也要着重分析各行业国有资本投资对非国有资本投资的作用效果和滞后效应如何。

在研究方法方面，采用动态面板数据模型进行分析，并对模型进行广义矩估计（GMM），在对模型进行单位根检验的基础之上，分别得出国有资本投资与非国有资本投资对工业总产值影响的当期以及滞后效应，并对比国有资本投资和非国有资本投资的作用效果的差异和不同，分析国有资本投资对非国有资本投资的当期及滞后影响；进一步将采用向量自回归模型（VAR），在检验对各行业进行单位根检验的基础之上，分别研究每个行业国有资本投资和非国有资本投资对于各行业总产值的影响的当期和滞后效应，对比国有资本投资和非国有资本投资的作用效果的差异和不同，分别研究各行业国有资本投资对非国有资本投资的当期和滞后效应。在总量分析和分行业分析的基础之上，根据计量结果给出相应的计量结果分析和经济学分析，在本章的最后将会提出本章的相关结论和具体的国有资本投资建议。

三、国有资本投资滞后效应研究综述

改革开放以来，有关国有资本效率以及国有资本流失的相关研究一直是当今学术界的研究热点。根据中国经济和社会发展的历程和实践不难发现，国有资本始终发挥着重要作用。从新中国成立初期的重工业优先发展战略的确立实施到城乡一体化的顺利推进再到后来成功应对数次金融危机，国有资本始终一如既往地为中国经济发展贡献重要的力量，始终捍卫中国经济的安全底线。本节梳理了关于国有资本投资的效率以及其滞后效应的相关研究。

（一）关于国有资本投资与经济增长的关系研究

学术界对于国有资本投资与经济增长的关系的研究比较深入，在研究结论上也大有不同，有些学者认为国有资本投资与经济增长呈正向关系（刘卓珺和于长革，2006；Martin Ziegler and Georg Durnecker，2003；M. O. Odedokun，1997）[1]，也有些学者得出相反的结论（孙群力，2005；姚伟峰，2009）[2]，当然也有部分学者认为国有资本投资在不同情况下对经济的作用效果不同（郭庆旺和贾俊雪，2006；G. Koren，R. J. Baseman，A. Gupta，

---

[1] 刘卓珺，于长革. 公共投资的经济效应及其最有经济规模分析 [J]. 经济科学，2006，1：30 - 41；Martin Ziegler，Georg Durmecker. Fiscal Policy and Economic Growth [J]. Journal of Economic Surveys，2003，3：397 - 418；M. O. Odedokun. Relative Effects of Public Versus Private Investment Spending on Economic Efficiency and Growth in Developing Countries [J]. Taylor & Francis，1997，29：1325 - 1336.

[2] 孙群力. 公共投资、政府消费与经济增长的协整分析 [J]. 中南财经政法大学学报，2005，3：76 - 81；姚伟峰. 国有经济规模与经济效率——基于跨省数据的实证研究 [J]. 科学经济社会，2009，4：27 - 30.

M. I. Lutwyche, R. B. Laibowitz, 1994；Devarajan, Swaroop, Zou, 1996)[①]，我们将相关文献整理如下。

1. 国有资本投资与经济增长呈正向关系

长期以来，国有资本投资对经济增长显现出重要的作用，在众多研究文献中学者们利用计量经济模型对这一点进行了验证。刘卓珺、于长革（2006）运用经济增长理论以及相关模型研究了公共投资的经济效应，同时以中国相关数据为样本进行了实证检验，最后得出公共投资与产出呈现出正相关的关系，即在合理的区间内，政府若增加公共投资，产出上升，政府若减少投资，产出下降。并估计了中国当前公共投资的最优规模，即为公共投资在 GDP 中所占的合理比重约为 4.5%，公共投资在财政总支出中所占的合理比重约为 22%。

然而国有资本投资对于经济增长的关系在某些领域并未产生显著的作用效果，此时需要对投资方案进行优化和组合。杨大楷和孙敏（2009）[②] 在运用协整分析、误差修正模型、脉冲响应函数和方差分解等计量分析工具对中国公共投资与宏观经济增长的关系进行实证研究的基础上，提出由公共物质资本投资、人力资本投资和研发投资所构成的公共投资与国内生产总值显示出长期的正向均衡关系，但贡献率比较低；公共研发投资和经济增长的关系很弱，并且不存在双向格兰杰因果关系，因此中国在增加投资总量的同时，也要着重对公共投资机构进行相关优化，加大对科技创新、教育和卫生领域的投资力度。而杨飞虎（2014）[③] 根据对北京等 7 个城市的 1 489 份调查问卷分析了中国长期经济增长中的公共投资问题，发现制约和促进中国经济是否持续均衡增长的最重要原因是技术进步；为了促进中国经济长期均衡增长，公共投资最重要的作用是引导战略产业成长，公共投资在 GDP 中所占最适合比例约在 10% 左右，公共投资应该更多地发挥社会福利效应，并提

---

① 郭庆旺，贾俊雪. 政府公共资本投资的长期经济增长效应［J］. 经济研究，2006，7：29 - 40；G. Koren, R. J. Baseman, A. Gupta, M. I. Lutwyche, R. B. Laibowitz. Are Government Activities Productive? Evidence from a panel of U. S. States［J］. Review of Economics & Statistics, 1994, 76 (1): 1 - 11; Devarajan, Swaroop, Zou, The Composition of Public Expenditure and Economic Growth［J］. Journal of Monetary Economics, 1996, 37: 313 - 344.

② 杨大楷，孙敏. 我国公共投资经济增长效应的实证研究［J］. 山西财经大学学报，2009，31 (8)：34 - 40.

③ 杨飞虎. 促进中国经济长期持续均衡增长中的公共投资因素——基于 1 489 份调查问卷的统计分析［J］. 经济理论与经济管理，2014 (2)：59 - 69.

出了公共投资促进中国经济长期持续均衡增长的相关政策建议。

目标转向国外研究者的研究成果，部分学者（Martin Ziegler，Georg Doorknocker，2003）[1] 将政府支出分为生产性支出和非生产性支出，其中非生产型支出对经济增长速度有影响。并得出，教育水平支出、公共基础设施投资两者对经济增长速度有积极的影响，也提出为了提高经济增长速度，政府开支的一个中心目标是提高私营部门物质资本的边际生产率，因此有必要利用公共支出提供基本的社会和经济基础设施。与此相类似，谢勒（Schafer，2000）详细论述了公共资本对经济增长的影响，提出政府应该更多地提供物理基础设施（公路和铁路）和通信及信息系统（电话、互联网），并且直接进入私人生产功能，虽然投资于这类基础设施从单一公司的角度来看可能是无利可图的，但整个经济仍将因此而极大的受益。奥德多昆（M. O. Odedokun，1997）也从 48 个发展中国家的例子中发现，公共基础设施投资有利于私人投资和经济增长。

2. 国有资本投资与经济增长呈反向关系

尽管从直观上看国有资本投资对经济增长有促进作用，但也有学者从投资滞后性以及国有经济规模等角度进行研究，得出了完全相反的结论。孙群力（2005）采用协整分析、向量自回归、误差修正模型和格兰杰因果关系等分析框架和方法，分析了中国政府投资以及政府消费对经济增长的短期影响和长期效应，他得出以下结论，中国经济增长和政府投资、政府消费之间存在着长期均衡稳定关系；在长期，政府消费与经济增长正相关，但政府投资与经济增长负相关；在短期，滞后两期的政府投资是经济增长的主要原因。

在国有经济规模与经济效率之间关系的角度上，姚伟峰（2009）运用前沿分析方法实证分析了中国国有经济规模对经济效率变化的具体影响，其分析结果表明无论政府是否干预国有经济，国有经济规模和经济效率之间都呈现出反向关系，国有经济规模过大会制约经济效率的提高。他认为目前国有经济的规模还是偏大，需要继续进行改革，同时国有经济应该更多地退出竞争性领域，更多地进入战略性和非经营性领域。

---

① Martin Ziegler，Georg Durmecker. Fiscal Policy and Economic Growth ［J］. Journal of Economic Surveys，2003，3：397 – 418.

3. 国有资本投资在不同情况下呈现出对经济增长的不同影响

国有资本投资有不同的分类，而不同形式的国有资本投资会有不同的投资效果，这也是我们研究国有资本投资作用效果应该考虑的重要方面。郭庆旺和贾俊雪（2006）把公共资本投资分为政府物质资本投资和人力资本投资，其理论分析表明，这两种形式的政府公共资本投资对经济平衡增长有可能产生正效应也可能产生负效应，结果取决于民间经济主体的跨时替代弹性的大小：如果消费跨期替代弹性较大，则政府公共资本投资会对经济平衡增长产生正效应；如果消费跨时替代弹性较小，则政府公共资本投资会对经济平衡增长产生负效应。同时，政府人力资本投资对于经济增长的影响来源于其对民间人力资本积累的相关影响；而政府的物质资本投资对经济平衡增长则具有直接正效应，该效应来源于其对民间人力资本积累影响的间接效应，最终影响结果取决于跨时替代弹性的大小。

在国外研究方面，部分学者（G. Koren，R. J. Baseman，A. Gupta，M. I. Lutwyche，R. B. Laibowitz，1994）利用美国 48 个州 1970～1986 年间的数据，对公共投资对私人部门经济增长的影响进行了相关研究，他们的研究结果显示，在公共投资中教育投资对生产效率提高有显著的积极意义，然而公共投资中的其他项目并没有显著的效果，甚至呈现出负效应。同时，还有一些学者（Devarajan，Swaroop，Zou，1996）的研究和结论也具有很高的参考价值，他们提出公共支出特别是生产性公共支出对经济增长具有正效应，但是各种公共支出效应不仅取决于他们在总公共支出中所占比例，还取决于生产性支出和非生产性支出的份额是否等于它们的生产率（产出弹性）之比。因此，当生产性公共支出所占的比例过高时，它对经济增长的效应在边际上就会变为负值，这种现象在发展中国家中表现得比较明显。

（二）关于国有经济与非国有经济的关系研究

国有经济与非国有经济之间关系的研究一直是学术界研究的重点，有些学者提出，国有经济为中国经济做出的贡献是不可替代的，未来中国特色社会主义市场经济最终成功，离不开国有经济持续发挥主导作用，也离不开国有企业的做大做强。当前，国有企业在发展中出现的一些问题，症结往往不在国有企业自身，而在于政府职能的发挥和市场环境的建设。李政（2010）① 得出了国有经济的功能决定国有企业应否"进退"的结论，并且要毫不动摇地改革和发展国有经济、毫不动摇地发展非公有制经济、促进不同所有制企业协调发展。

从国有经济投资与非国有经济投资之间关系的角度来看，王文成、沈红微和王爔慧（2013）② 利用国有经济投资和非国有经济投资的年度数据，采用协整分析和结构变化的协整分析方法，得出在长期国有经济投资和非国有经济投资不存在均衡稳定的协整关系，国有经济投资对非国有经济投资并不存在一个持续、不变的带动作用。在经济的不同发展时期国有经济对非国有经济的带动作用不同，在改革开放初期国有经济极大带动了非国有经济投资；在国有经济战略调整深化以及国有企业改革初见成效的时期，国有经济投资对非国有经济有更加明显的带动作用；在经济危机期间，国有经济投资对非国有经济则具有"牵引器"的作用。

（三）关于投资滞后效应的研究

国内对国有资本投资滞后效应的研究比较少，更多的研究集中于对于固定资本投资当期效应的研究上，而本章的研究将用固定资产净值的数据来拟合国有资本投资的规模，因而固定资本投资的滞后效应的研究在方法和结论上对本章的研究均有一定的理论与方法上的借鉴作用，因此本章在此部分中主要列举固定资本投资的滞后效应的文献情况。

利用固定资产投资效益系数对固定资产投资滞后性进行研究的文献众多，其中侯荣华（2002）③ 在考虑滞后效应的情况之下利用作为固定资产投资效益综合指标的效益系数来计算各年度固定资产投资的滞后效应，发现中国 1980～2000 年固定资产投资效益在"六五"时期表现较好，在"七五"时期有所下降，而在"八五"时期有较大提高，但在"九五"时期有大幅度的下滑情况的出现，并且效益系数会随滞后期的增加而递增。他得出以下结论，即固定资产投资效益滞后效应是客观存在的，但我们可以采取相关措

---

① 李政. "国进民退"之争的回顾与澄清——国有经济功能决定国有企业必须有"进"有"退"[J]. 国有经济争议及反思, 2010（5）: 97–102.

② 王文成, 沈红微, 王爔慧. 国有经济投资对非国有经济投资的带动效应研究 [J]. 中国软科学, 2013（7）: 132–144.

③ 侯荣华. 固定资产投资效益及其滞后效应分析 [J]. 数量经济技术经济研究, 2002（3）: 13–16.

施尽量减少滞后效应，使固定资产投资的效益能够尽快得到发挥，以实现在较短时间内用较少的固定资产投资获得较多的经济增长的目的。

与侯荣华的全国性的研究视角不同，众多学者从省际的角度对固定资产投资效应进行研究。其中，李博（2006）利用和侯荣华相似的方法研究了河北省固定资产投资效果及滞后效应。发现河北省固定资产投资效果会高于全国平均水平，并且波动幅度较小，滞后期的固定资产投资效果系数和同期的波动趋势一致。提高河北省固定资产投资效果应该从深化投资体制改革、建立投资项目绩效评估制度、完善投融资体系和加快项目建设进度等方面入手。

另外，也有研究表明，固定资产投资在不同滞后期对经济增长有不同的影响。李楠、牛爽和王丹（2005）[①] 结合黑龙江省改革开放以来的相关数据以及经济计量方法，对固定资产投资的滞后效应进行实证分析，发现固定资产投资效益系数在总体上呈波动变化态势，黑龙江省生产总值增量和当期固定资产投资有较强的相关关系，但是随着滞后期的延长，这种相关性呈递减趋势，这与全国情况形成了鲜明对比。

关于滞后效应产生的原因方面，董彦兵（2010）[②] 利用浙江省的统计数据，从投资的流向路径角度采用考伊克模型实证分析了固定资产投资对经济增长的滞后效应及持续性影响。文章提出从投资流向的形成到产业结构确立需要较长的一段时间，不仅受投资品形成、工程建设周期、技术变革等因素的制约，也将受到诸如金融政策和政府"博弈"等的影响，这是投资滞后效应产生的重要原因。

（四）国有资本投资滞后效应文献研究评述

综观如今国内外国有经济的研究现状，专家学者们更多选择国有经济与非国有经济之间的关系、国有经济与经济增长之间的关系这样的角度进行研究，关于投资滞后效应的研究也更加倾向于对固定资产投资滞后效应进行探索。而本章在前人研究成果的基础之上选择了另外一个侧面和角度展开本

---

① 李楠，牛爽，王丹．黑龙江省固定资产投资效益及滞后效应的实证研究［J］．哈尔滨商业大学学报（社会科学版），2005（4）：28－31．

② 董彦兵．浙江省固定资产投资对经济增长的滞后效应分析［J］．黑龙江对外经贸，2010（9）：59－61．

章的研究，也就是综合探讨国有资本投资的当期效应和滞后效应，并且将分别从总量投资和分行业投资两种视角对中国国有资本投资进行深入分析和研究。

在现有的研究成果中我们发现，国有资本作为国家宏观调控的重要组成部分之一，对于国民经济和国有经济有着重要的作用，然而在当前众多学者优秀的研究成果的基础之上，我们发现国有资本投资的滞后效应也相当值得关注，诸如其当期的作用效果在之后若干期后是否还会有显著的体现，或者其作用效果在若干期之后是否会产相反的作用效果，这些问题也是本章的研究重点。

第二节　中国投资体制发展现状分析

一、中国和西方资本主义国家投资体制的对比

投资体制一般是指固定资产投资活动运行机制以及管理制度的总称，也是经济体制的重要组成部分，主要包括：投资主体的确立及其行为方式、投资利益的划分、投资资金的筹措途径、投资管理权限的划分、项目决策程序以及宏观调控方式和机构设置等。

中国的经济体制从最初的计划经济逐渐转变成为市场经济体制，经济形式从政府和国家主导和控制逐渐转变为由市场主导或者进一步增加市场主导的权利。由于在任何一种社会形势下，经济体制和投资体制之间是一种相对应的关系，有哪种经济体制必然会有相应的投资体制，甚至可以说，经济体制决定着投资体制，或者说投资体制是经济体制的重要组成部分。

相对于中国来说，西方的资本主义国家的投资体制有很大差异，主要表现为其投资主体主要以私人投资为主，投资方式以金融、证券买卖为主，在投资管理方面，宏观上大多通过银行和财政来实现，微观上的决策基础为可行性研究。与西方资本主义国家相比，社会主义国家拥有更加复杂的投资体制，伴随着改革的不断推进，投资体制也随之产生了较大的变化。相对典型

的投资模式有以下三种。

（一）集权型投资模式

中国改革开放之前以及苏联就采取这种模式。其基本特征是国家拥有投资规划的高度掌控能力，各种企业的投资均要遵循国家指定的统一计划，企业没有自主决定其自身的改扩建、固定资产投资以及各种设备的更新改造计划的权利，在这种模式下，国家是单一的投资主体，国家财政预算拨款是企业日常各项投资资金的重要来源，当然国家会对亏损企业和利润低下企业进行相应的补贴和资助。

在中国建立社会主义的初期，这种投资体制模式曾经为中国的经济发展起到了重要的积极影响，但是随着中国社会经济的不断发展和进步，这种高度集权的投资模式不仅会对市场机制产生一种排斥作用，而且抑制市场机制自身作用的发挥，使得这种投资模式逐渐与国家的经济发展现状和未来的规划不匹配，也成为国家经济体制改革的重要内容。

（二）分散型投资模式

南斯拉夫就曾采取这种投资模式。相对于由政府主导的集权型的投资模式来说，分散型投资模式则是一种国家完全放弃了投资决策的权利，投资计划完全由市场来调节，企业的投资主要由其自有资金和银行贷款来实现，这种投资模式有助于刺激市场经济的活力，激发私有资本的积极性，但是与此同时也会带来诸如民间投资过分盲目、无法有效监管和调控、投资领域混乱等弊病。

（三）综合型投资模式

中国改革开放中期曾采取这种投资模式，这种投资模式的显著特征是由政府和企业共同分享投资范围，中央政府负责关系整个国民经济和国计民生的重大项目投资，地方政府则主要负责其地方经济和地方企业的各种项目投资，而企业也有进行固定资产投资的权利，再生产方面的全部投资决策由其全部自主决定，至此形成了中央、地方、企业三维的投资主体。这种投资模式可以同时避免前两种投资模式的弊端，也可以综合二者的优势，不仅可以较好地发挥国家在投资领域的宏观调控的功能，也可以更好地发挥地方政府和企业的投资自主性，激发各方的积极性和激情。但是与此同时，这种综合型的投资模式需要更加完善的市场机制以及清晰的产权，否则也会造成投资行为的混乱从而导致经济周期波动。

二、中国投资体制改革的历程分析

自 1979 年至今，中国的投资体制经历了四个阶段的改革，由于我国特有的国情，随着经济体制的改革，我国的投资体制改革也与之同步进行，1979 年初的全国基本建设工作会议提出了"拨改贷"试点的决定，自此拉开了投资体制改革的席幕。

第一阶段的改革以 1984 年国务院发布的《国务院关于改革建筑业和基本建设管理体制的若干问题的暂行规定》为标志。这段时期的改革从下放权限开始，并且开始缩小指令性计划范围，重点全面改革项目开始建设实施阶段的管理体制，主要有以下几种改革措施：缩小指令性计划范围，适当下放项目的审批权限，采用承包责任制，实行"拨改贷"。

第二阶段的改革以 1988 年国务院发布的《国务院关于印发投资管理体制近期改革方案的通知》为标志。这段时期的改革以初步改革政府投资的范围、资金来源以及经营方式为重点。对重要的长期建设投资进行分层次管理，增强地方的重点建设责任；实行基本建设基金制，确保重点项目的资金充足；放开企业自主进行投资活动的权利；设立专业的投资公司，利用经济手段进行投资管理；最大限度地发挥竞争机制和市场机制的作用，采取招标投标制。优化宏观调控体系，增强投资主体的自我约束机制。

第三阶段的改革是以 1992 年初邓小平同志的南方谈话为标志。这次讲话也明确了中国投资体制改革的市场倾向。在这一阶段的改革中，开始成立国家开发银行，使政策性金融和商业性金融相分离，改革重点是逐步建立银行信贷和法人投资的风险责任，初步实现投资体制改革的到位和运行。

第四阶段的改革则是以 2004 年 7 月国务院发布《国务院关于投资体制改革的决定》为标志。历经 20 多年的改革，中国的投资体制已经产生了较大的变化，不仅仅表现在投资主体越来越多元化，投资方式也随之越来越多元化。国家也开始利用经济杠杆和间接手段进行投资计划管理，从而为建立新的投资的宏观调控体系打下了一定的基础。自从改革开放以来，中国采取了一系列的措施对旧的投资体制进行改革，改变了原有的高度集中的投资体制，实现了投资主体多样化、投资方式多元化、资金来源多渠道、项目建设市场化的新格局。然而，经历投资体制的一系列改革形成的当前的投资体制仍然存在一些问题，诸如企业的自主投资决策权还未完全实现，市场配置资源的目的还未达成，政府投资在决策上的科学民主还需要加强，与此同时还要实现更加有效的宏观调控和监管职能。

三、中国国有资本投资的统计性分析

由于本章所研究的是国有资本投资的滞后效应，并且使用的是工业制造业的样本数据，因此在理清了投资体制的发展变化历程之后，有必要对工业制造业的发展历程进行相关的介绍并且对国有资本投资进行相关的统计性分析。金融危机过后，中国的 GDP 增长趋势趋于放缓，从过去的高速增长逐渐转化为中高速增长，中国经济发展步入新常态，中国制造业由于各种内外部因素的影响和压力，也逐渐开始进入新的发展时期。尽管如此，中国制造业在国民经济发展的进程中依然占据着举足轻重的地位，在很长一段时间工业在 GDP 中所占的比重都要到 40% 以上的水平，虽然最近几年这个比重有所下降，但是截至 2015 年比重依旧达到了 34% 左右，工业无论在对 GDP 的贡献上，还是对其他行业的带动和影响上都有着其不可取代的作用。基于此，本章选取中国工业制造业为样本对国有资本投资滞后效应进行研究。改革开放 40 多年以来，中国制造业逐渐崛起，大概经历了以下几次历程。

（一）中国制造业开始复苏（1978～1987 年）

1978 年中国刚刚结束了"文化大革命"，在这个时期中国开始模仿苏联的计划经济，与此同时，建立了比较完整的制造业体系，可以自主生产各种工业品和消费品，但当时中国制造的更多的是工业品，消费品的制造还只够保持基本的生活需要。在计划经济体系下，人民的消费水平比较低下，生活水平还比较艰难，衣食住行更多的是政府通过粮票和肉票等进行配给。20世纪 80 年代中叶，中国制造业开始崛起，各种品牌和广告的相继出现，开始有一些家庭愿意购买国产的各种产品。但是在这 10 年当中，国有企业依然是中国制造业的主流,在这一阶段,中国市场的普遍特点是供不应求。

(二) 民营制造业开始崛起,外资制造业开始进入中国 (1988~1997 年)

在这 10 年,随着国家政策的逐渐放开,加之沿海地区的开放程度不断提高,民营企业开始崛起。这个时代,中国的市场逐渐从供不应求转为供大于求,经济特区的设立、股市的建立、海南省的发展以及商品房的出现,中国基本实现了从计划经济向市场经济的转型。在此期间,中国开始大力建设各种工业园区,由于中国的低成本优势吸引了大批的外资进入中国,使得中国的国际贸易不断发展,国内贸易开始繁荣。由于中国民营企业的兴起和外资的进入,中国的沿海地区也开始不断发展,沿海和内陆地区经济实力的差距也不断扩大。

(三) 中国制造业开始走向世界 (1998~2007 年)

在这阶段,由于外资的持续入驻和改革开放的不断深入,特别是当中国加入 WTO 以后,对外开放程度不断放开,在中国这样一个庞大市场的诱惑下,越来越多的外资进入中国,因此形成了众多外资企业和中外合资企业,长三角地区在改革开放的过程中也逐渐成为中国经济的龙头。在这 10 年中国的经济得到飞速发展,互联网的出现也逐渐改变着人们的生活方式。并且随着中国的基础设施建设投资、国际贸易的不断增长、人民的消费需求的攀升,中国的制造业又进入了新一轮的发展阶段。这一时期,诸如船舶、机床、电子通信、汽车等行业都迅速发展进而也带动了重工业的发展。中国的大型国有企业的收益不断提高,烟草、钢铁等行业逐渐开始整合。资本市场也为中国大中型制造业的发展提供了大量的资金。在这 10 年当中,中国的制造业不断融入世界经济当中,中国制造也在国际上逐渐成为一大亮点,对外贸易量不断增加,外汇储备也不断提高,中国的经济发展对国际贸易的依赖性也逐渐提高。

(四) 中国制造业的基础日渐雄厚 (2007 年至今)

在中国的国际市场日渐成熟的过程中,不断涌现了诸如华为、联想、海尔等优秀的制造业企业,并且还在日益壮大。经过 40 多年的发展,中国的各种大型国有企业、民营企业、外资企业、中外合资企业都得到了飞速的发展。制造业在 GDP 中的比重已经达 40% 以上，地位不可动摇。并且连续多年位居全球之首，到 2015 年，中国制造业产量占全世界的比例接近 25%，超越德国成为世界制造业产出最大的国家，并且在 2016 年也成为制造业竞争力的全球第一，虽然中国总体上还是一个发展中国家，但制造业的发展依旧举世瞩目。①

中国工业制造业在国民经济中的重要作用，可以说是中国经济发展的重要支柱产业。那么在其飞速发展的这 30 多年之中，作为拉动中国经济三大马车之一的资本投入对其可谓有着不可磨灭的作用，这里所说的投资不仅包括国有投资，还有随着市场经济的发展逐渐活跃起来的私人资本，在本章我们统一将不属于国有投资的部分称之为非国有投资。那么究竟工业经济的发展与各类投资之间有着怎样的发展变化关系呢，接下来我们将对其进行论述和分析。

为了清晰地描述三者之间变化关系，本节分别给出四个统计图，其中图 6 - 1 显示 1994～2017 年工业总产值、国有资本投资、非国有资本投资总量的关系；图 6 - 2 显示了工业总产值增加值、国有资本投资、非国有资本投资之间的关系；图 6 - 3 显示 1994～2017 年国有资本投资和非国有资本投资之间的变化关系；图 6 - 4 显示 1994～2017 年国有资本投资和非国有资本投资之间比例关系变化的百分比堆积面积。

从图 6 - 1 中我们可以清晰地看到 1994～2017 年这段时期内工业总产值、国有资本投资、非国有资本投资总体上都表现为上涨趋势，与此同时，我们也发现这种上升趋势在 2004 年以前还比较平稳，在 2004 年以后这种上升趋势日益明显，特别是工业总产值呈现出了一种飞跃式的上涨，这种上涨趋势也验证了本节前半部分中我们关于中国制造业发展变化历程的论述，在这段时间由于国家政策的支持，以及国内外资本的支持，使工业制造业在工业总产值、地位和名气都有了一个质的飞跃。

---

① 唐红祥，张祥祯，吴艳，贺正楚. 中国制造业发展质量与国际竞争力提升研究 [J]. 中国软科学，2019 (2)：128 - 142.

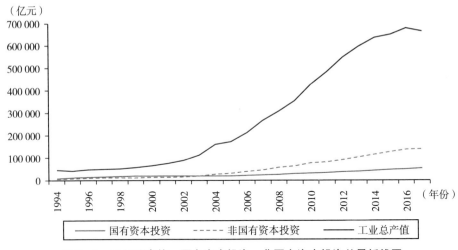

图 6 - 1　工业总产值、国有资本投资、非国有资本投资总量折线图

资料来源：《中国统计年鉴》。

　　由于直观上的图表并不能清晰地看出工业产值与国有资本投资和非国有资本投资之间的协同变化效应，为此我们对图 6 - 1 的工业总产值逐年相减变成工业增加值，将工业增加值与国有资本投资和非国有资本投资综合在一张表中，得到图 6 - 2。在此需要说明的是，由于在计算工业增加值时，1995年与 1994 年之间的产值之差是个负数，为了保证整体上的有效性，我们在这里暂且舍弃掉 1995 年与 1994 年的产值之差这一项，相应的 1995 年的国有资本投资和非国有资本投资的数据也同时舍弃。在图 6 - 2 中我们可以看到工业增加值与国有资本投资和非国有资本投资之间呈现出比较明显的协同增长的效应，工业增加值在整体上涨趋势当中会有一些波动，其中1995～2004 年工业增加值逐年上涨，但是在 2004～2005 年出现了下降的趋势，随后的几年内不断上涨，在 2006～2007 年实现另一轮小高潮随后出现小幅度的下降，在 2010～2011 年工业增加值达到了峰值，实现了年增长超过 70000 亿元的增长幅度，但是总体来看这种波动并不会影响工业总产值的上涨趋势。

　　与此同时，为了更清楚地看清国有资本投资总额和非国有资本投资总额之间的关系，如图 6 - 3 所示，我们将国有资本投资总额和非国有资本投资总额单独列在一张图中，可以看到虽然国有资本投资和非国有资本投资都在

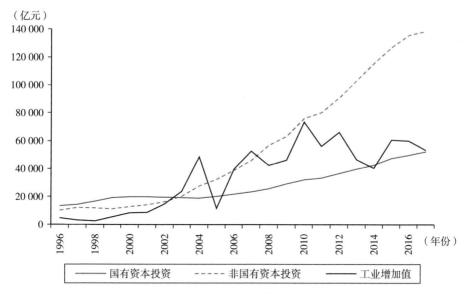

图6-2 工业增加值、国有资本投资、非国有资本投资总量折线图

资料来源：《中国统计年鉴》。

不断高速上涨，但二者的投资相对份额出现了一些变化，在2003年之前国有资本投资总额一直高于非国有资本投资总额，这段时间内中国的国内经济和制造业处在一个发展的阶段，需要国家政策和国有资本的支持，从而刺激国内经济和制造业的发展，与此同时当国内经济不断繁荣和中国制造业充满活力之后，非国有资本也不断加大投入。从而出现了如图6-3所示的情况，非国有资本投资在国有资本投资的带动下不断扩大投资规模，从而在2003年超越了国有资本投资，并在以后的年份中仍然不断增加。

关于国有资本投资和非国有资本投资份额的对比关系，在图6-4中也得到了比较清晰的表现，1994年国有资本投资占投资总额的比例达55%以上，这种趋势在接下来的几年时间内不断增长，而非国有资本投资规模的比例则呈下降的趋势，但这种趋势在2003年以后出现了变化，在2003年以后，非国有资本投资规模的比例逐渐超越了国有资本投资的比例，并且在接下来的几年里这种差距不断扩大，在2017年时，非国有资本投资的比例占到了70%以上，相对来说国有资本投资的比例则下降到了30%以下，在这一阶段国有资本投资坚持投资在关系国计民生、投资周期长的行业，诸如钢铁、煤炭等行业。而把发展势头良好、有市场活力的行业则更多的留给了非国有资本投资去填补，一方面可以刺激整个经济的活力，另一方面也可以刺激私有经济的不断发展和进步。

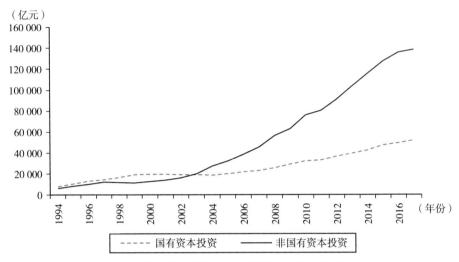

图6-3 国有资本投资、非国有资本投资总量折线图

资料来源：《中国统计年鉴》。

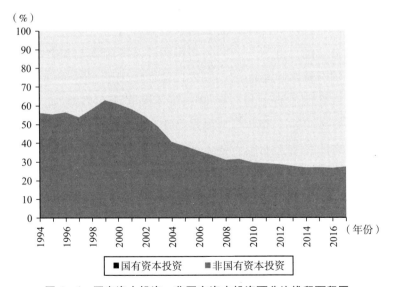

图6-4 国有资本投资、非国有资本投资百分比堆积面积图

资料来源：《中国统计年鉴》。

通过对各项指标的统计性分析，我们可以初步得出如下结论，首先工业总产值、国有资本投资和非国有资本投资之间的发展变化呈现出一定的协同效应，其次国有资本投资和非国有资本投资的发展变化关系也呈现出国有资本投资对非国有资本投资的一种带动作用，因此，在第四节和第五节我们将用计量模型去进一步验证这种变化关系的存在。

第三节　总量视角下中国国有资本投资滞后效应研究

一、变量设置与数据选取

本节在总量视角下采用动态面板数据模型进行分析，并对模型进行广义矩估计（GMM），在对模型进行单位根检验的基础之上，分别得出国有资本投资与非国有资本投资对工业总产值影响的当期以及滞后效应，并对比国有资本投资和非国有资本投资的作用效果的差异和不同，分析国有资本投资对非国有资本投资的当期以及滞后影响。

基于总量视角下国有资本投资滞后效应的研究我们将使用三个时间序列的数据组成面板数据，分别是用 *OUTPUT* 来代表工业总产值、*SOINV* 代表国有资本投资、*NSOINV* 代表非国有资本投资，数据来源均为《中国统计年鉴》和国家统计局网站的工业制造业年度数据，截面是工业制造业的 27 个行业，时间跨度为 1994～2014 年共 20 年。需要说明的是，国有资本投资我们用国有及国有控股工业企业固定资产净值来代表，非国有资本投资我们用国有及规模以上非国有固定资产净值与国有及国有控股工业企业固定资产净值之差来代表，如若统计年鉴上未直接给出固定资产净值的数据，我们将用当年的固定资产原价与累计折旧之差计算得到固定资产净值的数据，同时由于统计年鉴上 2013 年和 2014 年的数据不齐全，本书收集各省份分行业的年度数据加总得到全国各行业的年度数据。

为了获得剔除价格因素影响的可比性数据，本书将对数据进行平减处理，所涉及的三个指标分别为工业总产值、国有资本投资、非国有资本投资，其中工业总产值的数据我们将 1994～2014 年的环比数据通过数据平减

得到以1994年为基期的同比数据, 平减公式为:

$$OUTPUT_T = \frac{OUTPUT'_T}{\prod\limits_{t=1995}^{T} PPI_T/100^{T-1994}}$$ (6.1)

其中, $OUTPUT_T$ 代表 T 年平减后的工业总产值, $OUTPUT'_T$ 代表 T 年平减前的工业总产值, PPI_T 代表 t 年的工业出厂价格指数。

在对投资数据进行可比性处理时, 由于本章采用的是固定资产净值这样的存量数据, 对于固定资产的处理由于其自身属性的不同, 无法避免原值、折旧、重置、成本等繁杂的概念, 为了更精确细致地对投资数据进行处理, 在平减时所采用的方式与工业总产值的平减方式有所不同。本章对于投资的可比性处理方法是借鉴李何 (2006)[1] 文章中对固定资产净值的处理方法, 首先对固定资产的数据进行一系列的处理, 其次进行相应的平减处理, 由于篇幅原因, 本章对于具体处理步骤和方法不再赘述, 平减指数选取的是固定资产投资价格指数。具体的平减公式如下所示:

$$SOINV_T = \frac{SOINV'_T}{\prod\limits_{t=1995}^{T} PK_t/100^{T-1994}}$$ (6.2)

$$NSOINV_T = \frac{NSOINV'_T}{\prod\limits_{t=1995}^{T} PK_t/100^{T-1994}}$$ (6.3)

其中, $SOINV_T$ 代表 T 年平减后的国有资本投资, $SOINV'_T$ 代表 T 年平减前的国有资本投资, $NSOINV_T$ 代表 T 年平减后的非国有资本投资, $NSOINV'_T$ 代表 T 年平减前的非国有资本投资, PK_t 代表 t 年的固定资产投资价格指数。

二、单位根检验

单位根检验也就是要检验序列中是否存在单位根, 若检验结果中显示存在单位根, 则表示序列非平稳, 会导致回归分析中伪回归现象的出现。本章使用的是面板数据的 IPS 检验, IPS 的检验式是:

---

[1] 李何. 市场化进程对地区工业经济发展的作用机理研究 [D]. 长春: 吉林大学, 2006.

$$\Delta y_{i,t} = \rho_t y_{i,t-1} + \sum_{j=1}^{k_i} \gamma_{i,j} \Delta y_{i,t-1} + X_{i,t}\alpha + \varepsilon_{i,t},$$

$$i = 1, 2, \cdots, T. \ \varepsilon_{i,t} \sim IID(0, \sigma^2) \tag{6.4}$$

原假设和备择假设分别为：

$$H_0: \rho_i = 0, \ i = 1, 2, \cdots, N;$$

$$H_1: \begin{cases} \rho_i = 0, \ i = 1, \cdots, n_1 \\ \rho_i < 0, \ i = n_1 + 1, \ n_1 + 2, \cdots, N \end{cases}$$

IPS 检验为左端检验，不完全要求所有个体在原假设和备择假设下同时具有同质性，只满足在原假设下所有个体具有同质性，而在备择假设中可以允许在整体平稳的条件下单个个体非平稳，在备择假设中并不一定要求所有的系数都相同，部分个体系数不同也同样可以导致整个面板数据的非平稳。IPS 在备择假设下可以允许部分个体的时间序列非平稳，这种假设在同质性要求上更为放松，也更加符合经济学数据的特征，也就是承认了整体平稳和部分个体不平稳情况的存在。

本部分所涉及的时间序列数据分别为工业总产值（*OUTPUT*）、国有资本投资（*SOINV*）、非国有资本投资（*NSOINV*），且综合本章的研究特点和 IPS 检验的特征，本章决定选取 IPS 检验方法来进行单位根检验，分别对三个指标的一阶差分数据进行单位根检验，且检验结果如表 6 - 1 所示。结果显示，三个指标均通过了相应的单位根检验，所以模型设置合理有效，可以进行进一步模型建立和估计。

表 6 - 1　　　　　　　动态面板数据模型 IPS 单位根检验结果

变量	*OUTPUT*	*SOINV*	*NSOINV*
P	0.0000	0.0000	0.0000
t	- 5.5186	- 8.7541	- 6.2136

三、动态面板数据模型的建立

本节所选取的计量经济模型是动态面板数据模型，面板数据（Panel Data）也可以称之为"平行数据"，是集时间序列数据和截面数据为一体的数据排列形式，由于数据排列起来在视觉上类似于面板而得名。面板数据方法属于一种比较新的统计方法，使用面板数据可以避免使用时间序列分析方法所导致的多重共线性的问题，同时也能够带来更全面的信息、更多样的变化和更多的自由度，因此，也能够使估计的效率得到大幅度的提升，与面板数据应运而生的单位根检验和协整检验也是一个比较新的领域。由于本章的研究对象是工业制造业，为了使研究更加深入，将会涉及工业制造业各个行业的研究，所以数据将会结合时间序列和截面数据，同时为了研究投资滞后效应的存在，将会在模型中加入滞后解释变量，从而更动态、更完整地对结果进行估计，因而综合来看，本书将会采用动态面板数据的研究方式。

由于模型中引入了被解释变量和解释变量的滞后项，会造成模型中解释变量的内生性，使用传统的固定效应模型（Fixed Effects Models）和随机效应模型（Random Effects Models）将会得到有偏的、非一致的估计量的参数估计值（饶华春，2009）。而普通最小二乘法、极大似然法和工具变量法等传统的估计方法也都存在自身的一些局限性，例如，它们的参数估计量需要满足一些假设（模型的随机误差项必须服从正态分布或某一特定分布等）时，才是一个可靠的估计量。但广义矩估计（GMM）是矩估计方法的一般化，只要基于模型的实际参数满足一定矩条件所形成的一种参数估计方法。在模型设立正确的前提下，一定能找到该模型的实际参数所满足的矩条件。GMM 不需要确定随机误差项准确的分布信息，在估计中允许存在随机误差项的异方差和序列相关，因此，使用 GMM 估计方法估计所得的参数估计量要更加有效，为避免上述问题的出现本书将会采用广义矩的估计方法，来估计在总量视角下国有资本投资对工业总产值和非国有资本投资的作用效果和滞后效应。

为实现以上研究，本章将建立以下两个动态面板数据模型，模型（6.1）表示在总量视角下国有资本投资、非国有投资对工业总产值的影响，并在模型中引入被解释变量（OUTPUT）的滞后项，以及两个解释变量（SOINV 和 NSOINV）的滞后项；模型（6.6）代表国有资本投资对于非国有资本投资的影响，并在模型中引入被解释变量（NSOINV）和解释变量（SOINV）的滞后项。

$$\ln OUTPUT'_{i,t} = \theta_i + \sum_{m=0}^{p_1} \alpha_m \ln SOINV_{i,t-m} + \sum_{n=0}^{p_1} \rho_n \ln NSOINV_{i,t-n}$$
$$+ \sum_{l=0}^{p_3} \gamma_l \ln OUTPUT_{i,t-1} + \varepsilon_{i,t} \tag{6.5}$$

$$\ln OUTPUT_i = \theta_i' + \sum_{m=0}^{q_1} \mu_m \ln SOINV_{i,t-m} + \sum_{l=0}^{q_1} \delta_l \ln NSOINV_{i,t-l} + \varepsilon_{i,t}' \quad (6.6)$$

其中 $i = 1, 2, \cdots, N$；$t = 1, 2, \cdots, T$，$OUTPUT$ 代表工业总产值，$SOINV$ 代表国有资本投资，$NSOINV$ 代表非国有资本投资，值得注意的是本章将分别对三个指标的对数序列建模进行估计。θ_i 和 θ_i' 分别代表模型（6.5）和模型（6.6）中的截距项，$\varepsilon_{i,t}$ 和 $\varepsilon_{i,t}'$ 分别代表模型（6.5）和模型（6.6）中的随机扰动项。α_m、β_n、γ_l 分别代表模型（6.5）中国有资本投资和非国有资本投资的当期和滞后期以及工业总产值的滞后期对于被解释变量工业总产值所产生的效应系数；μ_m、δ_l 分别代表模型（6.6）中国有资本投资当期和滞后期及非国有资本投资的滞后期对于被解释变量非国有资本投资的效应系数。

本章所重点关注的是解释变量对于被解释变量的作用效果，所以对于被解释变量的滞后期系数的分析将会酌情弱化。p_1、p_2、p_3 以及 q_1、q_2 分别代表模型（6.5）和模型（6.6）中的各变量滞后项的阶数，对于滞后阶数的确定，在动态面板数据模型中还没有像动态时间序列模型一样的 AIC、BIC 等信息准则来辅助判断，本节所采用的方法是在估计时尽量选取一个比较大的滞后期，但是，若出现有的滞后阶数下估计系数不显著，我们接下来暂且将这一滞后阶数剔除，保留其余显著的滞后项。

另外，本章对模型进行估计时对于模型（6.5）中被解释变量：工业总产值所选取的滞后阶数为 1 阶，对于解释变量：国有资本投资和非国有资本投资所选取的滞后阶数为 3 阶；对于模型（6.6）的被解释变量：非国有资本投资所选取的滞后阶数为 1 阶，对于解释变量：国有资本投资所选取的滞后阶数为 3 阶。

四、计量结果分析

为了分析国有资本投资的滞后效应，本节应用动态面板数据估计方法，通过上述的模型（6.1）和模型（6.2）分别对国有资本投资对于工业总产值作用效果和滞后效应以及国有资本投资对于非国有资本投资作用效果和滞后效应进行研究。模型（6.1）和模型（6.2）的具体估计结果分别如表6-2和表6-3所示。

表 6 - 2 模型（6.5）的广义矩估计结果

系数	α_0	α_1	α_2	α_3
估计结果	0.049757 （0.90797） ［0.3644］	- 0.214074 （- 2.89232）*** ［0.0040］	- 0.10595 （- 1.86159）* ［0.0633］	0.24728 （8.49649）*** ［0.0000］
系数	β_0	β_1	β_2	β_3
估计结果	0.563859 （9.39663）*** ［0.0000］	- 0.579498 （- 6.3452）*** ［0.0000］	0.100633 （1.87755）* ［0.0611］	0.028416 （0.51563） ［0.6064］

注：（1）表中列举了国有资本投资（$SOINV$）和非国有资本投资（$NSOINV$）的当期和滞后3期效应系数，括号外的数据为系数，小括号中的数字为 t 统计量值，方括号中的数据为相对应的 p 值；（2）表中 *、*** 分别代表在10%、1%的置信水平上显著，若未标注 * 的系数（如 α_0 和 β_3）则表示该系数不显著；（3）由于工业总产值对其自身作用效果的滞后效应不是本章的研究重点，故在表格中未列举出。

表 6 - 3 模型（6.6）的广义矩估计结果

系数	μ_0	μ_1	μ_2	μ_3
估计结果	- 0.170974 （- 7.235304）*** 0.0000	- 0.022374 （- 0.90778） 0.3645	0.04622 （2.222828）** 0.0267	0.095518 （14.63333）*** 0.0000

注：（1）表中列举了国有资本投资（$SOINV$）的当期和滞后3期的系数，其中括号外的数据为系数，小括号中的数字为 t 统计量值；（2）表中 **、*** 分别代表在5%、1%的水平上显著，若未标注 * 的系数（如 μ_1）则表示该系数不显著；（3）由于非国有资本投资对其自身作用效果的滞后效应并不是本章研究重点，故在表格中并未列举出。

需要说明的是本章所建立的模型是对数模型，与对原序列直接建模的回归模型系数的意义有所不同，因此必须结合对数进行解释，模型的系数是弹性的概念。为了更清楚地说明本章模型系数的意义，现做以下简单的推倒和说明。

假设现有计量模型为：$Y = \beta_1 + \beta_2 X + \mu$

对 X、Y 同时取对数得：$\ln Y = \beta_1 + \beta_2 \ln X + u$

两边同时取导数得：$\dfrac{1}{Y} \times \dfrac{dY}{dX} = \beta_2 \dfrac{1}{X}$ 即：$\beta_2 = \dfrac{dY}{Y} \Big/ \dfrac{dX}{X}$

因此，若在方程两侧取对数，所得到的系数代表百分比的变化，即弹性，也就是 β_2 表示 X 变化 1%，Y 会随之变化 $\beta_2\%$。因此同理可得，在本章两个模型中的系数也是代表弹性的概念。

在表 6-2 中，α_0、α_1、α_2、α_3 分别度量了当期（t 年）、滞后一期（$t-1$ 年）、滞后两期（$t-2$ 年）、滞后三期（$t-3$ 年）的国有资本投资对工业总产值的效应系数，结合弹性的概念可知，其分别度量了当期、滞后一期、滞后两期、滞后三期的被解释变量随解释变量变化的百分比，其中 α_0 并不显著，本章不做分析。在滞后一期，当国有资本投资增加 1%，工业总产值将会下降约 0.21%，在滞后两期，国有资本投资增加 1%，工业总产值将会下降约 0.11%，由此可知，在滞后一期和滞后两期时间内，国有资本投资对于工业总产值有一定程度上的抑制效应。但是在滞后三期国有资本投资增加 1%，工业总产值将会增加约 0.25%，可以看出这个作用效果还是很明显的，并且从计量结果来看，系数的显著性也比较高，因此可以初步得出国有资本投资虽在短期内作用效果不明显，但是长期来看，国有资本投资对于工业总产值的作用效果还是会逐步显现。

β_0、β_1、β_2、β_3 分别度量了当期（t 年）、滞后一期（$t-1$ 年）、滞后两期（$t-2$ 年）、滞后三期（$t-3$ 年）非国有资本投资对于工业总产值的作用效果，结合弹性的概念可知，其分别度量了当年、滞后一年、滞后两年、滞后三年的被解释变量随解释变量变化的百分比，其中 β_3 不显著，本章不做分析。当年非国有资本投资增加 1%，工业总产值将会增加约 0.56%，但是在滞后一期非国有资本投资增加 1%，工业总产值将会下降约 0.58%，在滞后两期，非国有资本投资增加 1%，工业总产值将会有一个上涨约 0.1% 的趋势。因此可以看出，非国有资本投资对于工业总产值的作用效果大致表现为在当期有一个比较显著的正效应，但是在滞后一期内会产生一个非常大的负效应，这种负效应甚至已经超过了当期的正效应的幅度，在滞后两期会有微弱的正效应。因此综合来看，非国有资本投资对于工业总产值的作用效果在短期显现出比较显著的正效应，但是长期来看，非国有资本投资对于工业总产值会有一个比较大的抑制作用，并且比较显著，即使在更长期来看，还会有一个微弱的正向促进作用的出现，但是在滞后一期内出现的比较大的负向作用还是很可怕的，也是值得我们思考的一点。

在表 6-3 中 μ_0、μ_1、μ_2、μ_3 分别度量了本期（t 年）、滞后一期（$t-1$ 年）、滞后两期（$t-2$ 年）、滞后三期（$t-3$ 年）国有资本投资对于非国有资本投资的作用效果，其中 μ_1 不显著。在当期国有资本投资对于非国有资本投资有一个负向的作用效果，具体表现在，当国有资本投资增加 1% 时，非国有资本投资将会下降约 0.17% 的水平，在实际的投资领域中，这种现象可能表现为国有资本投资对于非国有资本投资有一个挤出效应。但是我们可以看到滞后两期时，国有资本投资增长 1% 将会带动非国有资本投资增长约 0.05% 的水平，而且这种带动作用在滞后三期也表现得比较明显，从数据上显示，当国有资本投资增长 1% 时，非国有资本投资将会随之上涨约 0.1%，这种作用效果也比较显著。因此直观上显示，在短期内国有资本投资对于非国有资本投资也许会表现出一定的挤出效应，但是从长期来看，国有资本投资对于非国有资本投资的带动作用还是会在投资之后的几年内有所显现，从国有资本投资的综合作用效果来考量的话，发现国有资本投资的作用效果显现时间一般会略长于非国有资本投资，这也与国有资本的责任和义务不无关系，具体分析我们将会在下一节有所涉及。

第四节　行业视角下中国国有资本投资滞后效应研究

一、变量设置与数据选取

本节在使用广义矩估计方法对总量视角下国有资本投资的滞后效应进行了估计，由于本节数据取自工业制造业 27 个行业的年度数据，在研究这 27 个行业的整体情况之后，为了更为完整和全面的对国有资本投资的滞后效应进行研究，本节将对分析进行细化，对每个行业独自建立模型进行分析。

变量设置和数据选择方面将会继续延续上一节的做法，分别选取 1994～2014 年分行业工业总产值、国有资本投资、非国有资本投资三个变量，分别将面板数据中每个行业数据的三个时间序列的数据单列，形成 27 个行业时间序列数据。需要说明的是，国有资本投资数据将用国有及国有控股工业企业固定资产净值来表示，非国有投资数据将用国有及规模以上非国有固定资产净值减去国有及国有控股工业企业固定资产净值来表示。本节数据平减也会延续前面章节的做法，在此不再赘述。

在建立模型之前，为了检验时间序列数据的平稳性，避免伪回归现象的出现，首先采用 ADF 单位根检验方法对 27 个行业的时间序列数据进行了单位根检验，即分别检验 $\ln OUTPUT$、$\ln SOINV$、$\ln NSOINV$ 三个时间序列的平稳性。需要说明的是，在进行分行业单位根检验之后发现在 27 个行业中只有 15 个行业实现了同阶单整即存在协整关系，另外的 12 个行业并未实现同阶单整，故无法对其进行进一步的模型设置和回归分析，但是由于本节的主要目的在于分析国有资本投资的滞后效应，而不是主要分析行业的异质性，所以本节将舍弃这 12 个无法实现同阶单整的行业，只对其他 15 个行业建立模型并展开回归分析。具体的单位根检验结果如表 6 - 4 所示。

表 6 - 4　　　　　　　　　　　ADF 单位根检验结果

行业	t - Statistic	1% level	5% level	10% level
纺织、服装、鞋、帽制造业	- 7. 55841	- 3. 83151	- 3. 02997	- 2. 65519
	- 3. 12929	- 3. 83151	- 3. 02997	- 2. 65519
	- 4. 01612	- 3. 83151	- 3. 02997	- 2. 65519
木材加工及木竹藤棕草制造业	- 5. 66221	- 3. 83151	- 3. 02997	- 2. 65519
	- 2. 65703	- 3. 83151	- 3. 02997	- 2. 65519
	- 4. 00872	- 3. 83151	- 3. 02997	- 2. 65519
家具制造业	- 7. 21753	- 3. 88675	- 3. 05217	- 2. 66659
	- 3. 02918	- 3. 95915	- 3. 081	- 2. 68133
	- 8. 11502	- 3. 85739	- 3. 04039	- 2. 66055
文教体育用品制造业	- 4. 77826	- 3. 83151	- 3. 02997	- 2. 65519
	- 3. 60978	- 3. 83151	- 3. 02997	- 2. 65519
	- 4. 53691	- 3. 83151	- 3. 02997	- 2. 65519
化学原料及化学制品制造业	- 4. 53615	- 3. 85739	- 3. 04039	- 2. 66055
	- 6. 85964	- 3. 88675	- 3. 05217	- 2. 66659
	- 4. 44483	- 3. 88675	- 3. 05217	- 2. 66659
化学纤维制造业	- 3. 73604	- 3. 85739	- 3. 04039	- 2. 66055
	- 2. 72973	- 3. 83151	- 3. 02997	- 2. 65519
	- 2. 91812	- 3. 83151	- 3. 02997	- 2. 65519

续表

行业	t − Statistic	1% level	5% level	10% level
非金属矿物制品业	− 5. 15579	− 3. 88675	− 3. 05217	− 2. 66659
	− 7. 04697	− 3. 85739	− 3. 04039	− 2. 66055
	− 4. 77367	− 3. 85739	− 3. 04039	− 2. 66055
黑色金属冶炼及压延加工业	− 4. 06273	− 3. 88675	− 3. 05217	− 2. 66659
	− 4. 81905	− 3. 85739	− 3. 04039	− 2. 66055
	− 9. 20801	− 3. 85739	− 3. 04039	− 2. 66055
有色金属冶炼及压延加工业	− 2. 80546	− 3. 83151	− 3. 02997	− 2. 65519
	− 4. 62866	− 3. 83151	− 3. 02997	− 2. 65519
	− 3. 77054	− 3. 83151	− 3. 02997	− 2. 65519
通用设备制造业	− 2. 81315	− 3. 83151	− 3. 02997	− 2. 65519
	− 3. 39	− 3. 83151	− 3. 02997	− 2. 65519
	− 3. 04021	− 3. 83151	− 3. 02997	− 2. 65519
专用设备制造业	− 3. 61177	− 3. 83151	− 3. 02997	− 2. 65519
	− 4. 38603	− 3. 83151	− 3. 02997	− 2. 65519
	− 4. 12102	− 3. 95915	− 3. 081	− 2. 68133
交通运输设备制造业	− 7. 98183	− 3. 88675	− 3. 05217	− 2. 66659
	− 4. 59045	− 3. 85739	− 3. 04039	− 2. 66055
	− 3. 61655	− 3. 88675	− 3. 02997	− 2. 65519
电器机械及器材制造业	− 3. 63999	− 3. 83151	− 3. 02997	− 2. 65519
	− 3. 04684	− 3. 83151	− 3. 02997	− 2. 65519
	− 2. 79863	− 3. 83151	− 3. 02997	− 2. 65519
通信设备、计算机及其他电子设备制造业	− 2. 72857	− 3. 83151	− 3. 02997	− 2. 65519
	− 5. 48894	− 3. 83151	− 3. 02997	− 2. 65519
	− 2. 70006	− 3. 95915	− 3. 081	− 2. 68133
仪器仪表文化办公用机械制造业	− 3. 80415	− 3. 83151	− 3. 02997	− 2. 65519
	− 3. 94411	− 3. 83151	− 3. 02997	− 2. 65519
	− 2. 80076	− 3. 83151	− 3. 02997	− 2. 65519

注：除了化学原料及化学制品制造业和黑色金属冶炼及压延加工业序列为二阶差分序列外，其余序列均为一阶差分序列。

其中纺织、服装、鞋、帽制造业，木材加工及木竹藤棕草制品业，家具

制造业，文教体育用品制造业，化学纤维制造业，非金属矿物制品业，有色
金属冶炼及压延加工业，通用设备制造业，专用设备制造业，交通运输设备
制造业，电气机械及器材制造业，通信设备、计算机及其他电子设备制造
业，仪器仪表文化办公用机械制造业的一阶差分序列的 ADF 单位根检验后
实现了同阶单整，而化学原料及化学制品制造业和黑色金属冶炼及压延加工
业的二阶差分序列在 ADF 单位根检验后实现了同阶单整，本节对这 15 个行
业时间序列数据建立模型进行回归分析。

二、向量自回归模型的建立

为了更完整地研究国有资本投资的滞后效应，本节将在第三节总量视角
下研究工业制造业的总体情况之后，进一步分行业进行分析论证，分别研究
各行业的国有资本投资对该行业工业总产值的作用效果和滞后效应，以及国
有资本投资对非国有资本投资的作用效果和滞后效应。本节所使用的是向量
自回归模型，简称 VAR 模型，由克里斯托弗·西姆斯（Christopher A. Sims）
于 1980 年提出，该模型可以实现对联合内生变量的内生关系进行动态分析，
并且没有事先的约束条件，对于本节所选取的分行业的时间序列数据来说，
向量自回归模型可以很好地对本节的经济问题进行估计和回归分析。

本节将建立两个 VAR 模型，其中模型（6.3）衡量分行业国有资本投资
对该工业总产值的作用效果，模型（6.4）衡量分行业国有资本投资对于非
国有资本投资的作用效果。模型具体如下：

$$\ln OUTPUT'_{i,t} = \sum_{\mu=1}^{k_1} \rho_\mu \ln SOINV'_{i,t-\mu} + \sum_{v=1}^{k_1} \sigma_v \ln NSOINV'_{i,t-v}$$
$$+ \sum_{\omega=1}^{k_3} \varphi_\omega \ln OUTPUT'_{i,t-\omega} + \varepsilon_{i,t} \qquad (6.7)$$

$$\ln NSOINVV'_{i,t} = \sum_{\mu=1}^{l_1} \partial_\mu \ln SOINV'_{i,t-\mu} + \sum_{v=1}^{l_1} \tau_v \ln NSOINV'_{i,t-v} + \varepsilon'_{i,t} \qquad (6.8)$$

其中，$i = 1, 2, \cdots, n$。$t = 1, 2, \cdots, T$。$OUTPUT'$、$SOINV'$、$NSOINV'$分
别代表分行业的工业总产值以及该行业的国有资本投资和非国有资本投资，
在模型中以上三个指标均取对数进行估计，$\varepsilon_{i,t}$ 和 $\varepsilon'_{i,t}$ 分别代表了两个模型中
的随机扰动项，ρ_u、σ_v 和 φ_ω 分别代表了模型（6.7）中的分行业国有资本
投资、非国有资本投资以及其工业总产值的滞后期对其工业总产值的影响效

应；∂_μ 和 τ_v 分别代表了模型（6.8）中的分行业国有资本投资以及其非国有资本投资的滞后期对其非国有资本投资的影响效应。

k_1、k_2、k_3 以及 I_1、I_2 分别代表模型（6.7）和模型（6.8）的滞后阶数，关于滞后阶数的确定，是建立 VAR 模型时一个重点问题，在确定滞后阶数时，既要考虑到更完整的反映所构造模型的动态特征，此时要使滞后阶数足够大；又要考虑到滞后阶数越大，模型中需要顾及的参数就越多，与此同时自由度就会减少。因此，在进行滞后阶数选择时需要综合考虑，要同时兼顾滞后项和自由度。本节综合使用 AIC 准则、SC 准则以及考虑自由度，最终选择取滞后期为 4 较为合理。

三、计量结果分析

为了研究分行业的国有资本投资的滞后效应，基于以上的稳定性检验和模型设定等，本节使用 EViews6.0 计量经济学软件对两个向量自回归模型进行回归分析，具体的回归结果如表 6 – 5 所示。表 6 – 5 表示分行业国有资本投资对于工业总产值的作用，表 6 – 5 中的系数代表了国有资本投资对于非国有资本投资的作用。

在表 6 – 5 中的 ρ_1、ρ_2、ρ_3、ρ_4 分别代表滞后一期至滞后四期的分行业国有资本投资对于工业总产值影响的系数，σ_1、σ_2、σ_3、σ_4 分别代表滞后一期至滞后四期的分行业非国有资本投资对于工业总产值影响的系数。从表 6 – 5 中可以看出，15 个行业的国有资本投资对于该行业作用效果的滞后效应表现得还是很明显的，在滞后一期和滞后两期国有资本投资的作用效果显现得还不是很明显，甚至出现了负效应，但是当滞后期来到了三期和滞后四期，国有资本投资则表现了对工业总产值很强劲的带动作用，绝大多数行业在滞后三期和滞后四期的系数都已经为正数，这证明国有经济投资的作用效果需要投资之后三四年才会渐渐的展现出明显的作用效果。同时我们将目光转向非国有资本投资，非国有资本投资对工业总产值的作用效果似乎恰好与国有资本投资相反，在滞后一期和滞后两期，非国有资本投资在某些行业中表现出了正向的带动作用，但是当滞后期为三期、四期，这种正向的带动作用逐渐趋向于不明显甚至在大多数行业中出现了负效应。为了更清晰地描述分行业的投资效应，下面将在本节所列举出的滞后四期的时间内，对以

表 6-5

衡量分行业国有资本投资对工业总产值影响的 VAR 模型结果

行业	ρ_1	σ_1	ρ_2	σ_2	ρ_3	σ_3	ρ_4	σ_4
纺织、服装、鞋、帽制造业	-0.233806 (0.34612) [-0.67551]	0.203609 (1.13191) [0.17988]	0.255956 (0.36418) [0.70283]	-0.163522 (0.56383) [-0.29002]	-0.13035 (0.41282) [-0.31576]	-0.471626 (0.6153) [-0.76650]	0.100763 (0.47204) [0.21346]	0.077608 (0.96125) [0.08074]
木材加工及木竹藤棕草制品业	0.727327 (1.23809) [0.58746]	-0.425509 (2.03879) [-0.20871]	-0.991408 (0.8521) [-1.16349]	0.890809 (1.99512) [0.44649]	0.478506 (0.67523) [0.70866]	-0.747963 (1.14094) [-0.65557]	0.574835 (0.57808) [0.99438]	-0.48061 (0.64229) [-0.74829]
家具制造业	1.31571 (0.90514) [1.45360]	1.669966 (2.3309) [0.71645]	-1.403583 (1.35479) [-1.03601]	0.300124 (2.0168) [0.14881]	0.419784 (0.85751) [0.48954]	-1.507235 (2.04554) [-0.73684]	0.755895 (0.52866) [1.42983]	0.773025 (0.80156) [0.96440]
文教体育用品制造业	-0.12105 (0.43986) [-0.27520]	-1.309995 (1.3317) [-0.98370]	-0.336058 (0.43497) [-0.77260]	-1.345359 (1.15658) [-1.16323]	-1.518949 (0.42653) [-3.56119]	-2.544918 (1.29144) [-1.97060]	0.269487 (0.41633) [0.64728]	0.699725 (0.80453) [0.86973]
化学原料及化学制品制造业	0.003752 (2.721) [0.00138]	0.513937 (1.40667) [0.36536]	0.371379 (1.19558) [0.31063]	0.267295 (0.96271) [0.27765]	0.149862 (1.1854) [0.12642]	0.359329 (0.84302) [0.42624]	0.278579 (0.9031) [0.30847]	-0.52061 (0.65696) [-0.79246]
化学纤维制造业	-0.045701 (0.54848) [-0.08332]	-0.65805 (1.16331) [-0.56567]	-0.480783 (0.5815) [-0.82679]	-0.282293 (1.27112) [-0.22208]	-0.371849 (0.57601) [-0.64556]	0.827358 (1.71663) [0.48197]	0.690657 (0.52079) [1.32616]	-0.54454 (1.08739) [-0.50078]

续表

行业	ρ_1	σ_1	ρ_2	σ_2	ρ_3	σ_3	ρ_4	σ_4
非金属矿物制品业	0.213734 (1.09082) [0.19594]	3.549871 (3.67036) [0.96717]	-0.182549 (2.03355) [-0.08977]	-0.104233 (2.42854) [-0.04292]	-0.344 (0.78951) [-0.43571]	-0.222171 (3.27533) [-0.06783]	0.919651 (0.66492) [1.38311]	0.348796 (1.65237) [0.21109]
黑色金属冶炼及压延加工业	0.80919 (1.84708) [0.43809]	-0.609073 (0.60704) [-1.00335]	-1.657946 (1.21729) [-1.36200]	-0.134514 (0.49413) [-0.27223]	1.183562 (0.96792) [1.22279]	-0.076256 (0.4255) [-0.17921]	-0.27875 (0.6462) [-0.43136]	-0.6396 (0.65685) [-0.97374]
有色金属冶炼及压延加工业	-2.232039 (2.43748) [-0.91572]	-0.609073 (0.60704) [-1.00335]	-0.365745 (1.45014) [-0.25221]	-0.134514 (0.49413) [-0.27223]	1.388273 (1.35882) [1.02167]	-0.076256 (0.4255) [-0.17921]	0.822719 (0.90491) [0.90917]	-0.6396 (0.65685) [-0.97374]
通用设备制造业	0.409435 (1.49076) [0.27465]	-1.232602 (2.65837) [-0.46367]	-0.150478 (0.99298) [-0.15154]	-0.97301 (1.16122) [-0.83792]	0.453071 (1.45879) [0.31058]	-0.423158 (1.13663) [-0.37229]	-0.58592 (1.63811) [-0.35768]	0.013399 (0.75131) [0.01783]
专用设备制造业	-0.004968 (0.17775) [-0.02795]	-1.482092 (0.49367) [-3.00221]	-1.38359 (0.22877) [-6.04804]	0.398346 (0.26425) [1.50749]	0.357189 (0.25309) [1.41134]	-1.245337 (0.37884) [-3.28725]	-0.63858 (0.35015) [-1.82371]	0.76044 (0.26466) [2.87332]
交通运输设备制造业	-0.388656 (1.43315) [-0.27119]	0.588604 (0.28856) [2.03979]	2.082874 (1.47628) [1.41089]	0.838639 (0.53852) [1.55729]	-1.870299 (1.02628) [-1.82241]	-0.348194 (0.25589) [-1.36070]	1.727021 (0.69767) [2.47540]	0.039524 (0.27273) [0.14492]

续表

行业	ρ_1	σ_1	ρ_2	σ_2	ρ_3	σ_3	ρ_4	σ_4
电器机械及器材制造业	0.094907 (0.37931) [0.25021]	-1.119439 (0.70514) [-1.58753]	-0.117874 (0.38829) [-0.30357]	0.073506 (0.71755) [0.10244]	0.050759 (0.33337) [0.15226]	-0.184238 (0.6825) [-0.26994]	0.010999 (0.21472) [0.05123]	-0.32238 (0.49997) [-0.64480]
通信设备、计算机及其他电子设备制造业	-0.430343 (0.19546) [-2.20174]	0.236789 (0.19798) [1.19601]	0.205081 (0.1623) [1.26358]	0.342936 (0.13341) [2.57057]	0.173975 (0.13244) [1.31363]	-0.00022 (0.11847) [-0.00186]	0.545502 (0.19504) [2.79686]	-0.33917 (0.11235) [-3.01884]
仪表文化办公用机械制造业	0.266566 (0.2715) [0.98183]	-0.910852 (0.97739) [-0.93192]	0.045884 (0.22297) [0.20579]	0.22265 (0.69589) [0.31995]	-0.417124 (0.3602) [-1.15804]	0.27347 (0.59344) [0.46082]	0.371027 (0.34101) [1.08804]	-1.20324 (0.60379) [-1.99280]

注：（1）表中 ρ、σ 分别表示国有资本投资的系数和非国有资本的系数；（2）为了清晰地列举模型中文章重点关注的国有和非国有资本投资系数，表中省略掉了分行业工业总产值的滞后期对其自身的效应；（3）每一栏中，第一行为系数值，第二行小括号中的数字为标准差，第三行方括号中的数字为 t 统计量。

上 15 个行业按照国有经济和非国有经济之间作用效果的对比关系进行分类研究，具体分为以下三类。

第一类，国有资本投资的作用效果要优于非国有资本投资的 8 个行业，包括木材加工及木竹藤棕草制品业，化学原料及化学制品制造业，黑色金属冶炼及压延加工业，有色金属冶炼及压延加工业，通用设备制造业，电器机械及器材制造业，通信设备、计算机及其他电子设备制造业，仪表文化办公用机械制造业。从表 6 - 5 中的回归结果可知，这些行业表现出国有资本投资对工业总产值的作用效果要优于非国有资本投资，在本节所研究的四期时间中，国有资本投资对工业总产值表现出的正向带动作用的时期要多于非国有资本投资，并且在滞后三期、四期这种表现的会更加明显。

第二类，国有资本投资与非国有资本投资对于工业总产值的作用效果相当的 5 个行业，包括纺织、服装、鞋、帽制造业，家具制造业，文教体育用品制造业，化学纤维制造业，非金属矿物制品业。从表 6 - 5 中的回归结果可知，这些行业在这四期的时间内，国有资本投资和非国有资本投资对工业总产值的作用效果还是比较相当的，产生正负作用效果的时期也很相似，但是仔细估计结果我们可以发现一些问题。例如，其中的纺织、服装、鞋、帽制造业，在研究的四期时间内，国有资本投资和非国有资本投资均有两期正效应和两期负效应，但是从表中可以看到滞后三期的非国有资本投资增加 1%，工业总产值要下降约 4.7%，这种负效应的幅度要大大高于国有资本投资的水平，再如，文教体育用品制造业，两种投资在滞后三期之内均对工业总产值产生了负效应，但是非国有资本投资的负向作用的水平要大于国有资本投资。

第三类，国有资本投资对工业总产值的作用效果要弱于非国有资本投资的 2 个行业，包括专用设备制造业、交通运输设备制造业。从表 6 - 5 中的回归结果可以看出，这两个行业国有资本投资未能很好地实现投资效果，在滞后四期内并没有非国有资本投资表现得好，在一些滞后期内出现了比较大的负向作用，相比之下，非国有资本投资的作用效果就要明显一些，在某些滞后期有一个比较明显的正向作用，并且显著性也比较高。

在表 6 - 6 中，∂_1、∂_2、∂_3、∂_4 分别代表滞后一期至滞后四期的国有资本投资对非国有资本投资影响的系数，从 15 个行业的总体来看，滞后一

期的国有资本投资对于非国有资本投资的负作用还是很明显的，但是随着
投资时间的延长这种挤出效应就会相对缓和，从表中的回归结果可以看
出，在滞后两期时，国有资本投资的作用效果在很多行业表现出了正向的
带动作用，并且这种带动作用在滞后四期最为显著，15 个行业中有 14 个
行业的国有资本投资的作用效果为正，可见国有资本投资对于非国有资本
投资在长期会显示出较明显的带动效应。为了更清晰地对表 6 – 6 中的回
归结果进行分析，同样结合国有资本投资的正负作用效果将 15 个行业分
成三类进行分析。

表 6 – 6　　　分行业国有资本投资对非国有资本投资影响的 **VAR** 模型结果

行业	∂_1	∂_2	∂_3	∂_4
纺织、服装、鞋、帽制造业	– 0.238093 (0.13490) [– 1.76493]	– 0.051915 (0.23016) [– 0.22556]	– 0.348794 (0.22011) [– 1.58462]	0.143282 (0.13258) [1.08072]
木材加工及木竹藤棕草制品业	– 0.169553 (0.20792) [– 0.81547]	0.365621 (0.24777) [1.47564]	0.117599 (0.24659) [0.47690]	0.040828 (0.17262) [0.23652]
家具制造业	0.490381 (0.18001) [2.72420]	0.045407 (0.2550) [0.17807]	– 0.059148 (0.22297) [– 0.26528]	0.496088 (0.13335) [3.72023]
文教体育用品制造业	– 0.242052 (0.23876) [– 1.01381]	0.34914 (0.3066) [1.13875]	– 1.123687 (0.33386) [– 3.36577]	0.461834 (0.28388) [1.62686]
化学原料及化学制品制造业	– 0.162346 (0.48675) [– 0.33353]	0.316672 (0.51826) [0.61103]	0.246808 (0.62402) [0.39551]	0.191568 (0.39143) [0.48940]
化学纤维制造业	– 0.029669 (0.25215) [– 0.11767]	0.3655 (0.33728) [1.08367]	– 0.511069 (0.32647) [– 1.56544]	0.496813 (0.17563) [2.82876]
非金属矿物制品业	– 0.261172 (0.23351) [– 1.11845]	0.019873 (0.22802) [0.08716]	– 0.236685 (0.21101) [– 1.12165]	0.413084 (0.1489) [2.77421]

续表

行业	∂_1	∂_2	∂_3	∂_4
黑色金属冶炼及压延加工业	1.077846 (0.78746) [1.36876]	-0.219472 (1.02718) [-0.21367]	1.422415 (0.96071) [1.48058]	-0.698997 (0.5326) [-1.31243]
有色金属冶炼及压延加工业	-2.218451 (0.79541) [-2.78906]	0.764522 (0.66877) [1.14318]	0.830971 (0.82285) [1.00987]	0.48388 (0.36794) [1.31510]
通用设备制造业	-0.45372 (0.49161) [-0.92292]	0.348654 (0.48091) [0.72499]	-0.92278 (0.44516) [-2.07291]	0.817469 (0.2721) [3.00434]
专用设备制造业	0.234663 (0.33759) [0.69512]	-0.688899 (0.31856) [-2.16252]	-0.383717 (0.33351) [-1.15054]	0.665563 (0.23625) [2.81717]
交通运输设备制造业	0.573638 (1.08666) [0.52789]	-0.138889 (1.29687) [-0.10710]	-2.024514 (1.24613) [-1.62464]	1.85861 (0.71147) [2.61236]
电器机械及器材制造业	-0.323885 (0.16451) [-1.96876]	0.151857 (0.17583) [0.86365]	-0.282491 (0.18649) [-1.51476]	0.192338 (0.11532) [1.66791]
通信设备、计算机及其他电子设备制造业	-1.312077 (0.29798) [-4.40318]	0.389911 (0.38412) [1.01507]	-0.130383 (0.3468) [-0.37596]	0.261175 (0.26223) [0.99599]
仪器仪表文化办公用机械制造业	-0.003811 (0.22017) [-0.01731]	-0.027703 (0.25821) [-0.10729]	0.073623 (0.2553) [0.28838]	0.246279 (0.18692) [1.31757]

说明：（1）为了更加直观地展示国有资本投资对非国有资本投资的影响，表格中略去了非国有资本投资的滞后期对其自身的影响系数，只展示了国有资本投资的系数；（2）表中小括号中的数字为标准差，方括号中的数据为 t 统计量，括号外的数字代表系数。

第一类，总体来看国有资本投资对非国有资本投资有正向带动作用的6个行业，包括木材加工及木竹藤棕草制品业、家具制造业、化学原料及化学制品制造业、化学纤维制造业、黑色金属冶炼及压延加工业、仪器仪表文化办公用机械制造业。从表6-6中的回归结果可以看出，这几个行业在滞后四期的时间内，总体来看国有资本投资对非国有资本投资的促进作用要大于负向作用，需要说明的是其中黑色金属冶炼及压延加工业滞后四期的系数虽然约为-0.70，但是考虑到滞后一期和滞后三期分别有大于1的正系数，所以从总体效果来看本节依旧认为该行业中国有资本投资对非国有资本投资有正效应，故将其划归在此类中。

第二类，总体来看国有资本对非国有资本投资正负效应相当的5个行业，包括非金属矿物制品业、有色金属冶炼及压延加工业、通用设备制造业、专用设备制造业、交通运输设备制造业。从这些行业的回归结果来看，国有资本投资对非国资本的作用效果正负效应不明显，呈现出了正负效应相当的结果，在这些行业中国有资本投资的增加对非国有资本投资并没有明显的影响。

第三类，总体来看国有资本投资对非国有资本投资呈现负向挤出效应的4个行业，包括纺织、服装、鞋、帽制造业，文教体育用品制造业，电器机械及器材制造业，通信设备、计算机及其他电子设备制造业。从这几个行业的回归结果来看，国有资本投资对非国资本的整体效果呈现出了负向的带动作用，但是需要指出的是，虽然在这些行业中滞后前几期来看作用效果并不是很理想，但是在滞后四期都呈现出了较为明显的正向带动作用，也就是在投资的第四年会对非国有资本投资有一个正向的影响。

综合以上两个模型的计量结果，在本节所研究的滞后四期的时间内，排除国有资本投资对于工业总产值的作用效果弱于非国有资本投资的行业以及国有资本投资对非国有资本投资产生负效应的6个行业（分别是纺织、服装、鞋、帽制造业、文教体育用品制造业，专用设备制造业，交通运输设备制造业，电器机械及器材制造业，通信设备、计算机及其他电子设备制造业），本节认为其余9个行业，包括木材加工及木竹藤棕草制品业、家具制造业、化学原料及化学制品制造业、化学纤维制造业、非金属矿物制品业、黑色金属冶炼及压延加工业、有色金属冶炼及压延加工业、通用设备制造业、仪表文化办公用机械制造业的国有资本投资对于工业总产值或者是非国有资本投资形成了趋向于正向的带动作用，即这9个行业中国有资本投资是有效的投资，或者是更加需要增大力度的投资领域。而其余6个国有资本投资表现相对不好的领域，需要国有资本投资与非国有资本投资有更好地协调合作，以营造一种更好的投资环境，从而创造一个更好的投资效果。

第五节　结论与启示

本章在第三节和第四节分别从总量视角和分行业视角出发分析研究了国有资本投资的滞后效应。第三节首先基于总量数据建立了动态面板数据模型，采用广义矩估计分别分析了国有资本投资对于工业总产值的影响以及国有资本投资对非国有资本投资的影响。第四节从分行业视角出发，通过向量自回归模型研究各行业国有资本投资对工业总产值或非国有资本投资的影响。基于本章第三节和第四节的计量结果，本章将得出以下几点关于国有资本投资滞后效应的研究结论和建议。

第一，清晰地验证了中国国有资本投资滞后效应的存在和不同滞后期滞后效应的差异性。

在中国经济转入新常态的历史背景下，中国经济从高速增长逐渐转为中高速增长，中国经济如何适应如今经济形式，是我们需要思考的。无论如何，不可否认的是投资对于经济增长的促进作用是有目共睹的，作为中国投资领域重要组成部分和起到支柱作用的国有资本投资也当仁不让的承担起了这个重任，始终在中国经济发展的漫长岁月里扮演着重要的角色。然而对于国有资本投资效应如何则是公众一直关心的重要问题，本章从动态的角度分析了国有资本投资的长期效应，从总量和分行业视角下分别对其进行了深入全面的研究。

从第三节和第四节的回归结果来看，本章清晰地验证了国有资本投资滞后效应的存在，这种滞后效应无论从总量视角下还是分行业视角下都得到了预期的结果。其中在总量视角下，我们可以看到，在滞后一期和滞后两期国有资本投资对工业总产值始终是一种负向影响，但是在第三期则产生了一种比较大的正向带动作用；目光转向国有资本投资对非国有资本投资的带动作用上，可以看到，国有资本投资对非国资本投资的带动作用在当期表现为一种负向影响，但是在滞后两期和滞后三期则产生了很大的正向的带动作用。在分行业视角下，我们也得出了和总量视角下相似的结论，即分行业国有资本投资对工业总产值和非国有资本投资的作用效果显示出了明显的滞后效应，并且这种滞后效应在不同滞后期和不同行业均有着不同的表现。从总体上看，国有资本投资的作用效果在滞后前两期大多数行业表现出了一种负向的影响，然而在滞后三期或滞后四期绝大多数行业无论对工业总产值和非国有资本投资都表现出了明显的正向带动作用，其中在我们研究的 15 个行业样本中有 9 个行业的国有资本投资对于工业总产值和非国有资本投资表现出明显正向的影响，在其余 6 个行业中的表现则不太理想。至此，本章初步验证了中国国有资本投资滞后效应的存在，并且在不同滞后期的效应不同。

第二，区分了国有资本投资和非国有资本投资滞后效应的不同表现，提出二者各自应投资的领域范围。

一直以来学术界关于国有经济和非国有经济之间的关系展开了比较激烈的讨论，有些人认为应该鼓励国有经济，有人则支持非国有经济，也有人选择了不偏不倚。当然对于国有经济与非国有经济孰是孰非并不是本章的重点研究问题，但是第三节和第四节关于国有资本投资对工业总产值影响的分析，在模型中都涉及了非国有资本投资，并且模型也对其进行了估计，考虑到本章提出关于投资建议时会涉及国有资本投资和非国有资本投资的选择问题，因此在此着重对二者的投资滞后效应进行对比和总结。从第三节的总量分析结果来看，国有资本投资在滞后一期和滞后二期表现为对工业总产值产生了负向的影响，但是在滞后三期出现了对工业总产值比较大的正向带动作用，可以看出国有资本投资的显现成效需要几年的时间，在几年之后会有一个比较理想的投资效果出现；与此不同的是非国有投资在当期显现出了正向的作用，但是却在滞后一期出现了一个很大的负向作用，虽然在滞后两期时有一个正向系数出现，但是效果不是很理想，而且在滞后三期系数也并不显著，在我们看来，在滞后一期出现的约为 −0.58 的系数是一个相对恶劣的情况，可见非国有资本投资虽然在当期会有一个比较好的成效，但是投资的稳定性还有待加强。

因此基于国有资本投资和非国有资本投资二者的投资效果，国有资本投资应该更倾向于投资那种投资周期长、见效时间长的行业，并且不可否认的是国有资本投资当前的投资效果也是值得肯定和值得期待的；而非国有资本投资则应该更多地倾向于投资周期短，投资见效快的逐利行业，一方面可以促进私人资本的积极性，另一方面也符合其投资特征。

第三，辨别了国有资本投资在不同行业的滞后效应和投资策略的差异性。

　　本章基于工业制造业对国有资本投资的滞后效应进行了一系列的分析论证，我们知道不同行业由于其自身的行业性质和行业周期性特征的不同，其投资效果也会有相应的差异。如果一个是朝阳行业或处在行业高速发展的时期，此时对于该行业的注入资本将会极大地促进其进一步的发展壮大，反之如果一个行业是夕阳行业或是处在其行业发展的衰退期则对其施以投资也不会产生一个显著的投资效果。虽然由于数据的不稳定性等原因，并没有引入全部 27 个工业制造业进行研究，但是书中所分析研究的 15 个行业也能在一定程度上说明一些问题，我们在前四节的研究中也将其进行了分类和总结。

　　具体来说在国有资本投资对于工业总产值的影响上一共在 8 个行业中表现良好，分别是木材加工及木竹藤棕草制品业，化学原料及化学制品制造业，黑色金属冶炼及压延加工业，有色金属冶炼及压延加工业，通用设备制造业，电器机械及器材制造业，通信设备、计算机及其他电子设备制造业，仪表文化办公用机械制造业，在这些行业中国有经济的作用效果要优于非国有经济，要坚持现阶段的国有资本投资，让其继续带动这些行业更好更快速的发展；有 5 个行业国有资本投资和非国有资本投资的投资表现差别不大，分别是纺织、服装、鞋、帽制造业，家具制造业，文教体育用品制造业，化学纤维制造业，非金属矿物制品业，在这些行业中综合二者的投资效果无法辨别二者谁能更好地促进该行业的发展。

　　基于以上的论点，本章建议在纺织、服装、鞋、帽制造业、家具制造业、文教体育用品制造业、化学纤维制造业等投资周期相对较短的轻工业行业可以交由非国有资本投资去做，现在中国非国有资本投资在轻工业和日常服务业也是占比比较大的，而像非金属矿物制品业这样关系国民经济命脉的重要行业，国有资本投资可以进一步地进行投资；有两个行业非国有资本投资表现比较好，分别是专用设备制造业、交通运输设备制造业。在本章所研究的四期时间内，这两个行业非国有资本投资对于工业总产值的作用效果要优于国有资本投资，若考虑客观现实，这两个行业在中国都是国有重点行业，非国有资本投资似乎并没有一个很亮眼的表现，但是需要说明的是在这两个行业中的企业仍然存在着非国有资本活跃着的领域和空间，即使在国有控股行业中也会有非公有资本投资存在的意义和价值，那么就需要二者在各个行业中进行良性的协调和配合，共同实现投资效益的最大化。当然具体的投资政策还要与客观现实相联系，本书仅仅是在理论上论证和建议。

第四，国有资本投资决策不仅要有决心、有信心更要有耐心。

本章在验证了国有资本投资滞后效应存在之后，进一步分析论证了国有资本投资与非国有资本投资之间的投资决策和国有资本投资在不同行业的投资决策，在此基础上我们认识到国有资本投资作为促进中国国民经济增长的重要力量，目前在众多行业也有着良好的表现，这些光辉的一面是我们要坚持的。对于国有资本投资的效果我们要理性的看待。我们难免听到社会上有一些关于国有企业效率低下的声音，对于国有经济、国有企业没有足够的耐心和信心。但是经过本书的论证似乎有了一种新的角度去看待我们的国有经济。拿本书的研究对象国有资本投资来看，国有资本投资虽然展现出了一种投资回报期相对较长的现象，但是这并不影响其在几年之后发挥出更大的效果和价值，这种价值不仅表现在国有资本投资对工业总产值的影响上，还可以带动非国有经济的发展。因此，我们应该坚定不移地在国有经济适合的领域进行投资活动，让其在这些领域发挥其更大的价值和作用。我们应该对国有经济有决心、有信心，当政策制定之后的一年甚至几年后并没有明显的成效时，我们在思考问题、解决问题的同时也应理性地看待当前的投资状况，因为在有些行业可能受投资周期较长或者行业的发展周期的影响，投资效果并不能较好、较快地展现出来，此时就需要我们对其给予足够的耐心。总而言之，本书认为国有资本投资滞后效应在投资决策上可以给我们很多启示，同时也让我们深刻地认识到要对国有经济有决心、有信心的同时还要更有耐心。

第六节　本章小结

国有资本投资作为公共投资的重要组成部分之一，是政府有效配置资源、强化国家经济实力和进行宏观调控的有效手段。本章以中国制造业的数据为样本，从总量视角和分行业视角出发采用动态面板数据模型和向量自回归模型对中国国有资本的滞后效应进行研究，分析国有资本投资对工业总产值以及对非国有资本投资的影响，同时结合实证结果和客观现实等因素，分析如何对中国国有资本投资进行结构性重组，以防止国有资产流失，实现国有资产保值增值。目前为止，上述各个章节针对国有资本投资的实证研究仅限于经济领域，而国有资本投资还兼具重要的社会属性，其中一项最重要的职能就是调整社会收入分配差距。下一章我们将从不同所有制投资对城镇居民收入差距的影响入手，探究不同所有制投资在城镇居民收入差距中的作用，探析城镇居民收入差距与不同所有制投资结构的不断变化之间的内在联系。

第七章

中国不同所有制投资结构对
收入差距的影响研究

本章采用变系数的静态面板数据模型，分析国有经济和非国有经济比重的变动对城镇居民收入差距的影响，进一步将非国有经济细分成私营个体经济、股份制经济和非股份制经济，通过变系数静态面板数据模型，研究私营个体经济、股份制经济和非股份制经济比重的变动对城镇居民收入差距的影响。分析不同省份所有制投资结构的变动与城镇居民收入差距之间的关系和各省份之间的差异以及所有制投资结构变动影响城镇居民收入差距的内在原因，并提出了调节城镇居民收入差距的相关对策建议。

第一节 引 言

一、问题的提出

改革开放以来，中国在经济发展上取得了骄人的成绩，成为世界上不可或缺的经济体之一，但经济迅猛发展所带来的弊端也日渐显现，城镇居民收入差距的不断拉大更为突出。20%的人掌握着80%的财富，这就是著名的二八法则，而在中国情况更为严峻，比例几乎达到了1∶9。据国家统计局发布的数据显示，自2003年以来，中国基尼系数一直处在全球平均水平0.44之上，由2003年的0.479，到2008年达到最高点0.491，之后虽然基尼系数呈回落态势，2016 年为 0.465，却也远超国际警戒线 0.4。由此可见，如何解决贫富差距问题已经是迫在眉睫。作为拉动经济增长的三驾马车之一，投资的增加将会带来经济的增长，进而提高国民的收入水平。随着中国市场经济不断推进，经济不断发展，全社会投资总量在逐年增加，但经过多次经济结构调整之后，国有经济投资占总投资比重在逐年减少，而非国有经济投资占总投资比重在逐年增加。反观中国城镇居民收入差距从整体上来看在逐年扩大，城镇居民收入差距的不断扩大与不同所有制投资结构的不断变化之间的内在联系引人深思。

投资的增加将会带来经济的发展，进而提高居民的收入水平。随着中国社会主义市场经济不断发展，国有经济比重不断下降，非国有经济比重不断增加，而城镇居民收入差距从总体来看却是不断扩大的。基于此种情况，本章将从以下几个角度展开研究：第一，从不同所有制投资结构的视角来看，国有经济和非国有经济对城镇居民收入差距有着怎样的影响，对拉大城镇居民收入差距是具有促进作用还是具有抑制作用，作用有多强，进一步分析非国有经济中各个组成成分——私营个体经济、股份制经济、外资经济分别对城镇居民收入差距有着怎样的影响；第二，由于各省份的经济政策和情况不同，在不同所有制投资结构对城镇居民收入差距的影响上，研究各省份之间是否存在差异性；第三，通过对计量结果的分析，得出符合各省份实际情况的建设性建议。

本章所采用的原本数据均来自 1995～2015 年《中国统计年鉴》和各省份的统计年鉴的原始数据。本章构建了均等指数来衡量城镇居民收入差距，利用不同所有制全社会固定资产投资所占总投资的比重表示不同所有制投资结构的变动，因为均等指数和不同所有制投资比重均为比例关系，所以不需要采用各省份统计局所披露的各年度居民消费价格指数（CPI）和固定投资平减指数分别对"城镇居民人均可支配收入（按收入水平分组）"和"按经济类型分的全社会固定资产投资"进行平减。

二、研究价值分析

中共十九大报告明确强调，要完善各类国有资产管理体制，改革国有资本授权经营体制，加快国有经济布局优化、结构调整、战略性重组，促进国有资产保值增值，推动国有资本做强做优做大，有效防止国有资产流失。深化国有企业改革，发展混合所有经济，培育具有全球竞争力的世界一流企业。作为社会主义国家，实现共同富裕就是最终目标，分析不同所有制投资对收入差距的影响，对于指导不同所有制经济成分在生产结构转型升级以及经济发展方式的转变上具有重要的学术价值和实践意义。

现有文献大多通过以下几个视角来研究收入差距：财政政策、城镇化进程、产业结构的调整、金融的非均衡发展等。在国家积极推动经济转型、调整社会经济结构的大背景下，通过这些视角研究得出的相关结论，在为深化经济体制改革提供相应的理论支持和指导意见时还略有欠缺。本章将不同所有制投资结构的变动与城镇居民收入差距二者结合起来，意在揭示不同所有制投资结构的变动对城镇居民收入差距所产生的影响，对后续关于中国不同所有制投资的研究具有借鉴作用。相比于理论意义，本章更注重实践作用的体现，其实践作用如下：

首先，站在不同所有制投资这个新视角上研究城镇居民收入差距的问题，为如何解决城镇居民收入差距过大的问题提供新思路。现有研究结果多从财政政策、城市化进程、产业结构、金融非均衡发展等方面为解决收入差距提供建议，然而投资也是影响居民收入的重要因素。鉴于此种情况，本章对国有经济投资比重对城镇居民收入差距的影响以及细分后的非国有经济投资比重对城镇居民收入差距的影响进行实证研究，揭示国有经济投资、私营个体经济投资、股份制经济投资和外资经济投资对城镇居民收入差距的影响，进行分析比较，为解决城镇居民收入差距过大的问题提供新思路。

其次，为各省份调整不同所有制投资结构提供指导意见。中国从"计划经济"转变到"市场经济"以来，国有经济比重不断降低，而非国有经济比重不断增加，虽然经济得到了迅猛的发展，但是城镇居民收入差距不断拉大的弊端也日益严重，成为一个不可忽视的社会问题。在"三去一降一补"五大任务和"做强做优做大国有企业"的大背景下，如何在保证经济稳定发展的同时，通过调整不同所有制投资结构来解决城镇居民收入差距过大的社会问题将会成为新的研究热点，并对社会的稳定发展具有重要的实践意义。本章就从不同所有制投资对城镇居民收入差距的影响入手，探究不同所有制投资在城镇居民收入差距中的作用，从而分析比较各省份之间的差异性。根据各省份之间不同的特征，在调整不同所有制投资结构上为各省份提供合理的建议。

三、相关文献回顾

收入差距作为热点话题，前人对此进行了大量的学术研究。从财政政策的角度来看，发展中国家为了实现快速发展的目标，会制定工业化发展战略并实施，改变以小农经济为主体的经济形势，以赶超发达国家的经济发展速度，比较来讲，它们更愿意将大量的资金投入到城市工业建设中，这也会导致更低的城市化水平和更高的城乡工资差距（陈斌开和林毅夫，2010）。[①]不仅是资金，在社会保障制度上，从财政转移性收入来看，城镇居民就明显高于农村居民，从二者所享受的社会保障制度来讲，城镇居民相对完善，基本上都能享受到"五险一金"，所以城镇居民在此方面的支出将明显低于农村居民，可以看到在二元经济结构下，收入和支出都会对城乡居民收入水平产生影响（陶纪坤，2008）。[②] 目前中国的城乡社会保障体系所设置的保障项目偏离了社会目标，社会保障在城镇和农村的覆盖程度差异化明显，并且社保资金来源和补偿标准在城镇和农村之间存在偏差，这就导致了城乡收入差距的扩大（施晓琳，2009）。[③] 同样，教育制度在城乡的差异化表现也会造成城乡收入差距的扩大。通过对教育支出和收入差距进行实证分析，研究表明，不仅在中国城乡教育的失衡是影响城乡收入差距的主要原因之一（胡宝娣等，2011；邱伟华，2008），[④][⑤] 而且在发达国家中，例如，美国不同区域居民的受教育不平等程度与收入差距程度呈正相关，政府加大教育支出力度有助于拉大收入差距水平。中国虽然是当今世界上发展速度最快的发展中国家，但是这个骄人的成绩是通过大力实施工业化建设、推行城市偏向政策得到的，而城市偏向的发展政策如社会保障政策、教育政策等扩大了城乡收入

---

① 陈斌开，林毅夫. 重工业优先发展战略、城市化和城乡工资差距 [J]. 南开经济研究，2010（1）：3－18.

② 陶纪坤. 社会保障制度与城乡收入差距 [J]. 兰州学刊，2008（12）：54－57.

③ 施晓琳. 中国城乡居民收入差距与社会保障制度的完善 [J]. 生产力研究，2009（11）.

④ 胡宝娣，刘伟，刘新. 社会保障支出对城乡居民收入差距影响的实证分析——来自中国的经验证据（1978－2008）[J]. 江西财经大学学报，2011（2）：49－54.

⑤ 邱伟华. 公共教育支出调节收入差异的有效性研究 [J]. 清华大学教育研究，2008，29（3）：20－26.

差距，并将延续到下一代，使城乡收入差距进一步扩大（施晓琳，2009）。[①]

从城市化进程的角度来看，现有学者普遍认为，城乡劳动力流动受限和城镇化进程缓慢是中国城乡收入差距不断扩大的重要原因，而中国当前的政策对于城市化进程的减缓具有促进作用，户籍制度对城乡之间劳动力流通起到了阻断作用，所以对户籍制度进行深化改革将会破除其对劳动力的阻碍，从而达到缩小城乡收入差距的作用，其最根本有效的途径就是大力推进城镇化（陈宗胜，1991；陆铭和陈钊，2004）。[②③] 除了对户籍制度改革的探索，中国社会经济结构不均衡也造成了收入差距的扩大，资源配置偏向于城市，使得城市居民收入较多，尤其是特大城市，这种情况更为明显，所以特大城市对提高农民收入的影响也相对明显（李若建，1997），[④] 城乡收入差距可以加快城镇化进程，反过来城镇化水平的提高又有利于城乡收入差距的缩小（许秀川和王钊，2008）。[⑤] 除了理论分析外，对城镇化在城乡收入差距中所扮演的角色也有定量分析，虽然数据选取和研究方法不尽相同，但都得到了一个比较统一的观点：城镇化对城乡收入差距的影响具有门槛效应。有学者通过使用省级面板数据进行实证研究发现，当城镇化水平低于 0.456，城镇化对城乡收入差距的作用统计上不显著；大于该水平时，城镇化水平的提高会显著缩小城乡收入差距，城镇化对城乡收入差距的影响方向并非一成不变（李静，2007；周少甫等，2010）。[⑥⑦] 其他学者站在人均 GDP 的角度来研究城镇化对收入差距的影响，当经济发展超过一定阶段（人均 GDP 超过12 045 元），城市化进程将缩小城乡居民的相对收入差距（李峰峰等，2015）。[⑧]

从产业结构的角度来看，随着中国不断深化改革，产业结构也在不断变迁，第一产业比重不断减少，第二、第三产业比重不断增加，这种工业化的

---

① 施晓琳. 中国城乡居民收入差距与社会保障制度的完善 [J]. 生产力研究, 2009 (11).

② 陈宗胜. 公有经济发展中的收入分配差别理论模型与假说（Ⅱ）：两部门模型、总模型及倒 U 假说 [J]. 南开经济研究, 1991 (4)：13 – 19.

③ 陆铭, 陈钊. 城市化、城市倾向的经济政策与城乡收入差距 [J]. 经济研究, 2004 (6)：50 – 58.

④ 李若建. 城市之间居民收入差距的空间特征及其成因研究 [J]. 经济科学, 1997 (2)：10 – 16.

⑤ 许秀川, 王钊. 城市化、工业化与城乡收入差距互动关系的实证研究 [J]. 农业经济问题, 2008 (12)：65 – 71.

⑥ 李静. 城市化对城乡收入差距影响实证分析 [J]. 合作经济与科技, 2007 (4)：54 – 55.

⑦ 周少甫, 亓寿伟, 卢忠宝. 地区差异、城市化与城乡收入差距 [J]. 中国人口·资源与环境, 2010, 20 (8)：115 – 120.

⑧ 李峰峰, 刘辉煌, 吴伟. 基于面板门槛模型的城市化与城乡居民收入差距关系研究 [J]. 统计与决策, 2015 (1)：108 – 109.

发展对农民人均收入水平的提高具有正效应，但也拉大了城乡居民的收入差距（潘文轩，2010），① 尤其是第二、第三产业比重的提高对城乡收入差距扩大的影响最为显著（高霞，2011）。② 就业结构变动和产业结构变动的严重偏离是一个主要原因，这种严重偏离一方面使农业资源和农业劳动力向城市转移时，得不到有效吸纳，从而使得农业与非农业之间劳动生产率差距不断扩大，进一步导致由劳动生产率决定的农业部门的收入水平越来越低于非农部门的收入水平，扩大了城乡居民收入差距（毕先萍和简新华，2002；傅振邦和陈先勇，2012）。③④ 那么如何科学高效地调整产业结构来解决城乡收入差距问题也成为热门话题，怎样突破地域限制进行结构调整、协调发展是重中之重。城乡统筹发展水平的区域差异决定了统筹城乡发展不可能齐步推进，区域突破战略的实施则是关键，而其中，现代农业的发展水平是一个重要的决定因素。在能够产生聚集效应又具有资源环境承载能力的地区，结合各地农村的资源优势，发展农业产业化，实现农村工业化。对于中西部地区而言，工业化发展较为薄弱，推进农村工业化进程对于解决城乡二元结构具有重要意义。另外，通过推进产业转移，促进乡镇企业的集聚，加快农村城镇化进程（梁琦和黄利春，2009）⑤，发展县域特色产业集群，促进县域经济发展（赵立新和关善勇，2006；刘曦，2010）⑥⑦，都能促进农村发展，缩小城乡收入差距。在区域协调发展方面，要从产业集聚发展切入，在市场机制的作用下，作用于市场微观主体企业，逐步引导产业从东部地区向中西部地区转移，推进中西部地区的产业集聚，并与东部地区高端化的产业形成互动（孙久文和叶振宇，2007）。⑧ 而通过实现产业在东中西部三类地区的重新布局，即沿海地区的产业升级、转移与中西部地区的产业承接，不仅有利

---

① 潘文轩. 城市化与工业化对城乡居民收入差距的影响 [J]. 山西财经大学学报，2010，13 (12)：20–29.

② 高霞. 产业结构变动与城乡收入差距关系的协整分析 [J]. 数学的实践与认识，2011，41 (12)：120–128.

③ 毕先萍，简新华. 论中国经济结构变动与收入分配差距的关系 [J]. 经济评论，2002 (4)：59–62.

④ 傅振邦，陈先勇. 城市化、产业结构变动与城乡收入差距——以湖北省为例 [J]. 中南财经政法大学学报，2012 (6)：8–14.

⑤ 梁琦，黄利春. 马克思的地域分工理论、产业集聚与城乡协调发展战略 [J]. 经济前沿，2009 (10)：10–14.

⑥ 赵立新，关善勇. 特色产业集群与城乡一体化 [J]. 当代经济研究，2006，135 (11)：30–32.

⑦ 刘曦. 发展县域特色产业集群推进城乡一体化进程 [J]. 农业经济，2010 (10)：24–25.

⑧ 孙久文，叶振宇. 产业集聚下的区域经济协调发展研究 [J]. 中州学刊，2007 (6)：64–67.

于保持劳动密集型产业在中国的延续（蔡昉等，2009）①，而且是进一步转移农村剩余劳动力，缩小城乡收入差距的重要途径。

从金融非均衡发展的角度来看，金融市场存在着"门槛效应"，富人可以承担进入金融市场进行融资的资本从而获得高回报，而穷人不具备这样的经济实力，从而造成了富人和穷人财富积累的速度不同（张立军和湛泳，2006）②，这也证实了金融非均衡发展与收入差距之间满足库兹涅茨"倒 U"形关系。之所以符合经典的库兹涅茨"倒 U"形关系，其内在原因就是金融市场上存在着"财富门槛"和"滴流效应"。由于金融市场上的"财富门槛"是内生的，穷人达不到这一门槛，或者因为较高的利率而不能在金融市场上取得融资，被迫成为资金的出借方，财富的分配在本期影响金融市场的供求，而金融市场的供求在下一期则影响了财富的分配，经济的动力系统由市场均衡利率和财富分配的变化来共同推进，收入分配会极化成贫富差距。但随着富人财富的积累，穷人在此期间获得高利息，并且金融市场资金供给增加，利率会逐渐降低，穷人得以进入金融市场，"滴流效应"出现并发挥作用，使得财富分配趋于收敛，并且金融非均衡发展使得资本大量聚集在城镇而非农村，在市场因素的作用下，农村金融发展偏离了原有的目标，农村工业的发展没有得到有效促进，这也就使农村被迫成为资金出借方，只能获得少量利息收入，最终加大了城乡收入差距（许崇正和高希武，2005）。③

纵观现有的研究成果，虽然大量学者从财政政策、城市化进程、产业结构、金融非均衡发展等多个视角对收入差距进行了较为详细的分析，但在不同所有制投资结构与城镇居民收入差距之间关系的研究上还不够充分。本章正是基于这种情况，深度探究不同所有制投资结构的变动对城镇居民收入差距的影响，意在揭示两者之间的内在关系，从而根据实际情况，为各省份如何调整不同所有制投资结构来实现缩小城镇居民收入差距提供合理建议。

---

① 蔡昉，王美艳. 为什么劳动力流动没有缩小城乡收入差距 [J]. 经济学动态，2009（8）：4 – 10.
② 张立军，湛泳. 中国农村金融发展对城乡收入差距的影响——基于 1978 – 2004 年数据的检验 [J]. 中央财经大学学报，2006（5）：34 – 39.
③ 许崇正，高希武. 农村金融对增加农民收入支持状况的实证分析 [J]. 复印报刊资料（农业经济导刊），2005（9）：156 – 156.

第二节　中国不同所有制投资和城镇居民收入现状分析

一、中国不同所有制投资现状

随着中国 1992 年从"计划经济"体制向"市场经济"体制转变，经济得到了高速的发展，固定资产投资也随着市场的发展和完善不断增长。表 7 - 1 给出了 1995～2017 年全国固定资产投资变动情况及增长率，可以看出 2017 年全国固定资产投资总额相比于 1995 年有了巨大的增加，由 1995 年的 20 019.3 亿元增长至 2017 年的 641 238.4 亿元，提高了 31.03 倍。并且各经济类型固定资产投资增长十分明显，其中，国有经济由 1995 年的 10 898.2 亿元增长至 2017 年的 139 073.3 亿元，相比于 1995 年增长了 11.76 倍；外资经济由 1995 年的 828.9 亿元增长至 2014 年的 24 916.2 亿元，相比于 1995 年增长了 29.1 倍；私营个体经济由 1995 年的 2 560.2 亿元增长至 2017 年的 215 278.9 亿元，相比于 1995 年增长了 83.1 倍；股份制经济由 1995 年的 864 亿元增长至 2017 年的 229 857.6 亿元，相比于 1995 年更是增长了 265 倍。相比于私营个体经济和股份制经济，国有经济固定资产投资增长相对较慢，这是因为随着市场经济的不断推进，国有企业需要从"计划经济"市场逐步适应"市场经济"市场，在市场化的不断完善中，国有企业在各自领域的重叠导致产能过剩，不再符合市场需求，若不做改变将会影响市场的稳定运行，国有企业改革势在必行。

表 7 - 1　　　　　　　不同所有制固定资产投资额及增长率

年份	总计		国有经济		私营个体经济		股份制经济		外资经济	
	投资额（亿元）	增长率（%）	投资额（亿元）	增长率（%）	投资额（亿元）	增长率（%）	投资额（亿元）	增长率（%）	投资额（亿元）	增长率（%）
1995	20 019.3	14.9	10 898.2	9.5	2 560.2	16.5	864.0	18.0	828.9	62.3
1996	22 974.0	14.8	12 056.2	10.6	3 211.2	25.4	1 035.1	19.8	2 712.1	227.2

续表

年份	总计		国有经济		私营个体经济		股份制经济		外资经济	
	投资额 （亿元）	增长率 （%）	投资额 （亿元）	增长率 （%）	投资额 （亿元）	增长率 （%）	投资额 （亿元）	增长率 （%）	投资额 （亿元）	增长率 （%）
1997	24 941.1	8.6	13 091.7	8.6	3 429.4	6.8	1 387.2	34.0	2 893.1	6.7
1998	28 406.2	13.9	15 369.3	17.4	3 744.4	9.2	1 947.0	40.4	2 973.8	2.8
1999	29 854.7	5.1	15 947.8	3.8	4 195.7	12.1	2 478.9	27.3	2 651.5	−10.8
2000	32 917.7	10.3	16 504.4	3.5	4 709.6	12.2	4 061.9	63.9	2 606.3	−1.7
2001	37 213.5	13.0	17 607.0	6.7	5 429.6	15.3	5 663.5	39.4	2 998.7	15.1
2002	43 499.9	16.9	18 877.4	7.2	6 519.2	20.1	8 328.8	47.1	3 450.8	15.1
2003	55 566.6	27.7	21 661.0	14.7	7 720.1	18.4	12 733.6	52.9	4 908.8	42.3
2004	58 797.8	5.8	20 710.2	−4.4	8 295.6	7.5	17 697.9	39.0	6 967.5	41.9
2005	88 773.6	51.0	29 666.9	43.2	13 890.6	67.4	23 536.0	33.0	8 424.4	20.9
2006	109 998.2	23.9	32 963.4	11.1	24 431.1	75.9	35 196.9	49.5	10 858.3	28.9
2007	137 323.9	24.8	38 706.3	17.4	33 114.3	35.5	44 038.7	25.1	13 353.9	23.0
2008	172 828.4	25.9	48 704.9	25.8	42 766.4	29.1	55 127.8	25.2	15 407.0	15.4
2009	224 598.8	30.0	69 692.5	43.1	55 794.9	30.5	68 843.3	24.9	15 487.1	0.5
2010	278 121.9	23.8	83 316.5	19.5	70 079.0	25.6	88 970.1	29.2	17 207.5	11.1
2011	311 485.1	12.0	82 494.8	−1.0	81 821.2	16.8	106 905.9	20.2	18 716.9	8.8
2012	374 694.7	20.3	96 220.2	16.6	103 011.0	25.9	125 742.2	17.6	20 823.0	11.3
2013	446 294.1	19.1	109 849.9	14.2	133 637.3	29.7	146 731.8	16.7	22 158.0	6.4
2014	512 020.7	14.7	125 005.2	13.8	162 141.8	21.3	160 826.2	9.6	22 987.3	3.7
2015	561 999.8	9.8	139 711.3	11.8	183 784.6	13.3	168 670.1	4.9	22 676.8	−1.3
2016	606 465.7	7.9	129 038.5	−7.6	199 324.5	8.5	220 017.9	30.4	26 069.5	15.0
2017	641 238.4	5.7	139 073.3	7.8	215 278.9	8.0	229 857.6	4.5	24 916.2	−4.4

资料来源：《中国统计年鉴》。

1993 年中央进行国有企业改革，要求国有企业进一步建立比较完善的现代企业制度，国有企业开始抓大放小，收缩战线，鼓励中国中小企业退出，推动困难企业兼并、重组、破产，上述一系列政策的实施也促进了企业优胜劣汰制度的建立，2003 年国家指出股份制成为公有制的主要实现形式，国有企业股份制改革再一次掀起了国有企业改革的浪潮，鼓励民间资本持股。通过近10 年的发展，私营个体经济和股份制经济固定资产投资总额迅速增长并逐渐赶超国有经济，从整体趋势和政策走向来看，二者还将保持高速增长。

从表 7 - 1 中的增长率来看，全国固定资产投资的增长率基本保证在

10%以上，在 2005 年达到了峰值为 51%，此后开始回落，在 25% 上下波动，近五年降至 20% 以下。党的十六大提出个体经济、私营经济等各种形式的非公有制经济是社会主义市场经济的重要组成部分，私营个体经济开始井喷式发展。从 2005 年开始，私营个体经济持续保持高增长率，在 2006 年到达了峰值为 75.9%，此后开始回落，在 30% 上下波动，近五年降至 30% 以下。国家倡导国有企业股份制改革之后，股份制经济增速明显提高，在 2003 年达到峰值为 52.9%，此后两年虽有短暂回落，但在 2006 年增速达 49.5%，经济进入新常态以后，其增速逐渐回落。

　　图 7-1 为全国不同所有制经济固定资产投资比重变动趋势，代表了中国不同所有制投资结构的变动，从数据中可以看到，国有经济比重从整体上看是逐渐降低的；私营个体经济比重从 2004 年开始快速增长，并在 2011 年后赶超国有经济比重后持续增长；股份制经济比重虽然在 2004 年稍有回落，但此后保持持续增长，并在 2009 年赶超国有经济比重，在近几年来，与私营个体经济一起成为投资比重最大的两种经济类型；外资经济比重从 1996 年后开始下降，虽然从 2000 年开始增长，但所占比重较小，从 2008 年以后持续维持在 10% 以下。

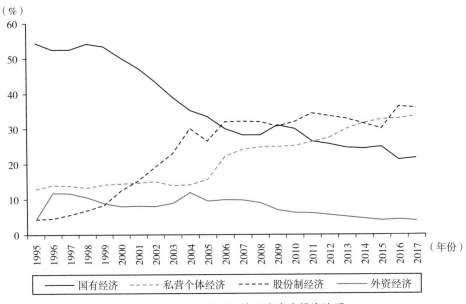

图 7-1　不同所有制经济固定资产投资比重

资料来源：根据中国统计年鉴相关数据整理。

从各省份不同所有制投资结构变动的趋势来看，经济发达省份，如辽宁、江苏、浙江、广东等省，投资比重变动趋势相近，近几年国有经济比重均下降至20%以下，因为2003年国家提倡国有企业股份制改革，民间资本迅速进入国有经济体制，完成股份制改革，所以从趋势上来看，国有经济在2003年前后下降趋势明显，随后虽有波动，但是整体来看，依然呈现下降趋势。与此同时，私营个体经济和股份制经济作为中国市场经济的重要组成成分，投资比重逐年升高，并且一直保持高增速。随着两者不断地发展，在2007年前后均赶超国有经济，成为投资比重最大的两种经济类型。反观经济欠发达省份，如广西、贵州、陕西、甘肃、四川等省份，国有经济比重较高，虽然从整体来看呈现下降趋势，但速度明显小于经济发达省份，且在2017年国有经济比重也都保持在30%以上，如陕西等省更是保持在40%左右，国有经济始终保持是比重最大的经济类型。而广大中西部地区私营个体经济和股份制经济相比于经济发达省份发展缓慢，如新疆、云南、青海等省份，以2017年为例，上述3个省份的私营个体经济和股份制经济投资比重均在50%以下。同样地，中西部地区外商投资比重相比于经济发达省份发展缓慢且占比低下，如新疆、云南、青海等省份，以2017年为例，上述3个省份的外商投资比重均不到1%。

二、中国城镇居民收入现状

随着改革开放的不断推进，经济得到了飞速的发展，中国城镇居民收入也不断提高，表7-2统计了近年来全国及各省份城镇居民人均可支配收入。根据表中数据可以看出，我国各地区城镇居民人均可支配收入逐年增长。从各省份情况来看，经济发达省份城镇居民人均可支配收入均超过全国平均水平，如北京、上海、江苏、浙江、广东等省份，北京市、上海市在2017年城镇居民人均可支配收入更是突破60 000元，分别为62 406.3元、62 595.7元。从整体来看，经济发达省份的城镇居民人均可支配收入为全国平均水平的1.2~1.7倍之间。经济欠发达省份城镇居民人均可支配收入则与全国平均水平基本持平，甚至低于全国平均水平，如江西、广西、贵州3省份2017年城镇居民人均可支配收入分别为31 198.1元、30 502.1元，29 079.8元，均低于全国平均水平。由此可见，经济欠发达地区的城镇居民人均可支配收入与经济发达地区相差较大。

表 7 - 2　　　　　　　　城镇居民人均可支配收入　　　　　　　单位：元

省份	2013 年	2014 年	2015 年	2016 年	2017 年
全国	26 467.0	28 843.9	31 194.8	33 616.2	36 396.2
北京	44 563.9	48 531.8	52 859.2	57 275.3	62 406.3
天津	28 979.8	31 506.0	34 101.3	37 109.6	40 277.5
河北	22 226.7	24 141.3	26 152.2	28 249.4	30 547.8
山西	22 258.2	24 069.4	25 827.7	27 352.3	29 131.8
内蒙古	26 003.6	28 349.6	30 594.1	32 974.9	35 670.0
辽宁	26 697.0	29 081.7	31 125.7	32876.1	34 993.4
吉林	21 331.1	23 217.8	24 900.9	26 530.4	28 318.7
黑龙江	20 848.4	22 609.0	24 202.6	25 736.4	27 446.0
上海	44 878.3	48 841.4	52 961.9	57 691.7	62 595.7
江苏	31 585.5	34 346.3	37 173.5	40 151.6	43 621.8
浙江	37 079.7	40 392.7	43 714.5	47 237.2	51 260.7
安徽	22 789.3	24 838.5	26 935.8	29 156.0	31 640.3
福建	28 173.9	30 722.4	33 275.3	36 014.3	39 001.4
江西	22 119.7	24 309.2	26 500.1	28 673.3	31 198.1
山东	26 882.4	29 221.9	31 545.3	34 012.1	36 789.4
河南	21 740.7	23 672.1	25 575.6	27 232.9	29 557.9
湖北	22 667.9	24 852.3	27 051.5	29 385.8	31 889.4
湖南	24 352.0	26 570.2	28 838.1	31 283.9	33 947.9
广东	29 537.3	32 148.1	34 757.2	37 684.3	40 975.1
广西	22 689.4	24 669.0	26 415.9	28 324.4	30 502.1
海南	22 411.4	24 486.5	26 356.4	28 453.5	30 817.4
重庆	23 058.2	25 147.2	27 238.8	29 610.0	32 193.2
四川	22 227.5	24 234.4	26 205.3	28 335.3	30 726.9
贵州	20 564.9	22 548.2	24 579.6	26 742.6	29 079.8
云南	22 460.0	24 299.0	26 373.2	28 610.6	30 995.9
西藏	20 394.5	22 015.8	25 456.6	27 802.4	30 671.1
陕西	22 345.9	24 365.8	26 420.2	28 440.1	30 810.3

续表

省份	2013 年	2014 年	2015 年	2016 年	2017 年
甘肃	19 873.4	21 803.9	23 767.1	25 693.5	27 763.4
青海	20 352.4	22 306.6	24 542.3	26 757.4	29 168.9
宁夏	21 475.7	23 284.6	25 186.0	27 153.0	29 472.3
新疆	21 091.5	23 214.0	26 274.7	28 463.4	30 774.8

资料来源：《中国统计年鉴》。

　　另外，我们可以通过计算各省份的收入不良指数来反映收入差距情况。受统计数据可得性的限制，本书计算了 1995～2014 年各省份收入不良指数。表 7 - 3 为各省份城镇居民收入不良指数，收入不良指数通过一个样本区域内的 20% 最高收入人群的收入份额除以 20% 最低收入人群的收入份额得到，可表示样本区域内的收入差距，指数越大表示收入差距越大。从表 7 - 3 中数据可以看出，本章所收集的 22 个省份收入不良指数虽有波动，但从整体上看均呈现逐年扩大的趋势，代表各省份城镇居民收入差距正在逐渐拉大。近 10 年来，各省份城镇居民收入差距不良指数均在 4 左右，部分省份收入不良指数都已经突破了 5，江苏省在 2014 年更是达到了 6.001。部分省份在 2005～2008 年收入不良指数达到了峰值，此后不良指数均有小幅度回落，但整体增长趋势明显。

表 7 - 3　　　　　　　　　各省份城镇居民收入不良指数

年份	北京市	天津市	山东省	内蒙古自治区	辽宁省	上海市	江苏省	浙江省	安徽省	福建省	新疆维吾尔自治区
1995	2.859	3.240	2.939	3.082	2.792	2.952	2.688	2.865	2.658	2.694	4.368
1996	2.736	3.323	3.214	3.114	2.890	2.926	2.735	2.848	2.565	2.794	4.340
1997	2.697	3.528	3.496	3.676	3.136	2.937	3.052	2.991	2.801	2.997	4.473
1998	2.898	3.727	3.753	3.542	3.374	2.924	3.248	3.159	2.826	3.165	4.351
1999	2.862	3.945	3.672	3.637	3.450	3.140	3.583	3.279	3.117	3.122	3.868
2000	3.088	3.894	4.319	3.896	3.727	2.902	3.891	3.638	3.734	3.501	4.356
2001	3.293	4.433	4.449	3.674	3.684	3.445	3.419	3.897	3.711	3.745	3.979
2002	3.855	4.697	6.375	5.717	5.404	3.769	6.654	4.234	5.154	4.410	5.488

续表

年份	北京市	天津市	山东省	内蒙古自治区	辽宁省	上海市	江苏省	浙江省	安徽省	福建省	新疆维吾尔自治区
2003	3.393	4.679	4.385	5.753	4.497	4.459	6.147	4.654	4.264	4.450	4.505
2004	4.004	4.898	4.493	4.948	4.577	4.870	6.510	4.996	4.150	4.326	4.822
2005	3.842	5.164	4.556	4.761	4.940	4.805	6.290	5.108	3.981	4.326	5.196
2006	3.737	4.588	4.492	4.491	4.817	4.779	6.271	5.217	3.609	4.410	4.705
2007	3.896	4.626	4.610	4.019	4.895	4.579	6.309	5.220	3.724	4.427	4.409
2008	4.411	4.742	4.751	5.352	5.640	4.635	5.622	5.326	4.563	4.696	5.467
2009	4.333	4.412	4.636	4.879	5.163	4.372	5.832	5.291	4.368	4.778	5.061
2010	3.925	4.227	4.517	4.770	5.091	4.165	5.660	5.145	4.475	4.550	5.127
2011	4.210	4.081	4.856	5.152	5.172	4.072	5.127	5.270	4.249	5.035	4.985
2012	4.026	3.973	4.823	4.618	4.598	4.120	4.818	4.946	3.648	4.725	4.235
2013	3.884	3.798	5.393	6.073	5.764	4.222	5.588	5.551	4.844	4.600	4.629
2014	3.667	3.671	5.172	6.830	5.653	3.861	6.001	5.088	4.787	5.040	4.989

年份	江西省	河南省	湖北省	广东省	广西壮族自治区	海南省	重庆市	四川省	贵州省	陕西省	宁夏回族自治区
1995	3.050	2.856	2.590	3.226	2.952	3.787	2.639	2.960	3.224	3.124	2.984
1996	2.912	2.709	2.750	3.202	2.643	3.888	2.431	3.081	2.977	2.938	3.436
1997	2.291	3.033	2.972	3.541	3.111	3.287	2.676	3.229	3.477	3.165	3.774
1998	2.948	3.121	3.008	3.579	3.217	3.301	2.814	3.367	3.472	3.528	3.720
1999	3.064	3.361	3.253	3.122	3.353	3.985	3.077	3.623	3.398	3.447	4.124
2000	3.487	4.045	3.606	3.819	3.654	4.871	2.982	4.417	3.510	4.062	3.787
2001	3.550	3.995	3.733	3.808	4.136	4.655	3.671	4.538	3.907	4.205	4.432
2002	5.602	5.511	5.412	7.429	6.308	7.149	4.846	6.704	6.338	6.244	5.067
2003	4.078	4.307	5.053	6.980	6.474	6.140	3.421	5.863	5.828	4.486	4.871
2004	4.113	4.486	3.898	6.666	4.652	6.167	4.898	5.734	4.706	4.522	4.930
2005	4.101	4.567	4.096	6.375	5.290	6.077	3.911	5.320	5.343	4.493	5.487
2006	3.999	4.254	4.304	6.669	4.940	5.960	3.637	5.343	4.862	4.412	5.117
2007	3.980	4.222	4.312	6.199	5.178	6.345	3.636	5.236	5.204	4.510	5.724
2008	3.855	4.561	4.909	6.686	4.733	5.624	3.515	4.983	5.401	4.853	5.640
2009	4.032	4.584	4.930	6.368	4.471	5.744	3.325	5.065	5.237	4.754	5.656

年份	江西省	河南省	湖北省	广东省	广西壮族自治区	海南省	重庆市	四川省	贵州省	陕西省	宁夏回族自治区
2010	3.863	4.419	5.199	6.088	4.234	5.327	3.021	4.461	5.237	4.667	6.205
2011	4.455	4.286	4.492	5.787	4.628	5.417	3.534	4.536	5.480	4.208	5.480
2012	4.216	4.111	4.289	5.126	4.302	5.465	3.423	4.382	4.938	4.177	5.499
2013	3.727	4.453	4.432	5.187	5.325	5.888	3.848	4.616	4.900	5.250	4.817
2014	4.010	4.388	4.593	5.245	4.981	5.634	4.043	4.444	5.297	4.825	6.499

资料来源：根据《中国统计年鉴》数据整理编制。

第三节　中国国有经济投资结构对城镇居民收入差距的影响分析

正如前面所述，中国在推行市场经济政策之后，国有经济的比重不断降低，非国有经济的比重不断增加，从整体情况来看，城镇居民收入差距在不断扩大。那么，究竟是哪一种所有制经济的发展拉大城镇居民收入的差距值得人们的深思。本节将对中国不同所有制投资结构的变动与城镇居民收入差距之间的关系进行研究，意在揭示中国不同所有制投资结构的变动对城镇收入差距的影响，以期为政府如何调整不同所有制投资结构提供指导。

一、变量选取与数据来源及处理

考虑到数据的可获得性和中国确立并运行市场经济体制的时间节点等因素，本章一共收集了北京、天津、山西、内蒙古、辽宁、上海、江苏、浙江、安徽、福建、江西、河南、湖北、广东、广西、海南、重庆、四川、贵州、陕西、宁夏、新疆22个省份的数据。下面我们将对变量的选取、数据的来源和处理进行解释说明。

（一）构建衡量收入差距的均等指数

收入差距的量化指标表示群体中各成员的收入相比于平均收入的偏离程

度，偏离程度越大，收入差距越大。目前关于收入差距的度量主要分为两种，一种是以洛伦兹曲线为基础的基尼系数，另一种是以等分法为基础的泰尔指数。无论是哪一种方法，基本思想都是先测算出样本群体的收入平均水平，对群体中各成员收入水平偏离于收入平均水平程度的大小进行测量。通过当前公开的各省份城镇居民收入数据，测量基尼系数比较困难，所以本章从等分法的视角出发，进行均等指数的构建。

假设在一个社会群体中有 n 个成员（家庭），将其按收入水平从低到高排列，第 i 个成员的收入水平为 x_i，且 $\{x_i\}(i = 1, 2, 3, \cdots, n)$ 不全为零，其所占总收入的收入比重为 y_i，因此 $X = \sum_{i=1}^{n} x_i$ 为该群体收入的总和，$\bar{x} = \dfrac{1}{n} X$ 为该群体的平均收入，那么第 i 个成员的收入比重 $y_i = \dfrac{x_i}{X}$，而平均收入比重 $\bar{y} = \dfrac{1}{n} \sum_{i=1}^{n} y_i$，容易证明 $\sum_{i=1}^{n} y_i = 1$，所以：

$$\bar{y} = \frac{1}{n} \sum_{i=1}^{n} y_i = \frac{1}{n} \sum_{i=1}^{n} \frac{x_i}{X} = \frac{1}{n} \tag{7.1}$$

现定义收入分配均等指数 d 为：

$$d = \sqrt{\frac{n}{n-1}} \sqrt{\sum_{i=1}^{n} (y_i - \bar{y})^2} \tag{7.2}$$

从公式（7.2）中我们可以看出，均等指数 d 表面是对各个成员收入份额与平均水平偏离程度的度量，实质则是对每个成员收入与平均收入差距总和的度量。关于这种度量方式，会有两种极端情况出现：（1）绝对平均。绝对平均就是指该群体中各成员的收入水平是相同的，完全没有收入差距，即 $x_1 = x_2 = \cdots = x_n$。在这种情况下，各成员的收入比重 $y_1 = y_2 = \cdots = y_n = \dfrac{1}{n}$，根据公式（7.2）计算得到 $d = 0$；（2）绝对不平均。绝对不平均是指该群体中所有的收入都属于收入水平最高的成员拥有，是收入差距的最大化表现，即 $x_1 = x_2 = \cdots = x_{n-1} = 0$ 且 $x_n = X$。在这种情况下，$y_1 = y_2 = \cdots = y_{n-1} = 0$ 且 $y_n = 1$，所以根据公式（7.1）计算可得：

$$d = \sqrt{\frac{n}{n-1}} \sqrt{\sum_{i=1}^{n} (y_i - \bar{y})^2}$$

$$= \sqrt{\frac{n}{n-1}} \sqrt{\sum_{i=1}^{n-1} \left(0 - \frac{1}{n}\right)^2 + \left(1 - \frac{1}{n}\right)^2}$$

$$= \sqrt{\frac{n}{n-1}} \sqrt{\frac{n-1}{n^2} + \frac{(n-1)^2}{n^2}}$$

$$= \sqrt{\left(\frac{n}{n-1}\right)\left(\frac{(n-1) + (n-1)^2}{n^2}\right)}$$

$$= \sqrt{\frac{1 + n - 1}{n}}$$

$$= 1 \tag{7.3}$$

所以可知，均等指数 d 与基尼系数性质类似，越接近于 0，代表收入差距越小；越接近于 1，代表收入差距越大。

（二）测量城镇居民收入差距的数据来源及处理

基于上面对均等指数的分析，本章关于测量城镇居民收入差距的原始数据来自各省份统计年鉴中所统计的"城镇居民人均可支配收入（按收入水平分组）"。但由于各省份每年统计情况和统计标准不同，我们对原始数据进行了如下处理：

1. 剔除统计不完全的地区

香港、澳门、台湾、山东、湖南、云南、西藏等地区在其统计年鉴中并没有对城镇居民人均可支配收入按收入水平分组进行统计，予以剔除处理。吉林省、青海省、黑龙江省在 2013 年和 2014 年中没有对城镇居民人均可支配收入按收入水平分组进行统计，予以剔除处理。而甘肃省在 2003 年之后没有对城镇居民人均可支配收入按收入水平分组进行统计，对于这种情况，利用一元回归做出对缺失年份的预测不能真实反映各地区收入差距的真实情况，予以剔除处理。河北省 2002 年、2003 年、2004 年没有对城镇居民人均可支配收入按收入水平分组进行统计，由于缺乏原始数据无法对数据进行修补，予以剔除处理。

2. 对各省份统计数据标准化处理

由于各省份的统计标准不同，城镇居民人均可支配收入的分组方式也有五分组和七分组的差别，为了统一标准计算，本章将所有七分组都转化成五分组；江西、辽宁、福建等多个省份在 1997 年之前只存在生活费收入的统计，而在 1998 年统计年鉴中提到将生活费收入更名成可支配收入，所以我们在 1997 年前的数据均用生活费收入替代可支配收入。

常用的五分组方法将城镇居民收入分为低收入户、中低收入户、中收入户、中高收入户和高收入户，分别占样本容量的 20%。七分组方法将城镇居民收入分为最低收入户、低收入户、中低收入户、中收入户、中高收入户、高收入户、最高收入户，分别占样本容量的 10%、10%、20%、20%、20%、10%、10%。基于这种比重情况，我们对七分组的最低收入户的收入和低收入户的收入进行加权平均，得到符合五分组标准低收入户的收入，对七分组的高收入户的收入和最高收入户的收入进行加权平均，得到符合五分组标准高收入户的收入。而山西省在 1997 年采用三分组方法进行统计，将其分为低收入户、中收入户、高收入户，分别占样本容量的 20%、60%、20%，为满足五分组的标准，本章根据山西省 1997 年上下几年的变化趋势进行数据平滑处理，将 1997 年中的中收入户拆分中低收入户、中收入户、中高收入户。

根据上文中的处理，本章将香港、澳门、台湾、山东、湖南、云南、西藏、吉林、青海、黑龙江、甘肃、河北 12 个地区剔除，对剩下的 22 个省份中城镇居民人均可支配收入数据按五分组的统计标准进行处理。另外，从均等指数的公式构建即推导构成中可以看出，均等指数是利用比例关系计算得到的均等指数，所以不用 CPI 指标对城镇居民人均可支配收入进行数据平减。

（三）不同所有制投资数据来源及处理

为了深入研究不同所有制投资结构变动对城镇居民收入差距的影响，本章将所有制形式分为以下五种：国有经济、私人个体经济、股份制经济、外资经济、其他五种，选用中国统计年鉴中所统计的"按经济类型分的全社会固定资产投资"作为原始数据，而不同所有制投资结构的变动则是通过各所有制经济投资额占总投资额的比重来度量。由于本章是在非国有经济对城镇居民收入差距的影响上进行深入研究，并且在 2006 年开始中国统计年鉴"按经济类型的全社会固定资产投资"统计标准发生了变化，为了统一标准，本章将股份制合作投资、有限责任公司投资和股份有限投资加总作为股份制经济的投资总额，将私营经济投资和个体经济投资加总作为私营个体经济投资总额，将港澳台投资和外商投资加总作为外资经济的投资总额。

因为重庆市在 1997 年中华人民共和国第八届全国人民代表大会第五次会议中宣布成为直辖市，所有统计数据独立核算，所以本章将 1996 年和 1995 年的四川省按经济类型分的全社会固定资产投资扣除重庆市的部分。因为本章最终选取的数据是不同所有制投资占总投资的比重，所以不需要用固定投资平减指数对投资额进行数据平减。

二、模型设立与检验

如前所述，本章通过所收集的 22 个省份的"城镇居民人均可支配收入（按收入水平分组）"构建均等指数来衡量城镇居民收入差距，利用"按经济类型分的全社会固定资产投资"衡量不同所有制投资，考虑到数据的可得性样本期为 1995 ~ 2014 年。数据中包含了时间和地区二维信息，根据数据的特点，本章拟通过静态面板数据模型对国有经济与城镇居民收入差距之间的内在关系进行实证分析。

（一）模型设立

由上述的计算方法可知，国有经济比重与非国有经济比重之和为 1，具有多重共线性，若构建静态面板数据模型所得到的实证结果定然是完全相反的，那么我们只需建立城镇居民收入差距与国有经济比重的模型，得到的实证结果也可以对非国有经济进行解释。本章构建如下静态面板数据模型：

$$d_{i,t} = \alpha + SOE\beta_1 + u_{i,t}$$

其中，d 表示衡量城镇居民收入差距的均等指数，SOE 表示国有经济比重，i 表示国有经济的横截面样本单元，t 表示时间序列单元。

（二）模型检验

静态面板数据模型有三种形式：联合回归模型、变系数模型、变截距模型。面板数据所包含的信息是二维的，如果模型设定不当，便会出现较大误差，对实际结果的解释能力将会大打折扣。下面，我们通过协方差分析检验的检验方法，对模型进行 F 检验，从而确定采用哪种形式更为妥当。主要检验以下两个假设：

假设 7 - 1（H_{7-1}）：在不同截面样本点和时间上，斜率都相同，但截距不同。

$$H_{7-1}: y_{i,t} = \alpha_i + x_{i,t}\beta + u_{i,t}$$

假设 7 - 2（H_{7-2}）：在不同截面样本点和时间上，斜率和截距都相同。

$$H_{7-2}: y_{i,t} = \alpha + x_{i,t}\beta + u_{i,t}$$

若接受 H_{7-2}，应采用联合回归模型，不需再进行检验；若拒绝 H_{7-2}，则需要进一步检验 H_{7-1}，来判断在不同截面样本点和时间上斜率是否都相同；若拒绝 H_{7-1}，就应采用变系数模型；若接受 H_{7-1}，就应该采用变截距模型。

检验是通过下述两个 F 检验进行的，检验 H_{7-1} 的 F 统计量为：

$$F_1 = \frac{(S_2 - S_1)/[(n-1)K]}{S_1/[nT - n(K+1)]} \sim F[(n-1)K, \ n(T-K-1)]$$

检验 H_{7-2} 的 F 统计量为：

$$F_2 = \frac{(S_3 - S_1)/[(n-1)(K+1)]}{S_1/[nT - n(K+1)]} \sim F[(n-1)(K+1), \ n(T-K-1)]$$

其中 S_1、S_2、S_3 分别为变系数模型、变截距模型、联合回归模型的最小二乘残差平方和。F 检验结果如表 7 - 4 所示。

表 7 - 4　　　　　　　　　　　　模型选取的 F 检验结果

模型	F_1 统计量	1% 的临界值	F_2 统计量	1% 的临界值
国有经济	3.8163	$F_1(21, 396) = 1.88$	6.9712	$F_2(42, 396) = 1.39$

由表 7 - 4 中的 F 统计量可以看出，F_2 统计量大于 1% 水平下的临界值，拒绝 H_{7-2}，不能选择联合回归模型，进一步检验 F_1；通过 F_1 统计量我们发现，F_1 统计量大于 1% 水平下的临界值，拒绝 H_{7-2}。因此，我们应该选用变系数形式的静态面板数据模型。

三、计量结果与分析

表 7 - 5 给出了国有经济比重变化对城镇居民收入差距的变系数静态面板数据模型回归结果，计量结果显示，$F - statistic$ 为 12.2036，在 1% 的水平

下显著，且均通过其他检验，由此判断模型 1 的回归结果较为理想。从表 7 - 5 可以看出，除新疆维吾尔自治区外，其他省份的结果都是显著的，对现实情况解释较强，且除新疆维吾尔自治区外的 21 个省份均成负显著，这表明国有经济比重提高可以缩小城镇居民收入差距。

从计量结果中我们可以看到，国有经济对城镇居民收入差距的影响系数在不同省份之间存在差异性。长三角地区上海、江苏、浙江 3 省市国有经济比重对城镇居民收入差距的影响系数都较大，分别为 - 0. 2546、 - 0. 2716、 - 0. 5675；珠三角地区的广东省、东北的沿海省份辽宁、福建和四川 3 省国有经济比重对城镇居民收入差距的影响系数同样较大，分别为 - 0. 3750、 - 0. 2514、 - 0. 5779、 - 0. 2827；其他省份国有经济比重对城镇居民收入差距的影响系数较小，均在 - 0. 2 以下。辽宁、上海、江苏、浙江、福建、广东等省份从经济发展的角度来看属于经济发达地区，在 GDP、固定资产投资、贸易、科技等方面发达程度都排在全国前列，市场机制相对成熟；而山西、内蒙古、贵州、江西、河南、广西等省份从经济发展的角度来看属于经济欠发达地区，市场机制不够完善。从计量结果来看，相比于经济欠发达省份，经济发达省份中国有经济比重对城镇居民收入差距的影响系数相对较大，这说明，在经济发达省份城镇居民收入差距对国有经济比重的变动反应更为敏感。

表 7 - 5　　　　　　　　　　　　国有经济的回归结果

省份	影响系数	省份	影响系数
北京	- 0. 1465 *** (- 8. 3142)	河南	- 0. 1044 *** (- 3. 0372)
天津	- 0. 1003 ** (- 2. 4509)	湖北	- 0. 1739 *** (- 3. 6664)
山西	- 0. 1302 *** (- 4. 5133)	广东	- 0. 3750 *** (- 4. 6469)
内蒙古	- 0. 1891 *** (- 5. 0288)	广西	- 0. 1466 ** (- 2. 0061)

续表

省份	影响系数	省份	影响系数
辽宁	-0.2154 ** (-10.8276)	海南	-0.2294 ** (-2.5366)
上海	-0.2546 *** (-5.1455)	重庆	-0.2003 ** (-2.3995)
江苏	-0.2716 *** (-2.9344)	四川	-0.2827 *** (-5.4513)
浙江	-0.5675 *** (-6.7870)	贵州	-0.1490 ** (-2.3226)
安徽	-0.1747 *** (-3.2425)	陕西	-0.1714 *** (-2.7123)
福建	-0.5779 ** (-10.0558)	宁夏	-0.1377 *** (-6.2369)
江西	-0.1147 ** (-2.5512)	新疆	-0.0217 (-1.3167)
常数项	0.3239 *** (66.7277)		

$R^2 = 0.5699$；调整 $R^2 = 0.5232$；$F - statistic = 12.2036$；样本数 $= 440$

注：括号内为 t 检验值；*** 、** 分别表示在 1%、5% 的水平下显著。

因为国有经济与非国有经济比重相加为 1，二者具有多重共线性，所以非国有经济对城镇居民收入差距的影响的实证结果与国有经济是完全相反的，即除新疆维吾尔自治区（不显著）外，其他 21 省份非国有经济比重的增加都会加大城镇居民收入差距。并且，相比于经济欠发达省份，经济发达省份中城镇居民收入差距对非国有经济比重的变动更为敏感。

新中国成立之后，国内百废待兴，国有经济作为中国国民经济的重要支柱，得到了迅猛的发展，但这种快速的增长也带来了诸多问题。有些国有企业在改革开放后规模目标权重较大，忽视行业自身发展水平和市场因素而盲目扩大企业规模，实际产能低下，造成大量的资源浪费。随着苏联解体，中国在 1992 年迅速由计划经济向市场经济转变。1993 年国家进行国有企业改革，要求国有企业进一步建立比较完善的现代企业制度，关闭性政策的实施也促进了企业优胜劣汰制度的建立，国有经济比重不断下降。2003年中央指出股份制成为公有制的主要实现形式，股份制改革又带动了新一轮国有企业改革的浪潮，政府鼓励社会资本持股国有企业，造成了国有经济比重持续降低，持续至今。随着市场经济的不断完善，国有企业逐渐将工作重点从"规模目标"转移到"经济目标"，思考如何在保证完成社会责任的前提下更好地提高企业效益。在优胜劣汰的市场竞争下，仅在计划经济下可以生存的属于低端制造业的国有企业面临大量的裁员和倒闭，只能从事简单重复性工作的低端劳动力大量下岗，这些人通常属于社会收入水平的底层。而对于这类人员，国有企业多采取"买断"的处理办法进行安置，迫于生计的压力，大量的低端劳动力流向非国有企业。股份制企业相对规模较大，企业对员工专业能力要求较高，所以对低端劳动力的需求较弱。而私营单位通常规模较小，企业的科学技术水平不高，其员工更多从事的是简单重复性的劳动，对低端劳动力的需求较强。所以从国有企业流出的低端劳动力更多流向私营单位，或者在股份制企业中也只能从事低端劳动，无法获得较高的收入。表7-6为2005~2014年全国按登记注册类型分城镇单位就业人员平均工资。

表7-6　　　　　　按登记注册类型分城镇单位就业人员平均工资　　　　单位：元

年份	平均工资	国有单位	私营单位	股份制单位	外资单位
2005	18 200	18 978	9 376	17 010	23 625
2006	20 856	21 706	10 988	19 366	26 552
2007	24 721	26 100	13 167	22 343	29 594
2008	28 898	30 287	15 942	26 198	34 250
2009	32 244	34 130	18 199	28 692	37 101
2010	36 539	38 359	20 759	32 799	41 739
2011	41 799	43 483	24 556	37 611	48 869
2012	46 769	48 357	28 752	41 860	55 888
2013	51 483	52 657	32 706	46 718	63 171
2014	56 360	57 296	36 390	50 942	69 826

资料来源：《中国统计年鉴》（2006~2015）。

城镇居民财富绝大多数来源于工资收入，工资收入的高低将决定其富有程度。从中国统计年鉴所收集的"按登记注册类型分城镇单位就业人员平均工资"原始数据可以看出，从全国来看，国有单位的员工工资较高，在样本期1995～2014年均高于城镇单位就业人员的平均工资，仅次于外资单位。并且国有单位的工资结构比较固定，通常以工龄作为增加工资的评判标准之一，所以对于国有单位员工的工资收入来说，相对比较固定并且稳定增长。与国有企业不同，非国有企业不需要承担过多的社会责任，将利益最大化作为首要目标，降低企业劳动成本就是其追求利益的方式之一。从数据中可以看到，股份制单位和私营单位平均工资都低于城镇单位就业人员的平均工资，股份制单位就业人员工资水平略低于平均工资水平，与国有单位就业人员平均工资相差并不悬殊；但私营单位工资水平明显低于平均工资水平，与国有单位就业人员平均工资相差近两倍。由于国有企业的裁员和倒闭，大量的低端劳动力流向了私营单位和股份制单位，其中流向私营单位的低端劳动力占多数，相比于在国有单位工作，这些劳动力获得的工资收入降低了很多，由于缺乏系统学习先进技术的机会，这些低端劳动力在短时间内无法改变他们只能从事低端劳动的现状，较长时间处于低收入的状态。而在股份制单位和私营单位中，劳动力所创造的价值更多地流向了收入水平较高的管理层和企业家，通过长时间的财富积累，城镇居民收入差距被不断拉大。

四、小结

本节收集了22个省份从1995～2014年的相关数据，通过数据处理之后进行研究。根据《中国统计年鉴》中所统计的"按经济类型分的全社会固定资产投资"中各所有制经济固定资产投资所占总投资的比重来衡量国有经济和非国有经济投资结构的变动；通过各省份统计年鉴中"城镇居民人均可支配收入（按收入水平分组）"的相关数据，构建均等指数来衡量城镇居民收入差距。经协方差F检验，最终确定使用变系数静态面板数据模型对数据进行分析。通过回归结果可以分析，除新疆维吾尔自治区外的21个省份均成负显著，说明国有经济比重的增加确实可以缩小城镇居民收入差距。并且，不同省份之间，影响效果存在差异性，经济发达省份中国有经济比重对城镇居民收入差距的影响系数相对较大，说明在经济发达省份中城镇居民收入差距对国有经济比重的变动更为敏感；而经济欠发达省份国有经济比重的变动对城镇居民收入差距的影响系数相对较小，说明在经济欠发达省份城镇居民收入差距对国有经济比重变动敏感度较低。

第四节 中国非国有经济投资结构对城镇 居民收入差距的影响分析

从第三节的分析中可以看到，国有经济比重的提高是可以缩小城镇居民收入差距的，非国有经济比重的增加则会加大城镇居民收入差距，并且相比于经济欠发达省份，经济发达省份中城镇居民收入差距对国有经济和非国有经济的变动更为敏感。如前所述，非国有经济主要是由私营个体经济、股份制经济和外资经济构成，之前的结论无法解释私营个体经济、股份制经济和外资经济的变动分别对城镇居民收入差距产生何种影响，是否在经济发达省份和经济欠发达省之间存在差异。在本节中，我们将非国有经济进行更深度地分析，将非国有经济细分成私营个体经济、股份制经济和外资经济，通过实证研究揭示私营个体经济、股份制经济和外资经济对城镇居民收入差距的影响。

一、模型设立与检验

从上述的计算方法中可知，不同所有制投资结构的变动是通过各所有制经济投资额占总投资的比重来度量的，私营个体经济比重、股份制经济比重和外资经济比重之间具有强相关性，所以不能建立在同一个模型中进行解释，只能逐一分析。由于解释变量是各所有制固定资产投资占总投资的比例关系，为了消除异方差性对计量结果的影响，我们在静态面板数据模型中采用 Cross-section weighs（PCSE）方法替代普通最小二乘法进行估计。本节构建如下静态面板数据模型形式：

$$d_{i,t} = \alpha + X_{k,i,t}\beta_2 + u_{i,t} \quad (k = 1, 2, 3)$$

其中，d 表示衡量城镇居民收入差距的均等指数；i 表示横截面样本单元；t 表示时间序列单元；k 表示经济类型，$k=1$ 表示私营个体经济比重，

$k = 2$ 表示股份制经济比重，$k = 3$ 表示外资经济比重。

根据第三节所述的检验方法，我们通过协方差分析对模型进行 F 检验，从而确定采用哪种形式更为妥当。F 检验结果如表 7 - 7 所示。

表 7 - 7　　　　　　　　　　模型选取的 F 检验结果

模型	F_1 统计量	1% 的临界值	F_2 统计量	1% 的临界值
私营个体经济	3.1140	$F_1(21, 396) = 1.88$	5.0151	$F_2(42, 396) = 1.39$
股份制经济	4.4209	$F_1(21, 396) = 1.88$	7.9256	$F_2(42, 396) = 1.39$
外资经济	2.3886	$F_1(21, 396) = 1.88$	4.2521	$F_2(42, 396) = 1.39$

由表 7 - 7 中的 F 统计量可以看出，三种经济类型的 F_2 统计量都大于 1% 水平下的临界值，拒绝假设 7 - 2，不能选择联合回归模型，进一步检验 F_1；通过 F_1 统计量我们发现，的 F_1 统计量均大于 1% 水平下的临界值，拒绝假设 7 - 1。因此 3 个模型都应该选用变系数形式的静态面板数据模型。

二、计量结果分析

表 7 - 8 给出了私营个体经济、股份制经济、外资经济对城镇居民收入差距的变系数静态面板数据模型回归结果。从计量结果显示，私营个体经济、股份制经济、外资经济的 $F - statistic$ 分别为 5.5477、15.1289、4.1532，均在 1% 的水平下显著，且均通过其他检验，由此可以判断模型回归效果较为理想。因为私营个体经济、股份制经济、外资经济在各省份的发展情况不同，所以不同非国有经济类型在不同省份对城镇居民收入差距影响存在差异性。

表 7 - 8　　　　　　私营个体经济、股份制经济、外资经济的回归结果

省份	私营个体经济（模型 2）	股份制经济（模型 3）	外资经济（模型 4）
北京	1.0608 *** (3.7791)	0.1074 *** (8.3666)	- 0.3579 *** (- 6.1832)

续表

省份	私营个体经济 （模型2）	股份制经济 （模型3）	外资经济 （模型4）
天津	0.0739 (0.7378)	0.0875 *** (2.6700)	− 0.0308 (− 0.3315)
山西	0.2637 ** (2.0769)	0.1327 *** (3.7621)	− 0.1709 (− 0.6744)
内蒙古	− 0.4758 (− 1.4457)	0.1684 *** (5.1200)	− 0.3532 (− 0.2870)
辽宁	0.2738 *** (6.4239)	0.3645 *** (10.0967)	− 0.9737 ** (− 2.3568)
上海	0.3958 *** (5.2710)	0.2749 *** (4.5452)	− 0.0661 (− 0.2563)
江苏	0.2029 ** (2.2761)	0.4548 *** (5.5472)	0.0173 (0.0400)
浙江	0.2052 * (1.7142)	0.3839 *** (14.3940)	0.7655 ** (2.5777)
安徽	0.2834 ** (2.2315)	0.2167 *** (4.9613)	− 1.2215 ** (− 1.9940)
福建	0.4211 *** (3.4849)	0.3313 *** (8.7050)	− 0.4369 *** (− 4.5152)
江西	− 0.0374 (− 0.3158)	0.1423 *** (2.8006)	0.7892 ** (2.0906)
河南	0.1941 *** (2.0090)	0.1455 *** (3.5567)	− 0.7776 ** (− 2.1930)
湖北	0.2661 *** (2.6227)	0.2529 *** (5.2555)	− 0.8706 *** (− 4.3146)
广东	0.6407 *** (2.6641)	0.2423 *** (2.7296)	0.1946 (0.6664)
广西	0.0099 (0.0430)	0.2207 *** (3.6250)	− 0.7903 * (− 1.7948)

续表

省份	私营个体经济 （模型2）	股份制经济 （模型3）	外资经济 （模型4）
海南	0.4831 ** （2.1288）	0.1776 *** （3.2220）	- 0.3203 ** （- 2.3709）
重庆	0.2888 （1.4799）	0.1514 ** （2.5538）	- 0.9405 （- 1.3841）
四川	0.4244 （1.1379）	0.2077 *** （4.4607）	- 0.0608 （- 0.0805）
贵州	0.1566 （0.5610）	0.1697 *** （3.4230）	- 0.2330 （- 1.3076）
陕西	- 0.4969 ** （- 2.5303）	0.2000 *** （3.7701）	- 0.1294 （- 0.1259）
宁夏	0.1621 * （3.0278）	0.1934 *** （6.5336）	- 1.3825 * （- 1.7338）
新疆	0.0142 （0.2074）	0.0274 （1.5368）	0.0790 （0.2107）
常数项	0.2075 *** （27.9959）	0.1955 *** （74.9345）	0.2637 *** （40.4989）
R^2	0.3759	0.6216	0.3108
调整 R^2	0.3081	0.5805	0.2360
$F - statistic$	5.5477 ***	15.1289 ***	4.1532 ***
样本数	440	440	440

注：括号内为 t 检验值；***、**、* 分别表示在1%、5%和10%的水平下显著。

从表7-8的回归结果可以看出，在私营个体经济对城镇居民收入差距的影响中，除天津、内蒙古、江西等8个省份外，其他14个省份结果均在不同水平下显著。因为北京市私营个体经济相比于其他省份发展较为缓慢，所占比重较少，所以其对城镇居民收入差距影响系数较大，为1.0608；陕西省私营个体经济的发展会缩小城镇居民收入差距（影响系数为 - 0.4969），除北京市和陕西省外，其他12个省份，影响系数均成正显著，其中私营个体经济的发展会拉大城镇居民收入差距。在股份制经济对城镇居民收入差距的影响中，除新疆维吾尔自治区外，其他 21 个省份的影响系数均在不同水平下成正显著，表明股份制经济的发展在各省份都会拉大城镇居民收入差距，山西、内蒙古、江西、河南、贵州、宁夏 6 省份影响系数较小，分别为 0.1327、0.1684、0.1423、0.1455、0.1697、0.1934；而辽宁、上海、江苏、浙江、福建 5 省份影响效果更为显著，影响系数分别为 0.3645、0.2749、0.4548、0.3839、0.3313。而相比于国有经济、私营个体经济、股份制经济来讲，外资经济所占比重小，在近 10 年均为 10% 以下，并且因为各省份的地理位置和对外资开放程度不同，各省份之间出现了明显的差异。就外资经济与城镇居民收入差距的回归结果而言，只有 11 个省份在不同水平下显著，除浙江和江西两省为正显著外（影响系数分别为 0.7655、0.7892），其他 9 个省份外资经济对城镇居民收入差距的影响系数均为负显著，即外资经济的发展会缩小城镇居民收入差距。

随着市场经济的不断推进，私营个体经济和股份制经济在政策利好和市场利好的背景下快速发展，经济比重不断增加。1992 年中共十四大提出，私营个体经济将作为社会主义市场经济的补充，国家开始在政策上鼓励私营个体经济的发展，直到 2002 年底中共十六大提出个体、私营等各种形式的非公有制经济是社会主义市场经济的重要组成部分，私营个体经济在各省份发展迅速，呈现井喷式增长。同样，在 2003 年中央要求对国有企业进行股份制改革，将国有资产公开竞标，提倡混合所有制经营，鼓励社会资本持股国有企业。在国有企业股份制改革的浪潮中，股份制经济得到了迅猛发展。私营个体经济、股份制经济、外资经济得到了政策支持后，在市场经济中逐步展现出了其经济活力。

从企业的角度来讲，相比于国有经济下的企业，私营个体经济和股份制经济没有政府大量的资金支持，在市场中资本风险更高，市场竞争也更为激烈。为了在市场中稳定生存不被淘汰，它们更多地思考如何提高企业利益，为了实现利润最大化的目标，无论是私营个体经济还是股份制经济，尽可能降低企业成本是提高利润最有效的方式，其中就包括降低劳动力成本。由于低端劳动力只能从事简单重复性劳动，工作可替代性较高，在与企业关于工资的谈判中处于劣势地位，企业为了节省成本将会尽可能压低工资。本属于劳动力的利润逐渐流向管理层、企业家等收入等级较高的人群，造成了城镇居民收入差距越来越大。

　　另外，从激励机制的角度来讲，私营个体经济和股份制经济的劳动力对积累财富的渴望更强。国有经济体制下的企业，工资结构比较固定，工龄是员工晋升和提高工资水平的一大因素，在这种晋升空间和工资结构较为稳定的环境下，员工的收入将会长期稳定。相比之下，私营企业和股份制企业的工资结构更为灵活，无论是员工、管理层还是企业家的收入都是与其所创造的利润直接关联的，谁创造的利润多，收入就高，谁创造的利润少，收入就低，在这种工资结构的环境下，任何人都可以通过提高自己的工作能力和为企业带来更多的效益来增加自身的收入。个体户更是如此，个体户经营所赚取的利润全部归自己所有，其努力程度和收益情况将直接影响个人收入。所以，正是因为激励机制存在差异，才使得私营个体经济和股份制经济追求利润、积累财富的渴望远大于国有经济，这也是拉大城镇居民收入差距的重要原因。

　　虽然外资经济同样追求利益最大化，但是为了吸引更多的劳动力进入企业工作，从而扩大企业的规模和产量，外资企业的工资相对较高，这是为什么在大多数可分析城市中外资经济可以缩小城镇居民收入差距的原因。

三、各省份的差异性分析

　　中国国土面积覆盖区域大，各省份所具备的地理优势和经济政策存在差异，这也就造成了不同省份中各种所有制经济发展存在差异，下面我们就针对得到的实证结果，对各省份不同所有制经济与城镇居民收入差距的关系进行分析。

　　从各省份经济发展的情况来看，在本节收集的22个省份中，处于长江三角洲的上海、江苏和浙江3省市，处于珠江三角洲的广东省，东部地区的沿海省份福建和辽宁都是经济发达省份，而且这些经济发达省份都有共同的特点，国有经济所占的比重都较低，在近几年均降到了20%左右，大力发展私营个体经济和股份制经济，造成城镇居民收入差距偏大。在经济发达省份中，国有经济的发展对缩小城镇居民收入差距的作用较大，福建、浙江和广东3省更为明显，影响系数分别达到了－0.5779、－0.5675和－0.3750。同其他省份相比，经济发达省份的私人个体经济和股份制经济的发展对扩大城镇居民收入差距的作用也更为明显，私营个体经济对城镇居民收入差距的影响系数均在 0.2 以上，福建、广东、上海 3 省市更是在 0.4 以上；股份制经济对城镇居民收入差距的影响系数均在 0.25 以上，辽宁、上海、江苏 3 省市更是在 0.35 以上。而反观中部地区的河南、安徽、江西、山西、内蒙古 5 省区，西部地区的贵州、陕西、宁夏 3 省区，这些省份均属于经济欠发达地区，国有经济的发展对城镇居民收入差距的影响较小，影响系数均在 -0.2 以上，同样股份制经济对城镇居民收入差距的影响系数均在 0.25 以上。由此可以推断，相比于经济不发达省份，经济发达省份不同所有制经济结构的变动对城镇居民收入差距的影响更为显著。

从不同省份的所有制投资比重趋势来看，经济发达省份辽宁、江苏、浙江与经济欠发达省份安徽、浙江、河南等省份趋势相似，私营个体经济和股份制经济比重逐步升高，占据经济结构中的主要地位，而国有经济比重持续降低，且相比于私营个体和股份制经济都有一定的差距。经济发达的广东省与经济欠发达的广西、湖北、宁夏等省份趋势相似，私营个体经济和股份制经济比重逐步升到，国有经济比重持续下降，但三者之间并没有拉开太大的差距。通过比较经济发达省份与经济不发达省份不同所有制投资对城镇居民收入差距的影响系数可以看出，就算是在各种所有制经济比重变化趋势相同的情况下，相比于经济不发达地区的省份，经济发达地区的省份不同所有制经济结构的变动对城镇居民收入差距的影响更为显著。

通过前面的分析可以明确，国有经济比重增加可以缩小城镇居民收入差距，而私营个体经济和股份制经济比重增加会扩大城镇居民收入差距。那么，在不同省份中，私营个体经济和股份制经济中哪一种经济类型对城镇居民收入差距的影响更为显著则是下一步分析的重点。从私营个体经济和股份制经济发展趋势来看，辽宁、江苏、江西、广西、宁夏 5 个省份私营个体经济占据主体地位；浙江、广东、海南 3 个省份股份制经济占主体地位；安徽、河南、湖北 3 个省份私营个体经济和股份制经济相差不大。在可分析的省份当中，辽宁、江苏、浙江经济发达省份股份制经济对城镇居民收入差距的影响系数要大于私营个体经济；而安徽、河南、湖北、海南等经济欠发达省份私营个体经济对城镇居民收入差距的影响系数要大于股份制经济。我们可以看出，无论是私营个体经济或股份制经济哪一种经济类型占主体地位，或者二者发展趋势大致相同，在经济发达省份（除北京市、上海市和广东省以外），股份制经济对城镇居民收入差距的影响要大于私营个体经济，而在经济欠发达省份，私营个体经济对城镇居民收入差距的影响要大于股份制经济。

四、小结

本节将非国有经济细分为私营个体经济、股份制经济和外资经济，进一步研究各种所有制经济投资比重对城镇居民收入差距的影响。经过协方差 F 检验，最终确定三个模型均使用变系数静态面板数据模型对数据进行分析。通过回归结果可以分析，在可分析的省份中，私营个体经济在所有显著的省份中除陕西省为负显著外，其余 12 个省份均为正显著；股份制经济除新疆维吾尔自治区不显著外，其余 21 个省份均为正显著；外资经济在 9 个省份中均成负显著。这就说明私营个体经济和股份制经济比重的增加确实可以拉大城镇居民收入差距，外资经济比重的增加可以缩小城镇居民收入差距。并且在不同省份之间，影响效果同样存在差异性，经济发达省份中私营个体经济和股份制经济比重对城镇居民收入差距的影响系数相对较大，说明在经济发达省份中城镇居民收入差距对私营个体经济和股份制经济比重的变动更为敏感；而经济欠发达省份中私营个体经济和股份制经济比重的变动对城镇居民收入差距的影响系数相对较小，说明在经济欠发达省份中城镇居民收入差距对私营个体经济和股份制经济比重的变动敏感度较低。在探究不同省份私营个体经济和股份制经济中哪一种经济类型对城镇居民收入差距的影响更为显著时，我们发现，在经济发达省份，股份制经济对城镇居民收入差距的影响要大于私营个体经济，而在经济欠发达省份，私营个体经济对城镇居民收入差距的影响要大于股份制经济。

第五节　结论与启示

本章节利用 1995~2014 年中国 22 个省份不同所有制投资与城镇居民收入差距的相关数据，通过变系数的静态面板数据模型，分析了不同所有制投资结果结构的变动对城镇居民收入差距的影响，主要研究了国有经济的变动对城镇居民收入差距的影响。第四节的分析是对第三节分析的进一步深化，为了深度探究非国有经济的变动对城镇居民收入差距的影响，将非国有经济细分为私营个体经济、股份制经济、外资经济，逐一分析。得到的基本结论如下：

第一，明确了不同省份所有制投资结构的变动与城镇居民收入差距之间的关系和省份之间的差异。

从本章分析中可以得出，国有经济的发展可以缩小城镇居民的收入差距；私营个体经济和股份制经济的发展可以拉大城镇居民收入差距；各省份因地理优势和外资政策的不同，外资经济发展不尽相同，但在可分析的省份中，外资经济的发展对缩小城镇居民收入差距具有促进作用。根据各省份自身经济发展状况，所有制结构变动对城镇居民收入差距的影响也存在差异性。如广东、辽宁、江苏、浙江等经济发达省份，国有经济比重较低，而私营个体经济和股份制经济比重较高，经济发展水平较高，城镇居民收入差距较大，不同所有制投资结构变动对城镇居民收入差距影响明显，股份制经济比重增加相比于私营个体经济对城镇居民收入差距扩大的效果更明显；而如安徽、河南、湖北、陕西等经济欠发达省份，国有经济比重较高，非国有经济发展不足，经济发展水平较低，城镇居民收入差距较小，城镇居民收入差距对不同所有制投资结构变动不够敏感，私营个体经济比重增加相比于股份制经济对城镇居民收入差距扩大的效果更明显。虽然从实证结果来看，外资经济的发展确实可以缩小城镇收入差距，但外资经济所占比重较小，在调节城镇居民收入差距的问题上起不到根本作用，并且从投资比重上看，外资经济比重逐年下降，对城镇居民收入差距的影响更是微乎其微。

第二，揭示了所有制投资结构变动影响城镇居民收入差距的内在原因。

从各种经济类型的属性来看，国有经济作为国民经济的重要支柱，与非国有经济不同的是，它需要承担一定的社会责任，在国有经济体制下的员工平均工资较高；而私营个体经济和股份制经济以"利润最大化"为首要目标，尽可能降低劳动力成本，并且低端劳动力没有系统学习先进技术的机会，使得其长时间保持低收入状态，收入等级越高的人群财富积累速度越快，从而拉大了城镇居民收入差距；外资经济由于急需扩大规模和产量，使其市场地位迅速提高，则需要通过高工资待遇吸引劳动力。从经济发展水平来看，对于经济欠发达省份来讲，由于经济发展水平不足，市场机制不够完善，使得市场对投资变动不够敏感，投资利用率不高，股份制经济中多为大规模企业，在不成熟的市场中，投资转化为利润的速度相对较慢，而私营个体经济由于规模相对较小，对市场成熟度要求不高，可以快速适应市场，将投资转化成利润，所以在经济欠发达省份，私营个体经济对城镇居民收入差距的影响要大于股份制经济；反观经济发达省份，市场机制相对成熟，私营个体经济虽能快速适应市场，但因资本不如股份制经济充足，私营个体经济的企业规模相比于股份制经济要小很多，在成熟市场中，投资利用率高，股份制经济将投资转化为利润速度更快，所以在经济发达省份，股份制经济对城镇居民收入差距的影响要大于私营个体经济。从激励机制来看，国有经济体制工资结构较为固定，而体制内的员工收入主要来源就是工资，工作积极性不高；私营个体经济企业规模较小，所得利润主要流向私营业主和个体户，劳动和精力的投入会快速转化成利润，使得其快速脱离低收入等级，而股份制经济企业规模较大，所得利润一部分流向股东，另一部分则是作为福利或奖金下发给员工，无论是私营个体经济还是股份制经济，其经济主体可以通过自己劳动投入的增加来提高财富积累速度，从而拉大了城镇居民收入差距。

第三，提供了如何通过调整不同所有制投资结构来调节城镇居民收入差距的合理建议。

随着国有企业改革的不断推进，国有经济在各省份的投资比重不断下降，在经济发达省份，国有经济比重在近几年来更是下降至20%左右，而在经济欠发达省份，国有经济比重相对较高。我们回顾经济发达省份的发展历程，降低国有经济比重，大力发展市场活力更强的非国有经济，确实可以大力拉动经济增长，但也会带来城镇居民收入差距过大等严重问题。国有经济是我国国民经济的重要支柱，它是国家调控市场的重要手段，在本轮国有企业改革中，习近平总书记提出国有企业是壮大国家综合实力、保障人民共同利益的重要力量，必须理直气壮做强做优做大，不断增强活力、影响力、抗风险能力，实现国有资产保值增值。① 我们回顾历史经验教训，结合各省份经济发展的差异性和国家政策走向，对于中国各省份如何合理调整不同所

① 习近平对国有企业改革作出重要指示 [EB/OL]. 2016 – 07 – 04. http：//politics. gmw. cn/2016 – 07/04/content_20829802. htm.

有制投资结构，要具体问题具体分析。对于经济发达省份，在保证国有经济市场活力和质量的前提下，适当增加国有经济比重，可以缩小城镇居民的收入差距，且效果明显。而对于经济欠发达地区的省份，我们不能走之前经济发达省份的"老路"，应该把重点放在如何提升国有经济的市场活力和质量上，之前降低国有经济比重的重要原因是因为相比于非国有经济，国有经济效率较低，无法满足追求经济发展的目标。随着市场经济体制的不断深入和国有企业改革的不断引导，国有企业在市场中也在不断提高其市场竞争力和企业效率，若在经济欠发达省份对国有经济进行"瘦身"，提高国有经济的活力和质量，合理配置国有经济与非国有经济的比重，既能满足拉动经济增长、提高当地经济发展水平的目标，又能避免城镇居民收入差距过大的问题。

通过本章研究发现，国有经济发展确实可以缩小城镇居民收入差距，而私营个体经济和股份制经济的发展可以扩大城镇居民收入差距，但这并不是意味着我们要盲目地提高国有经济比重，限制非国有经济的发展。本轮国有企业改革的目的是"做强做优做大国有企业"、完成"三去一降一补"五大任务、提高国有经济市场活力和影响力，这样不仅可以提高国有企业市场竞争力、巩固国有经济的地位，更能为国家进行市场宏观调控、实现"共同富裕"的社会主义最终目标打下坚实基础。

第六节　本章小结

本章节采用利用变系数的静态面板数据模型，分析了国有经济和非国有经济比重的变动对城镇居民收入差距的影响。通过本章节研究，明确了不同省份所有制投资结构的变动与城镇居民收入差距之间的关系和省份之间的差异，揭示了所有制投资结构变动影响城镇居民收入差距的内在原因，最后提供了如何通过调整不同所有制投资结构来调节城镇居民收入差距的合理建议。综合看来，上述各个章节的实证研究主要是针对中国国有资本投资的效应展开，研究肯定了中国国有资本投资的经济效应和社会效应。但是，中国国有资本投资能够产生积极的正向效应并不能完全反映国有资本投资效率的高低。中国经济进入新的发展阶段，经济增长模式开始向质量和效率变革。

中国经济增长的效率如何，国有资本投资效率如何，关乎中国经济社会转型和国际竞争成败，因此，我们有必要进一步深入考察国有资本的投资效率状况。鉴于此，我们将在下一章节重点分析中国工业行业不同所有制资本投资效率乃至整个工业行业投资效率的动态变动。

第八章

中国不同所有制工业行业
生产率变动研究

——基于 Malmquist 指数模型

本章将利用非参数 Malmquist 指数方法研究 2005～2016 年不同所有制中国工业行业全要素生产率的变动趋势及其分解情况，同时进一步运用随机前沿模型测算中国工业行业的生产效率。本章研究发现：样本期内我国工业行业全要素生产率（TFP）取得了较大进步，同时呈现出阶段性变化特征：2005～2010 年 TFP 增长速度较快，其进步的源泉主要在于纯技术效率和规模效率的改进；2011～2016 年 TFP 增长速度放缓，其进步的源泉主要在于技术进步和纯技术效率的提升。另外，在现有的条件下，中国工业行业特别是国有工业行业的生产效率仍存在较大的提升空间。

第一节 引言与文献回顾

一、引言

改革开放初期，为了实现加速积累，我国通过对外开放政策加低成本劳动力、低资源价格和低环境标准等手段快速推进工业化和城市化进程。然而，长期以来，这种低成本的扩张却带来了高昂的代价，例如，生态安全和资源"瓶颈"问题越来越严重，不仅严重威胁着居民福祉，而且反噬经济增长的成果。粗放式的经济扩张方式可以作为初期赶超阶段的权宜之计，但随着资源和环境对经济增长的"瓶颈"彰显，决定了这种低端策略不能长期坚持，经济增长必须重视效率。中共十九大明确提出，推动经济发展质量变革、效率变革、动力变革，提高全要素生产率。贯彻新发展理念，建设现代化经济体系。与此同时，作为经济增长的内核——工业已经成为大国间争夺的战略制高点，全球产业竞争格局正在发生重大而深刻的调整，当今西方发达国家纷纷制定工业经济刺激和回归计划，例如，美国的"再工业化"战略、德国的"工业4.0"计划以及英国的"英国工业2050战略"，等等，给中国工业经济的转型升级带来了前所未有的机遇和挑战。

面对国内经济新态势以及复杂多变的国际形势，作为国民经济和社会发展压舱石的工业经济，能够在多大程度上实现由外延式增长模式向依靠全要素生产率提高的内涵式增长模式转变，关乎我国经济社会转型和国际竞争的成败。全要素生产率的提高不仅决定经济增长率的高低（王小鲁，2000），同时也是中国工业实现内涵式发展的关键①。从实际来看，我国一直把实体经济当作国民经济发展的根基。新中国成立后，在第一代中央领导集体的带领下初步建立了独立完整的工业体系。近年来，为做强做大实体经济，我国相继推出了十大产业调整振兴规划以及"中国制造2025"计划。如今，中国已经成为全世界唯一拥有联合国产业分类中全部工业门类的国家，建成了拥有39个工业大类，191个中类，525个小类的完整的工业体系。但是，虽然我国的实体经济规模和产业门类发展迅速，但我们应当清醒地认识到我国实体经济"大而不强"的特征仍然明显，传统增长红利空间逐渐消退，而创新红利、人力资本红利和综合配套改革红利等新红利空间尚待形成。我国实体经济仍面临着一系列发展的困境，例如，内部结构失衡、低水平与高水平共生、同质化建设严重、高附加值产业比重低、相当一部分工业企业研发能力弱、核心技术受制于人、技术设备和工艺水平比较落后，有增长无发展的现象持续存在。

二、生产效率研究综述

全要素生产率的提高主要表现为资源配置效率的改善和绝对的技术进

---

① 王小鲁. 中国经济增长的可持续性与制度变革［J］. 经济研究，2000（7）：3－15.

步。自索罗（1957）强调由技术进步表征的综合生产效率是经济持久增长的源泉以来，投入要素结构和全要素生产率对产出增长的贡献率逐渐成为绝大多数学者①判断经济发展方式转变的重要依据。在对全要素生产率研究的过程中，人们（Farrell，1957）发现除了技术进步，技术效率对经济增长效率也会产生重要影响②，进而全要素生产率的测度与分解逐渐成为广大学者③研究的一个重要领域。自20世纪80年代以来，国内部分学者④利用非参数Malmquist指数方法，同时还有一部分学者利用参数和半参数估计方法⑤对全要素生产率的变动及其分解进行研究。

　　国内许多学者针对中国工业行业全要素生产率的研究大体可分为两个方面：一是工业行业全要素生产率的变化趋势及其分解；二是工业行业全要素生产率变动的影响因素的研究。从全要素生产率的变化趋势的研究结果来看，绝大多数研究认为，较改革开放前，中国工业行业的全要素生产率明显改善，但是针对TFP的变动程度存在较大争议。部分学者认为，改革开放以

① Solow, Robert M. Technical Change and the Aggregate Production Function [J]. Review of Economics and Statistics, 1957, 39 (3): 312 – 320; Kim Jong – II and Lawrence Lau. The Sources of Economic Growth of the East Asian Newly Industrialized Countries [J]. Journal of Japanese and International Economies, 1994, 8 (3): 235 – 271; Krugman Paul. The Myth of Asia's Miracle [J]. Foreign Affairs, 1994, 73 (6): 62 – 78; Young Alwyn. The Tyranny of Numbers: Confronting the Statistical Realities of the East Asian Growth Experience [J]. Quarterly Journal of Economics, 1995, 110 (3): 641 – 680; Zheng Jinghai, Arne Bigsten and Angang Hu. Can China's Growth be sustained? A Productivity Perspective [J]. World Development, 2009, 37 (4): 874 – 888.

② Farrell, M. J. The Measurement of Productive Efficiency [J]. Journal of the Royal Statistical Society, 1957, 120 (3): 253 – 281.

③ Nishinizu, M. and Page, J. M., Total Factor Productivity Growth, Technological Progress and Technical Efficiency Change: Dimensions of Productivity Change in Yugoslavia 1965 – 1978 [J]. Economic Journal, 1982, 92 (368): 920 – 936; Fare, R., S. Grosskopf, M. Norris, and Z. Zhang. Productivity Growth, Technical Progress, and Efficiency Change in Industrialized Countries [J]. American Economic Review, 1994, 84 (1): 66 – 83; Dennis Aigner, C. A. Knox Lovell, Peter Schmidt. Formulation and estimation of stochastic frontier production function models [J]. Journal of Econometrics, 1977, 6 (1): 21 – 37; Meeusenm, W., and J. van den Broeck. Efficiency Estimation from Cobb – Douglas Production Functions with Composed Error [J]. International Economic Reviews, 1977, 18 (2): 435 – 444.

④ 孟令杰，李静. 中国全要素生产率的变动趋势——基于非参数的 Malmquist 指数方法 [J]. 产业经济评论，2004（2）：187 – 198；郑京海，胡鞍钢. 中国改革时期省际生产率增长变化的实证分析（1979~2001年）[J]. 经济学（季刊），2005（1）：263 – 296；金相郁. 中国区域全要素生产率与决定因素：1996~2003 [J]. 经济评论，2007（5）：107 – 112；章祥荪，贵斌威. 中国全要素生产率分析：Malmquist 指数法评述与应用 [J]. 数量经济技术经济研究，2008（6）：111 – 122；江玲玲，孟令杰. 我国工业行业全要素生产率变动分析 [J]. 技术经济，2011（8）：100 – 105.

⑤ 张军，施少华. 中国经济全要素生产率变动：1952 – 1998 [J]. 世界经济文汇，2003（2）：17 – 24；郭庆旺，贾俊雪. 中国全要素生产率的估算：1979 – 2004 [J]. 经济研究，2005（6）：51 – 60；杨汝岱. 中国制造业企业全要素生产率研究 [J]. 经济研究，2015（2）：61 – 74；蔡跃洲，付一夫. 全要素生产率增长中的技术效应与结构效应——基于中国宏观和产业数据的测算及分解 [J]. 经济研究，2017（1）：72 – 88.

后，中国工业行业 TFP 保持了较高的增长速度，年均增长速度在 6% 以上[①]；同时，一些学者[②]研究发现，改革开放以来，中国工业行业 TFP 保持了适中的增长速度，年均增速介于 1% ~ 5% 之间。此外，部分学者基于第二产业（蔡跃洲、付一夫，2017）和制造业（杨汝岱，2015）的研究也得出了类似结论（适中的增长速度）。此外，还有部分学者认为，改革开放以来，中国工业行业 TFP 增长速度缓慢（朱钟棣、李小平，2005）[③]，甚至出现负增长（李廉水、周勇，2006）[④]，其研究结果较为例外。

综合现有的成果来看，大多数研究认为，改革开放以来，得益于后发优势，中国工业行业全要素生产率的改善主要源于技术进步的推动。同时，也有部分研究（孙早、刘李华，2016）[⑤]认为，改革开放以来，中国工业行业 TFP 改善主要取决于技术效率的提升。另外，一些学者[⑥]分别从所有制结构、企业规模、技术研发和引进、产业集聚、金融市场扭曲、基础设施建设、要素投入结构和要素市场化等方面分析了上述各要素对于中国工业行业 TFP 变化的影响，其中大多数研究认为，国有企业比重较高的行业 TFP 相对较低，随着要素市场化的发展、软硬件环境的完善以及国有企业改革的持续推进，中国工业行业 TFP 不断改善，与此同时，近年来中国工业行业 TFP 增长率呈现出边际递减趋势。另外，一些学者（颜鹏飞、王兵，2004；王志刚等，2006；李平，2016；贺京同、何蕾，2016；钟世川、毛艳华，2017；马洪

① 涂正革，肖耿. 中国经济的高增长能否持续：基于企业生产率动态变化的分析 [J]. 世界经济，2006（2）：3 - 10 + 95；陈诗一. 中国工业分行业统计数据估算：1980 - 2008 [J]. 经济学（季刊），2011（3）：735 - 776.

② 李胜文，李大胜. 中国工业全要素生产率的波动：1986 - 2005——基于细分行业的三投入随机前沿生产函数分析 [J]. 数量经济技术经济研究，2008（5）：43 - 54；鲁晓东，连玉君. 中国工业企业全要素生产率估计：1999 - 2007 [J]. 经济学（季刊），2012（2）：541 - 558.

③ 朱钟棣，李小平. 中国工业行业资本形成、全要素生产率变动及其趋异化：基于分行业面板数据的研究 [J]. 世界经济，2005（9）：51 - 62.

④ 李廉水，周勇. 技术进步能否提高能源效率？——基于中国工业部门的实证检验 [J]. 管理世界，2006（10）：82 - 89.

⑤ 孙早，刘李华. 中国工业全要素生产率与结构演变：1990 - 2013 年 [J]. 数量经济技术经济研究，2016（10）：57 - 75.

⑥ 姚洋，章奇. 中国工业企业技术效率分析 [J]. 经济研究，2001（10）：13 - 19 + 28 - 95；刘勇. 中国工业全要素生产率的区域差异分析 [J]. 财经问题研究，2010（6）：43 - 47；邵宜航，步晓宁，张天华. 资源配置扭曲与中国工业全要素生产率——基于工业企业数据库再测算 [J]. 中国工业经济，2013（12）：39 - 51；董桂才，朱晨. 中国工业全要素生产率增长行业差异及其影响因素研究——基于增长核算法 2 位数编码工业行业面板数据的实证分析 [J]. 中央财经大学学报，2013（11）：62 - 68；程惠芳，陆嘉俊. 知识资本对工业企业全要素生产率影响的实证分析 [J]. 经济研究，2014（5）：174 - 187；杨勇，李忠民. 供给侧结构性改革背景下的要素市场化与工业全要素生产率——基于 31 个地区的实证分析 [J]. 经济问题探索，2017（2）：31 - 38.

福、郝寿义，2018)[①]从整个国民经济部门，同时还有部分学者[②]从农业、汽车行业和服务业等视角研究了全要素生产率的变动情况。

三、生产效率研究综述简评

综合来看，现有研究由于研究方法、研究视角、样本选择甚至是数据处理方法等方面的不同，无论是全要素生产率的变动程度，还是全要素生产率进步的主导因素，相关研究结果均存在一定程度的差异。综合现有的文献来看，一方面现有大部分文献的样本数据较为陈旧，对近10年来实体经济的生产效率变动以及分解等问题解释能力不足。本书将样本期限向后推进了一大步，有助于揭示近年来特别是经济进入新常态以来的工业行业生产效率的最新特征，为新一轮工业转型提供进一步的经验证据；另一方面，本书的计算表明，中国2005~2016年工业行业TFP年均增长速度为3.4%，且近年来开始呈下降趋势，这与大多数文献估计的TFP增长速度非常接近，且变动趋势一致。这将有利于学术界在关于中国工业行业全要素生产率变动方面达成共识，具有较为重要的实践和借鉴意义。

第二节　马姆奎斯特指数模型介绍

本节选取中国工业行业所涉及的38个大中类子行业为样本，利用非参数马姆奎斯特（Malmquist）指数法研究2005~2016年间中国上述行业的全要素生产率（TFP）变动情况。在具体的实证分析中，把我国2005~2016年的采矿业，制造业和电力、热力、燃气及水生产和供应业三大行业下的38个大中类子行业看作单独的决策单元，由此构成不同时期的最佳实践技术前沿面，通过每个决策单元同最佳实践技术前沿面的比较，最终得出不同

---

①　颜鹏飞，王兵. 技术效率、技术进步与生产率增长：基于DEA的实证分析 [J]. 经济研究，2004（12）：55-65；马洪福，郝寿义. 要素禀赋异质性、技术进步与全要素生产率增长——基于28个省市数据的分析 [J]. 经济问题探索，2018（2）：39-48.

②　陈卫平. 中国农业生产率增长、技术进步与效率变化：1990-2003年 [J]. 中国农村观察，2006（1）：18-23；生延超，欧阳峣. 规模扩张还是技术进步：中国汽车产业全要素生产率的测度与评价——基于非参数Malmquist指数的研究 [J]. 中国科技论坛，2011（6）：42-47；杨向阳，徐翔. 中国服务业全要素生产率增长的实证分析 [J]. 经济学家，2006（3）：68-76.

行业、不同时期的技术效率和技术进步变动情况。

一、Malmquist 指数模型

本书从产出角度来研究全要素生产率的变化。假设在每一个时期 $t = 1$，…，T，第 $k = 1$，…，K 个行业使用 $n = 1$，…，N 种投入要素 $x^t_{k,n}$，得到第 $m = 1$，…，M 种产出 $y^t_{k,m}$。每一个时期在规模报酬不变和投入要素强可处置的条件下，参考技术可以被定义为：

$$L^t(y \mid C, S) = \{x: y \leq zM, \ x \geq zN, \ z \geq 0\} \tag{8.1}$$

式（8.1）中的 z 表示每一个横截面观察值的权重。另外，式（8.1）中 C 和 S 分别表示固定规模报酬和投入要素强可处置的条件。根据参考技术，我们可以得到基于产出的每一个决策单元的 Farell 技术效率。接下来，我们进一步引入距离函数，以便计算生产率随时间变化的 Malmquist 指数。本书中我们引用 Farrell 技术效率的倒数（Fare et al.，1994）作为距离函数。在上述设定下，我们便可以得到参考技术 $L^t(y \mid C, S)$ 下的产出距离函数：

$$D^t_i(x^t, y^t) = 1/F^t_i(x^t, y^t \mid C, S) \tag{8.2}$$

式（8.2）中，当 $D^t_i(x^t, y^t) = 1$ 时，表示厂商的投入产出变量 (x^t, y^t) 在生产边界上，这种情况下厂商的生产在技术上是有效的；当 $D^t_i(x^t, y^t) < 1$ 时，厂商的投入产出变量 (x^t, y^t) 在生产边界的内部，这种情况下厂商的生产在技术上是无效的。Malmquist 生产率变化指数可以被分解为相对技术效率变化和技术进步变化，其中，技术效率的变化主要是由于制度创新和科学管理等途径引起的效率提高，进而使得决策单元的生产逐渐逼近生产可能性边界；技术进步变动是由于创新或先进技术的引进所引起的生产边界外移。在现有的资源条件下，技术效率提升能够促进实际产出增长，但由其引致的边际效应会随着时间推移逐渐弱化甚至消失；而技术进步不仅使得短期产出提高，而且能够带来产出的可持续增长。Malmquist 生产率变化指数表示为：

$$M_i(x^{t+1}, y^{t+1}, x^t, y^t) = \frac{D^{t+1}_i(x^{t+1}, y^{t+1})}{D^t_i(x^t, y^t)}$$

$$\times \left[\left(\frac{D^t_i(x^{t+1}, y^{t+1})}{D^{t+1}_i(x^t, y^t)} \right) \left(\frac{D^t_i(x^t, y^t)}{D^{t+1}_i(x^t, y^t)} \right) \right]^{\frac{1}{2}} \tag{8.3}$$

在式（8.3）中，x^t 代表 t 时期的投入向量集。其中，式（8.3）中的第一项测度的是时刻 t 和 $t+1$ 期间的相对效率的变化，表示的是 t 到 $t+1$ 期间的技术使用效率的变动；第二项测度的是当投入分别为 x^t 和 x^{t+1} 时的技术变化。根据式（8.3）我们可以把全要素生产率的变化定义为效率变化（EFFCH）和技术进步（TECHCH）的结果。式（8.3）的分解以规模收益不变为假设前提。而根据班克等（Banker et al.，1984）的研究，可以将上述技术效率做进一步分解：

$$
\begin{aligned}
M_i(x^{t+1},\ y^{t+1},\ x^t,\ y^t) &= \left[\frac{D_{i,CRS}^{t+1}(x^{t+1},\ y^{t+1})}{D_{i,VRS}^{t+1}(x^t,\ y^t)} \middle/ \frac{D_{i,CRS}^t(x^t,\ y^t)}{D_{i,VRS}^{t+1}(x^{t+1},\ y^{t+1})} \right] \\
&\quad \times \frac{D_{i,VRS}^t(x^t,\ y^t)}{D_{i,VRS}^{t+1}(x^{t+1},\ y^{t+1})} \left[\left(\frac{D_{i,CRS}^{t+1}(x^{t+1},\ y^{t+1})}{D_{i,CRS}^{t+1}(x^{t+1},\ y^{t+1})} \right) \right. \\
&\quad \left. \left(\frac{D_{i,CRS}^t(x^t,\ y^t)}{D_{i,CRS}^{t+1}(x^t,\ y^t)} \right) \right]^{\frac{1}{2}} \\
&= SC \times PE \times TP
\end{aligned}
\tag{8.4}
$$

在式（8.4）中，SC、PE 和 TP 分别代表规模效率、纯技术效率和技术进步。其中，规模效率和纯技术效率是基于规模收益不变所计算的技术效率分解而来的，即 $EFFCH = PE \times SC$。通过上述步骤，我们可以把 Malmquist 指数分解为纯技术效率、规模效率和技术进步三个指标。当规模效率 $PE > 1$，或者纯技术效率 $PE > 1$，反映了规模报酬递增和技术效率的进步，说明决策单元向生产前沿面移动，反之则相反；当技术进步 $TP > 1$，则反映了由于技术进步的推动，下一期生产前沿面向前推进，反之亦然。Malmquist 指数（TFPCH）变动反映了全要素生产率的变动情况，当 $TFPCH > 1$ 时，表明全要素生产率有所提升；当 $TFPCH < 1$ 时，表明全要素生产率有所退化。

二、Malmquist 指数模型文献研究回顾

国内部分学者利用 Malmquist 生产率指数方法分析了全要素生产率的变动及其分解情况。其中孟令杰、李静（2004）[1] 研究发现1952～1998年我国 TFP 年均增长速度为 0.37%，TFP 进步主要是因为技术进步的改善，而技术

---

① 孟令杰，李静. 中国全要素生产率的变动趋势——基于非参数的 Malmquist 指数方法 [J]. 产业经济评论，2004（2）：187－198.

效率对于 TFP 增长产生不利影响；郑京海和胡鞍钢（2005）[1] 研究发现：在 1978~1995 年 TFP 处于高增长期（4.6%），而在 1996~2001 年间 TFP 进入低增长期（0.6%），同时技术进步速度减慢、技术效率有所下降；金相郁（2007）[2] 估算的 1996~2003 年间各省区市的全要素生产率平均增加了 3.8%，认为全要素生产率改善主要是由于技术变化而非效率的变化，而且 1996~2003 年间的各省区市的要素平均利用效率并不是很高；章祥苏和贵斌威（2008）[3] 研究发现：1978~2005 年我国 TFP 平均增长率为 1.6%，TFP 进步主要得益于技术进步（1.48%）和技术效率改进（1.31%），而规模报酬递减对 TFP 增长产生了不利影响（-1.16%）。在工业行业领域，江玲玲和孟令杰（2011）[4] 估算出 2006~2009 年我国工业全要素生产率年均增长率为 4.3%，技术进步年均增长率为 1.6%，技术效率年均增长率为 2.7%，认为技术进步在推动全要素生产率增长中失去主导性地位。

第三节　中国不同所有制工业行业全要素生产率分解

一、变量选取及数据处理

本书中的工业行业包括国有控股、私营和外商投资的采矿业、制造业和电力、热力、燃气及水生产和供应业所涉及的 38 个大中类子行业。样本数据来源于《中国工业统计年鉴》（2006 - 2017），横截面为不同所有制下的采矿业、制造业以及电力、热力、燃气及水生产和供应业的 38 个大中类子行业，并将其作为决策管理单位（DMU）。由于当前中国没有行业资本存量的统计数据，部分学者采用固定资产净值年均余额和流动资本年均余额来度

① 郑京海，胡鞍钢. 中国改革时期省际生产率增长变化的实证分析（1979~2001 年）[J]. 经济学（季刊），2005（1）：263-296.
② 金相郁. 中国区域全要素生产率与决定因素：1996-2003 [J]. 经济评论，2007（5）：107-112.
③ 章祥苏，贵斌威. 中国全要素生产率分析：Malmquist 指数法评述与应用 [J]. 数量经济技术经济研究，2008（6）：111-122.
④ 江玲玲，孟令杰. 我国工业行业全要素生产率变动分析 [J]. 技术经济，2011（8）：100-105.

量资本投入。① 还有部分学者采取永续盘存法估计资本存量。由于本书的研究涉及的横截面较多，且受不同行业属性的约束，采用永续盘存法估计资本存量可能会存在较大的偏差。因此本书中我们采用前一种方法，即通过加总各行业的固定资产净值年均余额和流动资产年均余额作为行业资本投入；利用各行业的年均职工投入人数表示劳动投入；② 选取各行业的工业销售产值作为产出指标。为了使年度数据间具有可比性，采用固定资产投资价格指数、工业生产者购进价格指数、工业出厂价格指数把上述固定资产净值年均余额、流动资本年均余额和工业销售产值的时序数据折算为以 2005 年为基期的不变价。

利用 DEAP 软件对 2005～2016 年间的中国工业 38 个大中类子行业的面板数据进行分析，得到各行业每年的 TFP 变动及其分解值，以此为基础，将各行业的计算结果进行汇总整理得到中国 38 个行业的 TFP 总体变动情况以及国有控股行业、私营行业和外商投资行业的 TFP 变动情况。

二、全要素生产率时变分析

表 8-1 给出了 2005～2016 年中国工业行业的 TFP 增长率及其分解值。总体看来，2005～2016 年中国工业行业 TFP 年均增长 3.4%。通过表 8-1 可以看出，2005～2016 年间，中国工业行业的 TFP 增长主要取决于技术效率的增长，而技术进步贡献度较低。在此期间，技术效率年均增长率高达 6.8%，而技术进步年均增长率为 -0.32%。

表 8-1　　　　　　　　　　　全要素生产率变动及其分解

年份	技术效率	技术进步	纯技术效率	规模效率	Malmquist 指数
2005～2006	1.478	0.709	1.036	1.427	1.049
2006～2007	0.961	1.125	1.016	0.945	1.081

① 祝福云，闫鑫. 我国轻工业全要素生产率指数研究——基于三阶段 DEA - Malmquist 指数的分析 [J]. 价格理论与实践，2016（7）：108－111.
② 张玲. 基于 Malmquist 指数的中国工业全要素生产率变动的实证研究 [D]. 保定：河北大学，2007.

年份	技术效率	技术进步	纯技术效率	规模效率	Malmquist 指数
2007～2008	1.267	0.829	1.091	1.162	1.050
2008～2009	1.063	0.928	1.037	1.025	0.986
2009～2010	0.942	1.163	0.994	0.948	1.096
2010～2011	1.150	0.973	1.040	1.107	1.120
2011～2012	0.925	1.072	0.965	0.958	0.991
2012～2013	1.027	1.002	1.028	1.000	1.030
2013～2014	0.551	1.862	0.662	0.832	1.027
2014～2015	1.952	0.497	1.576	1.239	0.970
2015～2016	0.975	1.016	0.989	0.986	0.991
均值	1.068	0.968	1.021	1.046	1.034

注：全要素生产率即 Malmquist 指数，大于 1 说明正增长，小于 1 说明负增长，下同。
资料来源：作者计算所得。

另外，通过表 8 - 2 可以看出 2005～2016 年中国工业行业 TFP 及其分解值具有明显的阶段性特征：2005～2010 年 TFP 增长速度较快，年均增长率为 5.2%。此阶段，TFP 进步主要得益于纯技术效率和规模效率的改进，两者年均增长率分别为 2.1% 和 4.6%，而技术进步对于 TFP 的增长带来了负面影响；2011～2016 年 TFP 增长趋于平缓，年均增长率为 0.1%。此阶段，TFP 进步主要归功于技术进步和纯技术效率的提升，两者年均增长率分别为 0.2% 和 0.5%，而规模效率对于 TFP 的增长带来了负面影响。

表 8 - 2　　　　　　　　分时段全要素生产率变动及其分解

年份	技术效率	技术进步	纯技术效率	规模效率	Malmquist 指数
2005～2010	1.125	0.935	1.034	1.088	1.052
2011～2016	0.999	1.002	1.005	0.995	1.001

资料来源：作者计算所得。

三、全要素生产率变动的行业分析

1. 三大工业行业的全要素生产率变动分析

由表 8 - 3 可得，中国工业三大行业中，电力、热力、燃气及水生产和供应业的 TFP 增长最为迅速，年均增长率高达 4.9% ；其次为制造业，TFP 年均增长率为 3.7% ；采矿业 TFP 增长最为缓慢，其 TFP 年均增长率仅为 1.5% 。三大行业的 TFP 增长皆归功于纯技术效率和规模效率的提升，而技术进步对 TFP 的增长产生了不利冲击。

表 8 - 3　　　　　　　三大工业行业全要素生产率变动及其分解

行业	技术效率	技术进步	纯技术效率	规模效率	Malmquist 指数
采矿业	1.058	0.959	1.023	1.035	1.015
制造业	1.065	0.974	1.017	1.047	1.037
电力、热力、燃气及水生产和供应业	1.129	0.929	1.064	1.063	1.049

资料来源：作者计算所得。

2. 采矿业全要素生产率变动分析

由表 8 - 4 可得，2005 ~ 2016 年中国的采矿业中，私营行业的 TFP 增长最为迅速，年均增长率高达 4.9% ；然后是国有控股采矿业，TFP 年均增长率为 0.2% ；与此同时，外商投资的采矿行业 TFP 出现负增长，年均增长率为 - 0.7% 。

表 8 - 4　　　　　　　采矿业全要素变动及其分解

行业	技术效率	技术进步	纯技术效率	规模效率	Malmquist 指数
国有控股	1.051	0.954	0.996	1.056	1.002
私营	1.095	0.958	1.048	1.046	1.049
外商投资	1.028	0.965	1.026	1.003	0.993
平均	1.058	0.959	1.023	1.035	1.015

资料来源：作者计算所得。

另外，2005～2016 年，国有控股采矿业 TFP 的改善主要取决于规模效率的提升，而技术进步和纯技术效率均不利于国有控股采矿业 TFP 的增长；私营和外商投资采矿业 TFP 的改善主要归功于纯技术效率和规模效率的提升，技术进步均不利于私营和外商投资采矿业 TFP 的增长。

3. 制造业全要素生产率变动分析

由表 8 - 5 可得，2005～2016 年中国制造行业 TFP 年均增长 3.7%，同杨汝岱（2015）的研究结果较为吻合。国有控股制造业的 TFP 增长最为迅速，年均增长率高达 4.8%；然后为私营制造业，TFP 年均增长率为 3.4%；外商投资制造业 TFP 年均增长率为 3.0%。另外，2005～2016 年，制造行业 TFP 的改善主要取决规模效率和纯技术效率的提升，其中，规模效率对 TFP 进步贡献最大，而技术进步不利于制造行业 TFP 的增长。

表 8 - 5　　　　　　　　　　制造业全要素变动及其分解

行业	技术效率	技术进步	纯技术效率	规模效率	Malmquist 指数
国有控股	1.070	0.979	1.029	1.040	1.048
私营	1.069	0.967	1.014	1.054	1.034
外商投资	1.055	0.976	1.008	1.047	1.030
平均	1.065	0.974	1.017	1.047	1.037

资料来源：作者计算所得。

图 8 - 1 给出了 2005～2016 年不同所有制制造业的 TFP 增长率情况。从图 8 - 1 可以看出，大部分制造业子行业（选取其中的 30 个行业）的 TFP 增长率为正（大于 1）；国有控股的绝大多数制造业子行业 TFP 增长率为正值，部分制造业子行业 TFP 增长极为迅速；私营和外商投资的若干制造业子行业 TFP 增长率为负值，说明部分私营和外商投资的制造业子行业 TFP 发生了倒退。

4. 电热燃及水生产和供应业全要素生产率变动分析

由表 8 - 6 可得，2005～2016 年中国电力、热力、燃气及水生产和供应业中，私营行业的 TFP 增长最为迅速，年均增长率高达 6.2%；然后为国有控股行业，TFP 年均增长率为 5.2%；外商投资制造业 TFP 年均增长率为 3.2%。另外，此阶段电热燃及水生产和供应业 TFP 的改善主要取决于规模效率和纯技术效率的提升，而技术进步不利于电力、热力、燃气及水生产和供应业 TFP 的增长。

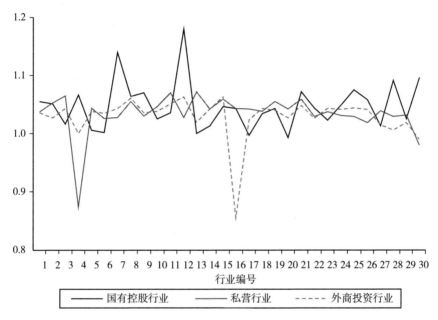

图 8-1　不同所有制制造业各子行业全要素生产率变动

注：图中行业编号对应的 30 个行业分别为：1. 农副食品加工业；2. 食品制造业；3. 饮料制造业；4. 烟草制品业；5. 纺织业；6. 纺织服装、鞋、帽制造业；7. 皮革、毛皮、羽毛（绒）及其制品业；8. 木材加工及木、竹、藤、棕、草制品业；9. 家具制造业；10. 造纸及纸制品业；11. 印刷业和记录媒介的复制；12. 文教体育用品制造业；13. 石油加工、炼焦及核燃料加工业；14. 化学原料及化学制品制造业；15. 医药制造业；16. 化学纤维制造业；17. 橡胶制品业；18. 塑料制品业；19. 非金属矿物制品业；20. 黑色金属冶炼及压延加工业；21. 有色金属冶炼及压延加工业；22. 金属制品业；23. 通用设备制造业；24. 专用设备制造业；25. 交通运输设备制造业；26. 电气机械及器材制造业；27. 通信设备、计算机及其他电子设备制造业；28. 仪器仪表及文化、办公用机械制造业；29. 工艺品及其他制造业；30. 废弃资源和废旧材料回收加工业。

表 8-6　　电力、热力、燃气及水生产和供应业全要素变动及其分解

行业	技术效率	技术进步	纯技术效率	规模效率	Malmquist 指数
国有控股	1.138	0.924	1.032	1.104	1.052
私营	1.122	0.946	1.105	1.016	1.062
外商投资	1.127	0.916	1.056	1.069	1.032
平均	1.129	0.929	1.064	1.063	1.049

资料来源：作者计算所得。

四、不同所有制工业行业的全要素生产率变动分析

由表 8 - 7 可以看出，2005 ~ 2016 年中国大中类行业中，国有控股工业行业 TFP 年均增长最为迅速，年均增速为 4.2%；然后为私营工业行业，TFP 年均增速为 3.9%；外商投资工业行业 TFP 增长最为缓慢，TFP 年均增速为 2.5%。不同所有制工业行业的 TFP 的改进主要得益于规模效率和纯技术效率的提升，而技术进步对 TFP 的增长产生了不利冲击。

表 8 - 7 　　　　不同所有制工业行业的全要素生产率及其分解

行业	技术效率	技术进步	纯技术效率	规模效率	Malmquist 指数
国有控股	1.073	0.972	1.025	1.047	1.042
私营	1.077	0.965	1.026	1.050	1.039
外商投资	1.058	0.970	1.015	1.043	1.025

资料来源：作者计算所得。

表 8 - 8 至表 8 - 10 分别给出了国有控股工业行业、私营工业行业和外商投资工业行业的全要素生产率变动及其分解情况。

表 8 - 8 　　　　国有控股工业行业全要素生产率变动及其分解

行业属性	行业名称
TFP 正增长的行业	文教体育用品制造业，皮革、毛皮、羽毛（绒）及其制品业，燃气生产和供应业，废弃资源和废旧材料回收加工业，仪器仪表及文化、办公用机械制造业，交通运输设备制造业，有色金属冶炼及压延加工业，家具制造业，烟草制品业，木材加工及木、竹、藤、棕、草制品业，电气机械及器材制造业，农副食品加工业，有色金属矿采选业，食品制造业，专用设备制造业，医药制造业，金属制品业，化学纤维制造业，非金属矿物制品业，电力、热力的生产和供应业，非金属矿采选业，印刷和记录媒介复制业，塑料制品业，工艺品及其他制造业，造纸及纸制品业，通用设备制造业，饮料制造业，通信设备、计算机及其他电子设备制造业，化学原料及化学制品制造业，水的生产和供应业，黑色金属矿采选业，纺织业，纺织服装、鞋、帽制造业，石油加工、炼焦及核燃料加工业
TFP 负增长的行业	石油和天然气开采业、煤炭开采和洗选业、黑色金属冶炼及压延加工业、橡胶制品业

行业属性	行业名称
技术效率正增长的行业	文教体育用品制造业，燃气生产和供应业，皮革、毛皮、羽毛（绒）及其制品业，电力、热力的生产和供应业，废弃资源和废旧材料回收加工业，木材加工及木、竹、藤、棕、草制品业，非金属矿物制品业，水的生产和供应业，有色金属冶炼及压延加工业，非金属矿采选业，造纸及纸制品业，化学纤维制造业，家具制造业，农副食品加工业，交通运输设备制造业，化学原料及化学制品制造业，食品制造业，印刷和记录媒介复制业，仪器仪表及文化、办公用机械制造业，有色金属矿采选业，烟草制品业，饮料制造业，塑料制品业，纺织服装、鞋、帽制造业，石油加工、炼焦及核燃料加工业，纺织业，医药制造业，黑色金属冶炼及压延加工业，电气机械及器材制造业，金属制品业，专用设备制造业，煤炭开采和洗选业，黑色金属矿采选业，石油和天然气开采业，橡胶制品业，工艺品及其他制造业，通用设备制造业，通信设备、计算机及其他电子设备制造业
技术效率负增长的行业	无
技术进步正增长的行业	仪器仪表及文化、办公用机械制造业，电气机械及器材制造业，专用设备制造业，通用设备制造业，金属制品业，工艺品及其他制造业，通信设备、计算机及其他电子设备制造业，烟草制品业，交通运输设备制造业
技术进步负增长的行业	石油和天然气开采业，水的生产和供应业，燃气生产和供应业、电力、热力的生产和供应业，造纸及纸制品业，化学原料及化学制品制造业，煤炭开采和洗选业，非金属矿物制品业，纺织服装、鞋、帽制造业，黑色金属冶炼及压延加工业，非金属矿采选业，石油加工、炼焦及核燃料加工业，化学纤维制造业，饮料制造业，木材加工及木、竹、藤、棕、草制品业，纺织业，印刷和记录媒介复制业，塑料制品业，橡胶制品业，有色金属冶炼及压延加工业，食品制造业，黑色金属矿采选业，农副食品加工业，废弃资源和废旧材料回收加工业，有色金属矿采选业，文教体育用品制造业，家具制造业、皮革、毛皮、羽毛（绒）及其制品业、医药制造业

表 8-9　　　　　　　　私营工业行业全要素生产率变动及其分解

行业属性	行业名称
TFP 正增长的行业	石油和天然气开采业，燃气生产和供应业，石油加工、炼焦及核燃料加工业，印刷和记录媒介复制业，饮料制造业，水的生产和供应业，有色金属冶炼及压延加工业，医药制造业，非金属矿物制品业，木材加工及木、竹、藤、棕、草制品业，非金属矿采选业，食品制造业，有色金属矿采选业，造纸及纸制品业，纺织业，化学纤维制造业，黑色金属冶炼及压延加工业，化学原料及化学制品制造业，橡胶制品业，通信设备、计算机及其他电子设备制造业，黑色金属矿采选业，塑料制品业，农副食品加工业，通用设备制造业，电力、热力的生产和供应业，工艺品及其他制造业，专用设备制造业，家具制造业，交通运输设备制造业，仪器仪表及文化、办公用机械制造业，金属制品业，皮革、毛皮、羽毛（绒）及其制品业，文教体育用品制造业，纺织服装、鞋、帽制造业、电气机械及器材制造业
TFP 负增长的行业	烟草制品业、废弃资源和废旧材料回收加工业、煤炭开采和洗选业

行业属性	行业名称
技术效率正增长的行业	石油和天然气开采业，水的生产和供应业，电力、热力的生产和供应业，燃气生产和供应业，印刷和记录媒介复制业，非金属矿采选业，饮料制造业，木材加工及木、竹、藤、棕、草制品业，非金属矿物制品业，食品制造业，医药制造业，石油加工、炼焦及核燃料加工业，纺织业，工艺品及其他制造业，橡胶制品业，造纸及纸制品业，家具制造业，文教体育用品制造业，有色金属矿采选业，塑料制品业，通信设备、计算机及其他电子设备制造业，黑色金属矿采选业，纺织服装、鞋、帽制造业，皮革、毛皮、羽毛（绒）及其制品业，金属制品业，通用设备制造业，仪器仪表及文化、办公用机械制造业，化学原料及化学制品制造业，农副食品加工业，专用设备制造业，交通运输设备制造业，煤炭开采和洗选业，电气机械及器材制造业，有色金属冶炼及压延加工业，化学纤维制造业，黑色金属冶炼及压延加工业，废弃资源和废旧材料回收加工业
技术效率负增长的行业	烟草制品业
技术进步正增长的行业	有色金属冶炼及压延加工业
技术进步负增长的行业	电力、热力的生产和供应业，煤炭开采和洗选业，烟草制品业，水的生产和供应业，工艺品及其他制造业，文教体育用品制造业，非金属矿采选业，家具制造业，木材加工及木、竹、藤、棕、草制品业，非金属矿物制品业，纺织业，橡胶制品业，纺织服装、鞋、帽制造业，皮革、毛皮、羽毛（绒）及其制品业，石油和天然气开采业，食品制造业，金属制品业，印刷和记录媒介复制业，饮料制造业，仪器仪表及文化、办公用机械制造业，造纸及纸制品业，塑料制品业，通信设备、计算机及其他电子设备制造业，黑色金属矿采选业，电气机械及器材制造业，医药制造业，通用设备制造业，交通运输设备制造业，有色金属矿采选业，专用设备制造业，农副食品加工业，燃气生产和供应业，化学原料及化学制品制造业，废弃资源和废旧材料回收加工业，石油加工、炼焦及核燃料加工业，化学纤维制造业，黑色金属冶炼及压延加工业

表 8 – 10　　　　　　外商投资工业行业全要素生产率变动及其分解

行业属性	行业名称
TFP 正增长的行业	黑色金属矿采选业，医药制造业，文教体育用品制造业，木材加工及木、竹、藤、棕、草制品业，有色金属矿采选业，印刷和记录媒介复制业，有色金属冶炼及压延加工业，交通运输设备制造业，通用设备制造业，饮料制造业，塑料制品业，皮革、毛皮、羽毛（绒）及其制品业，燃气生产和供应业，化学原料及化学制品制造业，专用设备制造业，电气机械及器材制造业，非金属矿物制品业，纺织业，造纸及纸制品业，农副食品加工业，家具制造业，纺织服装、鞋、帽制造业，食品制造业，黑色金属冶炼及压延加工业，水的生产和供应业，电力、热力的生产和供应业，金属制品业，橡胶制品业，石油加工、炼焦及核燃料加工业，工艺品及其他制造业，通信设备、计算机及其他电子设备制造业，仪器仪表及文化、办公用机械制造业
TFP 负增长的行业	化学纤维制造业、石油和天然气开采业、煤炭开采和洗选业、废弃资源和废旧材料回收加工业、非金属矿采选业

续表

行业属性	行业名称
技术效率正增长的行业	电力、热力的生产和供应业，水的生产和供应业，燃气生产和供应业，文教体育用品制造业，木材加工及木、竹、藤、棕、草制品业，造纸及纸制品业，化学原料及化学制品制造业，皮革、毛皮、羽毛（绒）及其制品业，家具制造业、有色金属矿采选业，印刷和记录媒介复制业，纺织业，纺织服装、鞋、帽制造业，有色金属冶炼及压延加工业，塑料制品业，非金属矿物制品业，医药制造业，工艺品及其他制造业，黑色金属冶炼及压延加工业，饮料制造业，石油加工、炼焦及核燃料加工业，交通运输设备制造业，橡胶制品业，电气机械及器材制造业，黑色金属矿采选业，食品制造业，农副食品加工业，金属制品业，非金属矿采选业，通用设备制造业，专用设备制造业，仪器仪表及文化、办公用机械制造业，通信设备、计算机及其他电子设备制造业，石油和天然气开采业
技术效率负增长的行业	化学纤维制造业、煤炭开采和洗选业、废弃资源和废旧材料回收加工业
技术进步正增长的行业	黑色金属矿采选业、通用设备制造业、专用设备制造业、废弃资源和废旧材料回收加工业
技术进步负增长的行业	电力、热力的生产和供应业，石油和天然气开采业，水的生产和供应业，燃气生产和供应业，造纸及纸制品业，工艺品及其他制造业，非金属矿采选业，家具制造业，木材加工及木、竹、藤、棕、草制品业，纺织服装、鞋、帽制造业，石油加工、炼焦及核燃料加工业，文教体育用品制造业，黑色金属冶炼及压延加工业，纺织业，化学原料及化学制品制造业，皮革、毛皮、羽毛（绒）及其制品业，煤炭开采和洗选业，化学纤维制造业，橡胶制品业，非金属矿物制品业，塑料制品业，印刷和记录媒介复制业，有色金属矿采选业，有色金属冶炼及压延加工业，食品制造业，饮料制造业，仪器仪表及文化、办公用机械制造业，金属制品业，交通运输设备制造业，电气机械及器材制造业，医药制造业，农副食品加工业，通信设备、计算机及其他电子设备制造业

注：因烟草行业禁止外商投资，因此表8－10只包含37个行业。

由表8－8可得，2005～2016年国有控股的38个大中类行业中，有89.5%的行业TFP增长率为正，而10.5%的行业TFP增长率为负；所有的国有控股38个大中类行业的技术效率正增长。另外，国有控股的38个大中类行业中有23.7%的行业的技术进步为正增长，其余76.3%的行业技术进步增长率为负值。

由表8－9可得，2005～2016年私营工业行业的38个大中类行业中，有92.1%的行业TFP增长率为正，而有7.9%的行业TFP增长率为负；私营的38个大中类行业中，有97.4%的行业技术效率为正增长，其余2.6%的行业技术效率为负增长。另外，私营工业行业38个大中类行业中仅有2.6%的行业技术进步为正增长，其余 97.4% 的行业技术进步为负增长。

由表 8 - 10 可得，2005～2016 年外商投资的 37 个大中类行业中，有 86.5% 的行业 TFP 增长率为正，而有 13.5% 的行业 TFP 增长率为负；其中，外商投资的 37 个大中类行业中有 91.9% 的行业技术效率正增长，其余 8.1% 的行业技术效率年均增长率为负值。另外，外商投资的 38 个大中类行业中仅有 10.8% 的行业技术进步为正增长，其余 89.2% 的行业技术进步增长率为负值。

五、不同所有制工业行业全要素生产率变动时变分析

1. 国有控股工业行业全要素生产率变动时变分析

由表 8 - 11 可以看出，国有控股工业行业全要素生产率变动呈现出明显的阶段性特征。2005～2010 年，国有控股工业行业全要素生产率平均增长率为 7.56%，其中对全要素生产率进步贡献最大的是技术效率、其年均增长率高达 14.79%。此阶段，技术进步对全要素生产率变动产生了负面冲击；2010～2016 年，国有控股工业行业全要素生产率平均增长率下降至 1.57%，虽然全要素生产率进步主要归功于技术效率，但是技术效率增长率较前一阶段大幅下滑，其平均增长率为 1.57%。值得一提的是，此阶段技术进步对国有控股工业行业全要素生产率增长产生了积极的拉动作用，技术进步增长率为 0.014%。

表 8 – 11　　　　　　　国有控股工业行业全要素生产率分时段变动

年份	技术效率	技术进步	纯技术效率	规模效率	Malmquist 指数
2005～2010	1.14785	0.93973	1.04548	1.10200	1.07560
2010～2016	1.01574	1.00014	1.01034	1.00522	1.01598

资料来源：作者计算所得。

2. 私营工业行业全要素生产率变动时变分析

由表 8 - 12 可以看出，私营工业行业全要素生产率变动同样呈现出明显的阶段性特征。2005～2010 年，私营工业行业全要素生产率平均增长率为 4.65%，其中对全要素生产率进步贡献最大的是技术效率、其年均增长率高

达 13.53%。

表 8 - 12　　　　　　　　私营工业行业全要素生产率分时段变动

年份	技术效率	技术进步	纯技术效率	规模效率	Malmquist 指数
2005～2010	1.1353	0.9231	1.0416	1.0916	1.0465
2010～2016	1.0333	1.0013	1.0145	1.0188	1.0346

资料来源：作者计算所得。

2005～2010 年，技术进步对全要素生产率变动产生了负面冲击；2010～
2016 年，私营工业行业全要素生产率平均增长率下降到 3.46%，虽然全要
素生产率进步主要归功于技术效率，但是技术效率增长率较前一阶段大幅下
滑，其平均增长率为 3.33%。同国有控股工业行业类似，此阶段技术进步
对私营工业行业全要素生产率增长产生了积极的拉动作用，技术进步增长率
为 0.13%。

3. 外商投资工业行业全要素生产率变动时变分析

由表 8 - 13 可以看出，外商投资工业行业全要素生产率变动也具有明显
的阶段性特征。2005～2010 年，外商投资工业行业全要素生产率平均增长
率为 3.9%，其中对全要素生产率进步贡献最大的是技术效率、其年均增长
率高达 10%，此阶段，技术进步对全要素生产率变动产生了负面冲击；
2010～2016 年，外商投资工业行业全要素生产率平均增长率下降至 1.49%，
虽然全要素生产率进步主要归功于技术效率，但是技术效率增长率较前一阶
段大幅下滑，其平均增长率为 2.48%。与国有控股工业行业和私营工业行
业不同的是，两个阶段的技术进步对外商投资工业行业全要素生产率增长都
产生了负面冲击。

表 8 - 13　　　　　　外商投资工业行业全要素生产率分时段变动

年份	技术效率	技术进步	纯技术效率	规模效率	Malmquist 指数
2005～2010	1.10051	0.94579	1.02215	1.07754	1.03904
2010～2016	1.02482	0.99053	1.00999	1.01470	1.01492

资料来源：作者计算所得。

六、三大工业行业的技术进步分析

表 8 - 14 给出了 2005 ~ 2016 年中国工业行业 38 个大中类子行业的技术进步增长率为正的行业。从表 8 - 14 可以看出，2005 ~ 2016 年所有的 113 个决策单元中，技术进步增长率为正的决策单元有 14 个。换而言之，在中国三大工业行业中，其中 12.4% 的决策单元实现了技术进步的正增长，而其他 87.6% 的决策单元技术进步缓慢，甚至出现技术进步倒退的情况。

表 8 - 14　　　　　　　　　　2005 ~ 2016 年技术进步正增长行业

行业	技术进步	Malmquist 指数
黑色金属矿采选业（外商）	1.028	1.078
电气机械及器材制造业（国有控股）	1.019	1.058
仪器仪表及文化、办公用机械制造业（国有控股）	1.019	1.091
专用设备制造业（国有控股）	1.013	1.049
通用设备制造业（国有控股）	1.008	1.023
金属制品业（国有控股）	1.007	1.044
工艺品及其他制造业（国有控股）	1.007	1.025
通用设备制造业（外商）	1.007	1.043
专用设备制造业（外商）	1.006	1.041
通信设备、计算机及其他电子设备制造业（国有控股）	1.005	1.013
有色金属冶炼及压延加工业（私营）	1.005	1.059
烟草制品业（国有控股）	1.002	1.066
交通运输设备制造业（国有控股）	1.000	1.075
废弃资源和废旧材料回收加工业（外商）	1.000	0.990

资料来源：作者计算所得。

第四节　中国不同所有制工业行业生产率变动结果分析

一、研究结果对比分析

与本章研究阶段大致相似的研究中，贺京同、何蕾（2016）利用增长核算法研究发现，2003~2013 年中国国民经济全行业全要素生产率年均增长3.2%；孙早、刘李华（2016）运用随机前沿模型研究发现，2003~2013 年中国工业全要素生产率年均增长率为 7.97%；蔡跃洲、付一夫（2017）在增长核算的基础上研究发现，2005~2014 年中国第二产业 TFP 简单年平均增长率为 0.36%，2005~2010 年中国第二产业 TFP 年均增长率为 1.97%，而 2010~2014 年降为 -1.19%，且 2010 年后要素配置的结构效应贡献开始下降，而技术进步效应开始上升。

本书的研究结果（2005~2016 年，3.4%），同贺京同、何蕾（2016）研究结果（2003~2013 年，3.2%）较为吻合，低于孙早、刘李华（2016）的研究结果（2003~2013 年，7.97%），高于蔡跃洲、付一夫（2017）的研究结果（2005~2014 年，0.36%）。从不同阶段的 TFP 变动来看，2005~2010 年本书的研究结果（5.2%）高于江玲玲、孟令杰（2011）的研究结果（2006~2009 年，4.3%）；2011~2016 年本书的研究结果（0.1%）略高于蔡跃洲、付一夫（2017）研究结果（2010~2014 年，-1.19%）。从 TFP 变动趋势上来看，本书的研究结果同蔡跃洲、付一夫（2017）的研究结果保持一致。国内研究 TFP 的代表性文献同本书研究结果对比如表 8-15 所示。

表 8-15　　　　　　　　　　全要素生产率研究对比

序号	作者	样本时期	TFP 增长率（%）	样本
1	颜鹏飞、王兵（2004）	1978~2001 年	0.25	整个国民经济部门
2	郭庆旺、贾俊雪（2005）	1979~2004 年	0.89	整个国民经济部门
3	涂正革、肖耿（2005）	1995~2002 年	6.80	大中型工业企业

序号	作者	样本时期	TFP 增长率（%）	样本
4	朱钟棣、李小平（2005）	1986～1993 年	0.10	工业行业
		1994～1997 年	－3.70	工业行业
		1998～2002 年	2.51	工业行业
5	涂正革、肖耿（2006）	1995～2002 年	6.80	大中型工业企业
6	王志刚等（2006）	1978～2003 年	4.36	整个国民经济部门
7	李廉水、周勇（2006）	1993～2003 年	－0.50	工业行业
8	李胜文等（2008）	1986～2005 年	1.30	工业行业
9	帕尔金斯（Perkins D H，2008）	1978～2005 年	3.80	整个国民经济部门
10	李小平等（2008）	1998～2003 年	9.70	工业行业
11	陈诗一（2009）	1980～2006 年	6.36	工业行业
12	郑兵云、陈圻（2010）	1996～2007 年	4.76	工业行业
13	陈诗一（2011）	1980～2008 年	10.00	工业行业
14	布兰特等（Brandt et al.，2012）	1998～2007 年	7.96	整个国民经济部门
15	鲁晓东、连玉君（2012）	1999～2007 年	2－5	工业行业
16	杨汝岱（2015）	1998～2007 年	3.83	制造业
17	李平（2016）	2005～2010 年	4.20	整个国民经济部门
		2010～2012 年	2.10	整个国民经济部门
18	贺京同、何蕾（2016）	2003～2013 年	3.20	整个国民经济部门
19	孙早、刘李华（2016）	1990～2002 年	3.06	工业行业
		2003～2013 年	7.97	工业行业
20	蔡跃洲、付一夫（2017）	1978～2014 年	3.86	第二产业
		2005～2010 年	1.97	第二产业
		2010～2014 年	－1.19	第二产业
21	钟世川、毛艳华（2017）	1990～2014 年	1.23	整个国民经济部门
22	马洪福、郝寿义（2018）	1978～2015 年	5.83	整个国民经济部门

序号	作者	样本时期	TFP 增长率（%）	样本
23	本书研究（2018）	2005～2016 年	3.40	工业行业
		2005～2010 年	5.20	工业行业
		2011～2016 年	0.10	工业行业

资料来源：作者根据文献资料整理所得。

由于研究方法、样本数据等方面的原因，关于中国全要素生产率增长估计结果差别较大。但整体来看，大多数文献发现 2000～2010 年，中国 TFP 年均增长速度在 3%～5% 之间，且全要素生产率最近几年开始呈下降趋势（杨汝岱，2015）。

二、中国工业部门生产率变动结果分析

综合来看，本书的 TFP 变动率同多数文献的研究结果较为吻合，TFP 变动趋势与绝大多数文献保持一致。因此可以认为，本书的研究具有较高的可靠性。我们可以把本书实证结果归结为以下几点：

第一，2005～2016 年，中国工业行业 TFP 年均增长 3.4%，TFP 增长主要取决于技术效率的增长，而技术进步贡献度较低。同时，TFP 的变动呈现出明显的阶段性特征：2005～2010 年，TFP 增长速度较快（年均增长率为 5.2%），TFP 进步主要得益于技术效率的提升，即纯技术效率和规模效率的改进，而技术进步对于 TFP 的增长带来了负面影响；2011～2016 年，TFP 增长趋于平缓（年均增长率为 0.1%），TFP 进步主要归功于技术进步和纯技术效率的提升，而规模效率对于 TFP 的增长带来了负面影响。

第二，2005～2016 年，三大工业行业中，电力、热力、燃气及水生产和供应业的 TFP 增长最为迅速，年均增长率高达 4.9%；然后为制造业，TFP 年均增长率为 3.7%；采矿业 TFP 增长最为缓慢，其 TFP 年均增长率仅为 1.5%。三大行业的 TFP 增长皆归功于纯技术效率和规模效率的提升，而技术进步对 TFP 的增长产生了不利冲击。

第三，2005~2016 年中国 38 个大中类行业中，国有控股行业 TFP 年均增长最为迅速，年均增速为 4.2%；其次为私营行业，TFP 年均增速为 3.86%；外商投资行业 TFP 增长最为缓慢，年均增速为 2.49%。不同所有制行业的 TFP 的改进主要得益于规模效率和纯技术效率，而技术进步对 TFP 的增长产生了不利冲击。

第四，不同所有制下的三大行业 TFP 变动呈现出明显的阶段性特征。2005~2010 年，国有控股行业、私营行业和外商投资行业的 TFP 进步较快，TFP 增长主要归功于技术效率的进步；2010~2016 年，国有控股行业、私营行业和外商投资行业的 TFP 增长速度下降幅度较大，TFP 增长主要归功于技术效率。值得一提的是，2010~2016 年，国有控股行业、私营行业的技术进步开始促进 TFP 的进步，而外商企业的技术进步仍旧对 TFP 产生了负面冲击。

第五，2005~2016 年，在 113 个决策单元中，技术进步增长率为正的决策单元有 14 个。换而言之，在我国 38 个大中类行业中，有 12.4% 的决策单元实现了技术进步的正增长，而其他 87.6% 的决策单元技术进步缓慢，甚至出现技术进步相对倒退的状况。值得一提的是，从整体决策单元来看，近年来技术进步对 TFP 的改善开始产生积极影响。

第五节　结论与启示

当前，我国大力倡导新的发展理念，强调重视经济增长的质量和效益，经济发展战略由追赶型战略转向质量效益型战略。在此背景下，本书利用非参数 Malmquist 指数方法研究了 2005~2016 年中国工业行业全要素生产率的变动趋势及其分解情况，同时进一步应用随机前沿模型实证测算了中国实体经济的生产效率状况及其潜在提升空间。综合前面分析，可以得到以下几点结论：

第一，中国工业行业全要素生产率的进步主要得益于技术效率的进步，而技术效率的进步又主要归功于市场化改革所导致的资源的优化配置和基础制度环境的改善。一方面，随着市场化改革和体制改革的逐步推进，市场已经成为资源配置的主体，要素配置扭曲在很大程度上得以改善；另一方面，符合社会主义市场经济发展要求的体制机制逐步完善，特别是经过一系列的国有企业改革、财税体制改革、金融体制改革和政策考核机制改革等，带来了巨大的体制转轨红利，为经济发展创造了巨大的上升空间。因此，基础制度环境的改善为实体经济发展创造了有利条件，提高了经济发展的效益，激发了实体经济发展的活力。

第二，中国工业行业全要素生产率增速趋于下滑，全要素生产率进步的驱动因素逐步发生变化，主要表现在：技术效率驱动力量逐步消退，而技术进步开始发挥积极作用。进入 21 世纪，中国工业发展逐步迈入高速车道，高速发展的背后，一些深层次矛盾开始凸显，主要表现在经济结构失衡、体制结构失衡和治理结构失衡。一方面，结构性矛盾的显现催生了许多严重的问题，例如，供需不匹配、贫富差距拉大、资本脱实向虚等问题严重阻碍了工业行业的良性发展；另一方面，伴随着中国社会主义经济体制改革的推进，市场化改革和体制转轨红利对实体经济的拉动效应开始呈现出递减趋势。另外，一些外部性因素如世界金融危机、全球经济复苏乏力、美国的贸易、减税政策等对中国工业行业的发展产生了负面冲击。值得一提的是，近几年快速发展的人工智能、大数据、云计算、物联网等信息技术革命带来的技术进步红利逐步显现，引领我国工业行业逐步走出危机阴霾，成为提高我国经济增长稳态水平的重要推手。

中国经济发展正处于驱动转型的关键阶段，传统的经济增长红利逐步消退，经济增长中枢趋势性下移。为实现中国工业行业的健康可持续发展，必须积极开拓新的增长红利，着眼深层次制度改革，激发市场活力，提升全要素生产率。为推动实体经济的良性可持续发展需要从以下两方面入手：一是继续深挖经济发展的潜力，继续推进体制机制改革，提高资源配置效率，推动实体经济各行业向生产前沿面逼近；二是通过激发创新活力、培养企业家精神、激励创新，推动工业行业生产前沿面外移。

第六节　本章小结

本章节利用非参数 Malmquist 指数方法研究了 2005～2016 年中国工业行业全要素生产率的变动趋势及其分解情况。通过本章的分析我们发现，

2005~2016 年中国行业全要素生产率逐年增长，但是近年来，特别是 2011 年以后 TFP 增速有所放缓。而从中国近几年的经济发展的实际情况来看，中国经济发展步入新常态，经济增长速度回落到中速区间，但是经济增长速度的回落并不能说明中国潜在增长率的下滑。为了明确现阶段中国经济潜在增长率是否大幅下滑，以及在现有的条件下，中国工业行业的全要素生产率还有多大的改善空间，接下来我们进一步应用随机前沿模型测算不同所有制结构中国工业行业的技术效率，以此探讨中国工业行业的生产效率状况，同时基于国有控股工业行业相关投入产出数据测度各投入要素的贡献度。

第九章

中国不同所有制工业行业
生产效率水平测度
——基于 SFA 模型研究

随着经济发展方式和发展战略的持续深入调整，中国经济发展步入新常态，经济增长速度开始逐渐回落到中速区间。为了明确中国经济潜在增长率是否大幅下滑，以及在现有的条件下，中国工业行业的全要素生产率还有多大的改善空间，本章选取 2005～2015 年中国工业行业的 38 个大中类子行业数据为样本，应用随机前沿模型测算中国工业行业的技术效率，以此探讨中国工业行业的生产效率状况，同时基于国有控股工业行业相关数据测度生产效率的贡献度。

第一节　随机前沿模型及原理

一、随机前沿生产函数模型原理

通常情况下，在实际生产活动中，由于存在各种干扰，厂商生产过程总会存在或多或少的效率损失，测度实际生产效率成为学术界一个重要的研究领域。综合国内外相关研究来看，参数方法是生产效率研究中应用最为广泛的方法，其中随机前沿分析方法（SFA）也是应用最为普遍的参数方法。

随机前沿模型（SFA）是由迈森、布罗耶克和艾格纳等（Meeusen，

Broeck and Aigner et al.)[1][2] 提出的用于生产过程分析和成本分析的模型。目前 SFA 方法已经在经济学领域得到了广泛的应用。从理论上讲，在现实经济生活中厂商的实际产量都无法超出"产出边界"。根据随机前沿模型，任何经济个体的"实际产出"对于"产出边界"的偏离程度可视为其效率损失或非效率。

假设一个厂商在最优化条件进行生产，给定投入要素 Z，在不存在任何效率损失的情况下厂商的最大产出水平为 $F(Z)$，即厂商的最大化产出水平，我们也可以称最优产出水平为"理论产出"或"产出边界"。在实证研究的过程中人们发现，并不是所有的厂商都能够维持最优化的生产，由于经济实际运行过程中存在各种干扰，例如，天灾人祸、管理不规范、信息不对称等因素导致效率损失，从而使生产者的实际产出水平 Q 低于产出边界 $F(Z)$，即 $Q < F(Z)$。基于上述分析我们可以把生产效率定义为实际产出和理想产出的比值，如公式（9.1）所示：

$$TE_i(Q, Z) = \frac{Q}{f(Z)} \leq 1 \qquad (9.1)$$

基于上述思想，可以定义以下公式：

$$Q_i = f(z_i, \beta) \times TE_i(Q, Z) \qquad (9.2)$$

其中，$0 < TE_i(Q, Z) \leq 1$ 为样本中第 i 家厂商的产出效率，β 为生产函数中的待估参数。在上述设定中，$f(z_i, \beta)$ 是第 i 家厂商的"产出边界"，但并非厂商的"随机边界"，因为厂商的"产出边界"并未考虑随机因素的影响，例如，对于两家各方面特征（资产规模、负债率、成长阶段等）都相同的厂商，甲厂商的产出略低于乙厂商，可能只是由于甲厂商的运气差一点（如遭遇自然灾害、交通事故等）。然而，按照公式（9.2）的设定，这种随机的"坏运气"的影响会纳入 TE 之中。另外，在实证分析过程中，等式左侧的产出变量通常有可能存在衡量偏误，等式右侧的模型设定也可能存在设定偏误，若这些随机的偏误不能得到妥善的处理，最终其产生的影响都有可能被归入到 TE 之中。鉴于此，需要在模型中增加一个随机干扰项，以

① Meeusenm, W. , and J. van den Broeck. Efficiency Estimation from Cobb – Douglas Production Functions with Composed Error [J]. International Economic Reviews, 1977, 18 (2): 435 – 444.

② Aigner, D. J. , C. A. K. Lovell, and P. Schmidt. Formulation and Estimation of Stochastic Frontier Production Function Models [J]. Journal of Econometrics, 1977, 6 (1): 21 – 37.

便控制这些厂商自身无法掌控的随机因素的设定，使得产出效率 *TE* 的设定更加科学合理。

二、随机前沿生产函数模型一般形式

根据随机前沿生产函数模型原理，我们可以把厂商或行业的实际生产函数模型设定为如下形式：

$$Q_i = f(z_i, \beta) \times TE_i(Q, Z) \times \exp(v_i) \tag{9.3}$$

公式（9.3）中，v_i 表示随机干扰，假设其服从正态分布，即 $v_i \sim N(0, \sigma_v^2)$。为了保证产出为正值，通常情况下对 v_i 进行指数转换。在实证分析过程中，随机边界模型的设定通常采用以下形式：

$$y_{it} = f(x_{it}, t)\exp(v_{it} - u_{it}) \tag{9.4}$$

其中，公式（9.4）中的 y_{it} 为厂商或行业 i 在时期 t 的实际产出；$f(x_{it}, t)$ 为厂商或行业 i 在时期 t 能够实现的位于生产可能性边界上的最大产出；公式（9.4）中的 $v_{it} - u_{it}$ 为复合误差项，表示实际生产过程中的全部效率损失，其中，v_{it} 是经典随机误差项，服从 $N(0, \sigma_v^2)$ 分布，u_{it} 为厂商或行业生产的技术无效率项。在实际的生产过程中，厂商或行业由于受到 v_{it} 和 u_{it} 这两个扰动因素的影响，其实际生产水平大多数情况下低于最优的生产可能性边界。由于随机扰动项与技术非效率均不可观测，但是我们可以定义随机扰动项为一个期望为零的白噪声序列，因此我们可以计算样本的期望与随机前沿的期望的比值来确定实际生产的技术效率水平，即：

$$TE_{it} = \frac{E(y_{it} \mid u_{it}, X_{it})}{E(y_{it} \mid u_{it} = 0, X_{it})} = \exp(-u_{it}) \tag{9.5}$$

在公式（9.5）中，$E(y_{it} \mid u_{it}, X_{it})$ 表示在已知厂商投入 X_{it}，同时在存在技术非效率项 u_{it} 时厂商或行业实际产出 y_{it} 的期望，也就是厂商或行业实际产出的均值；$E(y_{it} \mid u_{it} = 0, X_{it})$ 表示的是厂商或行业投入 X_{it} 同时不存在技术非效率项（$u_{it} = 0$）的条件下的产出 y_{it} 的期望，$E(y_{it} \mid u_{it} = 0, X_{it})$ 代表厂商或行业在理论上的最大化产出的均值。换句话说，厂商或行业的技术效率等于实际产出均值与理论最大化产出均值之比。

由于随机前沿模型的干扰项中既包含随机性因素 v_{it} 也包括无效率因素 u_{it}，因此扰动项不符合经典最小二乘假设条件，只有当 $\gamma = 0$ 时，说明由于只存在随机性误差，此时随机误差模型可以用普通最小二乘（OLS）估计的进行估计。一般情况下，由于无效率因素 u_{it} 的存在，如果采用普通最小二乘法（OLS）对 SFA 模型的参数进行估计会存在偏差。通常情况下，在估计随机前沿模型时一般采用极大似然估计方法（Maximum Likelihood Estimate）进行参数估计。在实际估计过程中，一般通过构造方差参数 $\sigma^2 = \sigma_v^2 + \sigma_{it}^2$ 得到 $\gamma = \sigma_{it}^2/\sigma^2$ 的估计值。然后通过 γ 的取值来判断厂商或行业生产过程的效率损失情况。根据 γ 的构造式可以看出，其取值范围介于 0～1 之间。当 γ 的取值接近于 1 时，表示在整个误差中，由于无效率成分所引起的误差占的比重比较大；相反，当 γ 的取值接近于 0 时，表示在整个误差中，由于随机性因素所引起的误差在整个误差中占的比例更大。因此，通过估算 γ 的具体取值便能够比较准确地把握厂商或行业生产的效率损失情况。

三、常见的随机前沿生产函数模型

随机前沿模型（SFA）与生产函数的设定形式有紧密相关。一般情况下，常见的随机前沿生产函数形式经常设定为以下三种生产函数形式。

1. 柯布—道格拉斯生产函数（C－D 生产函数）

柯布—道格拉斯生产函数是随机前沿生产函数模型中使用最广泛的一种生产函数形式，同时也是经济学投入—产出分析研究中最为常见的生产函数。柯布—道格拉斯生产函数形式如式（9.6）所示：

$$Y_{it} = A_{it}K_{it}^{\alpha}L_{it}^{\beta} \tag{9.6}$$

其中，式（9.6）中 Y 用于度量行业产出；A 为全要素生产率，K 为资本投入，L 为劳动力，i 和 t 分别代表行业和年份，α、β 分别资本和劳动产出弹性系数。

由于 C－D 生产函数形式简单，计量简便，因此在实际经济学研究中得到了广泛的应用，但是其设定形式使得 C－D 生产函数不能精确反映现实的经济活动。C－D 生产函数中各要素替代弹性不变，因此只能反映中性技术进步的情况。另外，技术中性又可以分为三种情况：一是希克斯中性技术进步，即要素之比不变，例如 K/L 为常数；二是哈罗德中性技术进步，即单位资本产出不变，也就是 Y/K 保持不变；三是索洛技术中性进步，即单位劳动的产出不变即 Y/L 保持不变。但是，在现实的经济活动中，技术往往通过与资本相结合，或者技术与人力资本相结合，使生产效率改变，资本增进型技术或者劳动增进型技术等在实际生产过程中较为常见，即技术一般是有偏性，如果生产函数没有反映技术的有偏性，显然 C – D 生产函数的设定形式难以精确地反映现实情况。为构造 C – D 生产函数形式的随机前沿模型，通常情况下我们会对式（9.6）两边取自然对数，得到如式（9.7）形式的随机前沿模型：

$$\ln Y_{it} = \ln A_{it} + \alpha \ln K_{it} + \beta \ln L_{it} + v_{it} - u_{it} \tag{9.7}$$

其中，式（9.7）中的 v_{it} 为随机扰动项，服从 $N(0, \sigma_v^2)$ 分布，u_{it} 表示技术无效率项。

2. 常替代弹性生产函数形式（CES）

阿罗（Arrow）和索洛（Solow）等于 1961 年提出了两要素不变替代弹性生产函数模型[1]，简称 CES 生产函数，在微观经济学研究领域得到了广泛应用。CES 生产函数的一般表达式如式（9.8）所示：

$$Y = A(\delta_1 K^{-\rho} + \delta_2 L^{-\rho})^{-\frac{m}{\rho}} \tag{9.8}$$

式（9.8）中，A 称为规模参数（或称效率参数），用来表征广义上的技术进步状况，其中 $A > 0$；式（9.8）中的 δ_1 和 δ_2 分别为资本和劳动的分配系数，且 $\delta_1 + \delta_2 = 1$，ρ 为替代参数。式（9.8）中的参数 m 用于反映规模报酬，当 $m = 1$ 时，表明厂商或行业生产存在规模报酬不变；当 $m < 1$ 时，表明厂商或行业生产存在规模报酬递减；当 $m > 1$ 时，表明厂商或行业生产存在规模报酬递增。在 CES 生产函数中要素的产出弹性可以发生变动，因此要素的替代弹性不再是常数 1，在式（9.8）中用参数 ρ 表示。其中，当 $\rho = 0$ 时，CES 生产函数逐渐趋近于 C – D 生产函数；当 $\rho \to +\infty$ 时，CES 生产函数逐渐趋近于里昂惕夫生产函数，此时要素之间完全不能代替。[2] 虽然 CES 生产函数考虑到技术偏性对于厂商或行业生产的不确定性影响，但是由于 CES 生产函数的设定形式比较复杂，在实际应用过程中其参数估计很难通过简单的计量方法实现，所以在实际操作层面存在较大的局限性。

---

[1]　Arrow, K J. et al. Capital – Labor Substitution and Economic Efficiency [J]. Review of Economics and Statistics, 1961, 43 (3): 225 – 250.

[2]　李子奈，潘文卿. 计量经济学 [M]. 北京：高等教育出版社，2010.

3. 超越对数生产函数

超越对数生产函数是更具一般性的变替代弹性生产函数[①]，它既能表示偏性技术进步，同时由于其函数形式为一般线性形式，因而也具有易估计的良好性质。超越对数生产函数可以看成是任何函数形式的二阶近似。超越对数生产函数一般形式如式（9.9）所示：

$$\ln Y = \beta_0 + \beta_k \ln K + \beta_l \ln L + \beta_{kk} (\ln K)^2 + \beta_{ll} (\ln L)^2 + \beta_{kl} \ln K \cdot \ln L \quad (9.9)$$

超越对数生产函数是一个简单的线性模型，因此可以直接采用单方程线性模型的估计方法进行估计。另外，超越对数生产函数具有包容性的良好性质，可以看成是其他任何形式的生产函数的近似表达形式，例如，当 $\beta_{kk} = \beta_{ll} = \beta_{kl} = 0$ 时，超越对数生产函数表现为柯布—道格拉斯生产函数；当 $\beta_{kk} = \beta_{ll} = -\frac{1}{2}\beta_{kl}$，超越对数生产函数表现为 CES 生产函数。因此，我们可以根据生产函数中的参数估计结果来判断投入要素之间的替代性质。基于超越对数生产函数模型，可以构造如下随机前沿模型，如式（9.10）所示：

$$\ln Y_{it} = \beta_0 + \beta_k \ln K_{it} + \beta_l \ln L_{it} + \beta_{kk} (\ln K_{it})^2 + \beta_{ll} (\ln L_{it})^2$$
$$+ \beta_{kl} \ln K_{it} \ln L_{it} + v_{it} - u_{it} \quad (9.10)$$

其中，Y 用于度量厂商或行业产出；K 为厂商或行业的资本要素投入，L 为对应的劳动要素投入，v_{it} 为经典随机误差项，服从 $N(0, \sigma_v^2)$ 分布，u_{it} 为技术无效率项。$v_{it} - u_{it}$ 为复合误差项用于测度厂商或行业实际生产过程中的全部效率损失。

第二节　中国不同所有制工业行业生产效率测度

一、随机前沿生产函数模型设定

选取 2005 ~ 2016 年中国工业行业的 38 个大中类子行业数据为样本，应用随机前沿模型测算中国工业行业的技术效率，以此表征中国工业行业的生

① Christiansen L. R. , Jorgensen D. W, Lau L. J. Conjugate Duality and the Transcendental Logarithmic Production Function [J]. Econometrica, 1971, 39 (4): 255 – 256.

产效率。本书中，我们假定中国国有和非国有工业各行业的生产函数为更为一般性的变替代弹性生产函数——超越对数生产函数模型，其形式如式（9.11）所示：

$$\ln Y = \beta_0 + \beta_k \ln K + \beta_l \ln L + \beta_{kk}(\ln K)^2 + \beta_{ll}(\ln L)^2$$
$$+ \beta_{kl} \ln K \times \ln L \tag{9.11}$$

基于式（9.11）的超越对数生产函数模型形式，我们可以构造如下超越对数随机前沿生产函数模型，如式（9.12）所示：

$$\ln Y_{it} = \beta_0 + \beta_k \ln K_{it} + \beta_l \ln L_{it} + \beta_{kk}(\ln K_{it})^2 + \beta_{ll}(\ln L_{it})^2$$
$$+ \beta_{kl} \ln K_{it} \ln L_{it} + v_{it} - u_{it} \tag{9.12}$$

其中，Y 用于度量行业产出，K 为资本投入，L 为劳动力，v_{it} 为随机误差项，服从 $N(0, \sigma_v^2)$ 分布，u_{it} 为技术无效率项，在此进一步假定中国工业行业的技术无效率项 u_{it} 服从 $N^+(0, \sigma_u^2)$ 分布。

二、数据来源及变量说明

选取 2005~2016 年中国国有控股、私营和外商投资的 38 个大中类工业行业的生产效率情况进行分析，揭示在 2005~2016 年间中国工业部门的整体生产效率状况。

本书的样本数据来源于《中国工业统计年鉴》（2006~2017），横截面为不同所有制下 38 个大中类工业行业，并将其作为决策管理单位（DMU）。当前中国没有行业资本存量的统计数据，部分学者采取永续盘存法估计资本存量。考虑到本书研究涉及的横截面较多，且受不同行业属性的约束，采用永续盘存法估计资本存量可能会存在较大的偏差，因此，本书采用加总固定资产净值年均余额和流动资本年均余额之和度量行业资本投入，同时利用各行业的年均职工投入人数表示劳动投入，同时选取各行业的工业销售产值作为产出指标。为了使年度数据间具有可比性，采用同上一章相同的数据处理方法，将样本时序数据折算为以 2005 年为基期的不变价。

三、随机前沿模型估计

基于式（9.7）设定的随机边界超越对数生产函数模型，我们利用上述数据进行估计。表9-1给出了随机边界超越对数生产函数模型的估计结果。

表9-1   随机边界生产函数估计结果

变量	模型1	模型2	模型3
$\ln K$	0.749 *** (-5.74)	0.438 *** (-3.44)	0.748 *** (-5.57)
$\ln L$	0.351 *** (-3.07)	0.644 *** (-5.78)	0.374 *** (-3.23)
$(\ln K)^2$	0.015 (-1.08)	0.043 *** (-3.12)	0.011 (-0.78)
$(\ln L)^2$	0.058 *** (-4.65)	0.080 *** (-6.69)	0.050 *** (-3.84)
$\ln K \times \ln L$	-0.060 ** (-2.38)	-0.113 *** (-4.58)	-0.051 ** (-1.97)
$cons$	1.291 *** (-4.36)	1.779 *** (-6.17)	0.895 *** (-2.89)
年度效应		控制	
$\ln sig2v$			
$cons$	-2.203 *** (-20.84)	-2.225 *** (-22.17)	
$\ln sig2u$			
$cons$	-1.260 *** (-9.68)	1.486 *** (-10.24)	
对数似然值	-863.1	-789.1	-881.5
$LR1$	36.85	28.58	
P 值	0.000	0.000	
$LR2$		148	
P 值		0.000	

注:(1) ***、** 分别表示在1%、5%水平上显著,括号中为 t 值,样本数均为1356;(2) $LR1$ 为无效率成分波动似然比检验卡方值,$LR2$ 为模型1针对模型2进行似然比检验卡方值。

表9-1中,模型1为未考虑年度效应的随机前沿模型估计结果;模型2

为控制年度效应的随机前沿模型估计结果；模型 3 为普通极大似然估计结果。根据无效率成分波动的似然比检验的卡方值（*LR*1）及其伴随概率可以拒绝不存在技术效率的零假设。因此，基于上述分析我们可以认为模型 1 和模型 2 均优于模型 3。另外，根据模型 1 针对模型 2 进行的似然比检验卡方值（*LR*2）及其伴随概率，我们可以拒绝年度效应为零的原假设。综上所述，我们认为模型 2 优于模型 1。下面基于模型 2 估计结果进一步估计 2005～2016 年中国 38 个大中类子行业的生产效率。

四、生产效率估计结果分析

表 9 - 2 给出了 2005～2016 年中国工业行业 38 个大中类子行业的生产效率估计结果。根据表 9 - 2 可得，2005～2016 年中国工业行业的平均技术效率为 71.3%。换句话说，从整体上看，在现有的条件下 2005～2016 年中国工业行业的技术效率在理论上还可以进一步提升 28.7%。

表 9 - 2　　　　　　　2005～2016 年中国工业行业生产效率　　　　单位：%

项目	国有控股行业	私营行业	外商投资行业	所有行业
生产效率	64.9	77.0	72.0	71.3

资料来源：通过随机前沿模型 2 估计所得。

根据随机前沿模型 2 的估计结果可得，国有控股工业行业的平均技术效率为 64.9%，技术效率在理论上还可以进一步提升 35.1%；私营工业行业的平均技术效率为 77%，技术效率在理论上还可以进一步提升 23%；外商投资工业行业的平均技术效率为 72%，技术效率在理论上还可以进一步提升 28%。私营工业行业的技术效率最高，外商投资的工业行业技术效率次之，国有控股工业行业技术效率最低，且低于中国工业行业技术效率的平均值。

根据表 9 - 2 和图 9 - 1 可得，国有控股工业行业的平均技术效率为 64.9%，大部分国有控股行业的技术效率集中在 0.55～0.75 之间，部分行业效率低于 0.5，说明国有控股部分行业还存在相当大的提升空间。

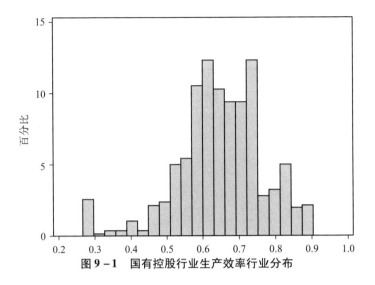

图9-1 国有控股行业生产效率行业分布

根据表9-2和图9-2可得，私营工业行业的平均技术效率为77%，大部分私营工业行业的技术效率集中在0.75~0.9之间，同时也存在一部行业技术效率位于0.4~0.7之间，说明部分私营行业技术效率还存在相当大的提升空间。

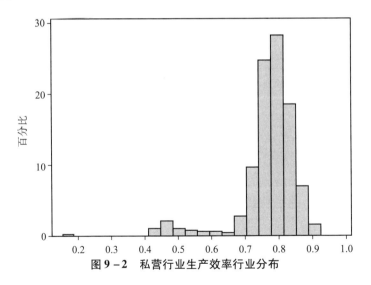

图9-2 私营行业生产效率行业分布

根据表9-2和图9-3可得，外商投资工业行业的平均技术效率为72%，大部分外商投资工业行业的技术效率集中在0.65~0.85之间，同时也存在一部行业技术效率低于0.5，说明部分外商投资行业技术效率也存在相当大的提升空间。

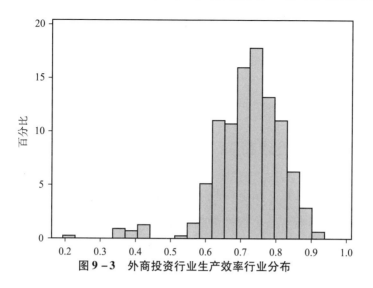

图 9 - 3　外商投资行业生产效率行业分布

综上所述，中国工业行业 38 个大中类子行业的技术效率集中在 0.7 ~ 0.8 之间（见图 9 - 4），国有控股工业行业的 38 个大中类子行业技术效率集中在 0.55 ~ 0.75 之间；私营工业行业技术效率集中在 0.75 ~ 0.9 之间；外商投资工业行业的技术效率集中在 0.65 ~ 0.85 之间。不同所有制工业行业的技术效率存在明显的差距，尤其是国有控股工业行业技术效率与私营工业行业的技术效率存在较大差距，说明国有控股工业行业生产效率存在较大的改善空间。

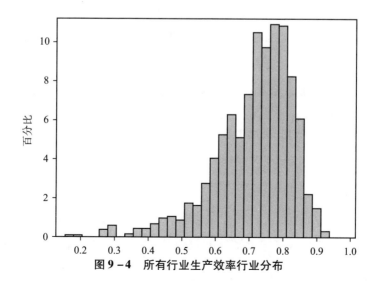

图 9 - 4　所有行业生产效率行业分布

第三节　中国国有控股工业行业要素贡献率分解

一、理论模型分析

由前一章分析可知，国有控股工业行业生产效率低于私营和外商投资工业行业生产效率水平，低于整体工业行业的生产效率水平。为了提高国有控股工业行业各投入要素的生产效率，我们有必要进一步分析国有控股工业行业的各投入要素对产出的贡献率水平。本节基于中国国有控股 38 个行业数据，实证测算国有控股工业行业各投入要素对产出的贡献水平。假定中国总量生产函数是柯布—道格拉斯生产函数形式，可以表示为式（9.13）：

$$Y_{it} = A_{it} K_{it}^{\alpha} L_{it}^{\beta} \tag{9.13}$$

其中，Y 用于度量行业产出；A 为全要素生产率；K 为资本投入，L 为劳动力；i 和 t 分别代表行业和年份；α、β 分别资本和劳动的产出弹性系数。将式（9.13）两边取自然对数得：

$$\ln Y_{it} = \ln A_{it} + \alpha \ln K_{it} + \beta \ln L_{it} \tag{9.14}$$

进一步对式（9.14）进行求导，即可以得到如下差分方程表达式：

$$\frac{\Delta Y}{Y} = \frac{\Delta A}{A} + \alpha \frac{\Delta K}{K} + \beta \frac{\Delta L}{L} \tag{9.15}$$

在式（9.15）中，令 $y = \dfrac{\Delta Y}{Y}$ 表示产出增长率，$m = \dfrac{\Delta A}{A}$ 表示全要素生产率增长率，$k = \dfrac{\Delta K}{K}$ 表示资本增长率，$l = \dfrac{\Delta L}{L}$ 表示劳动增长率，可以得到式（9.16）如下：

$$m = y - \alpha k - \beta l \tag{9.16}$$

其中 αk、βl 分别为物质资本和劳动力投入要素的贡献份额，将它们分别除以 y，便得到各个要素对经济增长的贡献率。所以技术贡献率、物质资本贡献率、劳动贡献率分别为 $\dfrac{m}{y}$、$\alpha \dfrac{k}{y}$ 和 $\beta \dfrac{l}{y}$。

二、面板数据模型设定

(一) 数据来源和说明

本书将使用 2005 ~ 2015 年中国国有控股 38 个行业的年度数据，其中国有控股行业产出用国有控股行业的工业总产值来反映，国有控股行业资本用固定资本合计加流动资本来反映，国有控股行业劳动投入用年度平均从业人数来反映。为了消除价格波动因素以及固定资产的折旧的干扰，本节采用工业品出厂价格指数、固定资产投资价格指数以及工业生产者购进价格指数分别对工业总产值时序数据、固定资产投资时序数据和流动资产投资时序数据进行可比性的平减处理，将历年的工业总产值和资本投资时间序列数据转变为以 2005 年不变价格计算的可比数值。

(二) 模型的设定性检验

在应用面板数据模型进行实证分析之前，应先对所选取的样本数据进行面板模型设定检验，以判断更为合理的面板模型具体形式。我们采用常用的 Chow 检验、Hausman 检验和协方差分析思想的 F 检验三种方法来对面板模型进行设定性检验和分析。

1. 混合面板模型和固定效应面板模型检验

通过面板数据模型 Chow 检验来确定是应该建立混合回归模型还是固定效应模型。Chow 检验的 F 统计量和 LR 统计量如表 9 – 3 所示。

表 9 – 3 模型设定的 Chow 检验结果

统计量	数值	自由度	P 值
F	31. 973247	37 378	0. 0000
LR	592. 805183	37	0. 0000

根据表 9 – 3 的 Chow 检验结果可知，由样本所计算出的 F 统计量和 LR 统计量以及对应的 P 值来看，应该拒绝混合模型的原假设。比较上述两种模

型，建立固定效应模型更合理。

2. 固定效应面板和随机效应面板模型检验

通过面板数据模型 Hausman 检验来确定是应该建立固定效应模型还是随机效应模型。Hausman 检验的 F 统计量如表9-4所示。

表9-4 模型设定的 Hausman 检验结果

项目	F 统计量	P 值
个体效应	40.576234	0.0000
单时间效应	12.912063	0.0000
双因素随机效应	40.361454	0.0000

根据表9-4的面板数据模型 Hausman 检验结果，由样本所计算出的 Hausman 检验的 F 统计量和对应的 P 值来看，应该拒绝随机效应面板数据模型的原假设。综合表9-4结果可知，建立双固定效应面板数据模型更合理。

3. 变系数面板模型检验

通过面板数据模型协方差分析思想的 F 检验方法来对模型进行设定性检验和分析，以判断面板数据模型的具体形式。表9-5给出了两个模型选取的 F 检验结果。

表9-5 模型设定的 F 检验结果

$F1$ 统计量	5% 临界值	$F2$ 统计量	5% 临界值
9.1099	$F(74, 304) = 1.3324$	47.1367	$F(111, 304) = 1.2838$

根据表9-5的 F 检验结果可知，由样本所计算出的 $F1$ 统计量和 $F2$ 统计量均不小于5%水平下的相应临界值，因此本书面板数据模型选择固定影响变系数的面板数据模型形式。

三、模型估计结果及分析

根据模型的设定性检验分析结果，本书采用变系数的面板数据模型形式对公式（9.14）进行估计。表9－6给出了模型估计结果。在此基础上，我们可以根据理论部分的分析计算国有控股企业各要素对产出的贡献率，具体数值如图9－5所示。

表9－6　　　　　　　　　　个体固定影响变系数模型

行业	α	t－检验值	β	t－检验值
煤炭开采和洗选业	0.6650	7.4282	2.9940	5.2146
石油和天然气开采业	0.2935	1.8499	0.5286	1.7010
黑色金属矿采选业	0.6817	3.9759	0.6199	1.2756
有色金属矿采选业	1.1879	19.3879	0.5930	1.4633
非金属矿采选业	0.4203	3.2780	－1.4067	－4.6830
农副食品加工业	1.0360	44.3036	－0.4021	－10.7351
食品制造业	1.0485	5.5884	－1.2756	－3.4963
饮料制造业	0.3924	1.9373	0.8112	0.5162
烟草制品业	1.3272	9.8811	0.0611	0.1504
纺织业	0.7493	7.3935	0.0378	1.2747
纺织服装、鞋、帽制造业	0.5111	7.4010	－0.7075	－6.7996
皮革、毛皮、羽毛（绒）及其制品业	1.4295	5.1659	0.2574	0.8624
木材加工及木、竹、藤、棕、草制品业	0.5779	4.8240	－0.4652	－5.2927
家具制造业	0.4718	3.5669	－0.1803	－1.0486
造纸及纸制品业	0.5342	2.3340	－0.1752	－1.1366
印刷和记录媒介复制业	0.4946	4.1383	－0.6972	－11.1479
文教体育用品制造业	1.8724	27.5544	－1.5975	－8.1038
石油加工、炼焦及核燃料加工业	0.7666	4.4073	1.3615	2.8601
化学原料及化学制品制造业	0.7261	2.4196	－0.9507	－0.7088
医药制造业	1.0901	12.1706	－0.9666	－4.1782
化学纤维制造业	1.1014	8.3630	－0.1265	－1.4408
橡胶制品业	1.1028	7.9962	0.6755	1.0762
塑料制品业	0.5173	1.9559	－0.9959	－5.1471
非金属矿物制品业	1.0685	15.3011	－1.2559	－7.3120
黑色金属冶炼及压延加工业	0.8760	7.3460	1.3295	1.5005

行业	α	t - 检验值	β	t - 检验值
有色金属冶炼及压延加工业	1.0658	11.3288	-0.0843	-0.2017
金属制品业	1.0573	4.0423	-0.5296	-1.0488
通用设备制造业	-0.0286	-0.6083	-1.8244	-9.8977
专用设备制造业	1.1231	10.1145	1.2294	3.0312
交通运输设备制造业	1.2517	12.7947	-0.1175	-0.4007
电气机械及器材制造业	0.9101	7.9784	-0.6053	-1.0544
通信设备、计算机及其他电子设备制造业	0.6154	5.7042	0.8615	2.9074
仪器仪表及文化、办公用机械制造业	1.3189	14.4058	0.1831	0.9726
工艺品及其他制造业	1.0649	9.3810	-0.9461	-2.3312
废弃资源和废旧材料回收加工业	1.4928	7.5831	-0.1072	-0.4591
电力、热力的生产和供应业	1.3093	7.0417	0.2419	0.2634
燃气生产和供应业	1.5014	3.9502	0.4626	0.2427
水的生产和供应业	1.0191	30.9637	-0.4601	-4.6340

注：其中 $R^2 = 0.9984$，$Adj \times R^2 = 0.9977$，F 统计量 $= 1628.468$，样本数为418。

综合来看，2005～2015 年中国国有控股 38 个行业资本对产出的贡献率为 75.67%，劳动对产出的贡献率为 15.71%，全要素生产率对产出的贡献率为 8.62%。总体来看，国有控股工业行业的发展更多地依赖资本要素投入，而全要素贡献率相对于劳动和资本贡献度最小，如图 9 - 5 所示。

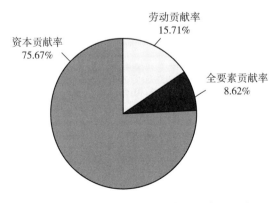

图 9 - 5　国有控股企业各要素对产出贡献率

第四节　结论与启示

当前，中国大力倡导新的发展理念，强调重视经济增长的质量和效益，经济发展战略由追赶型战略转向质量效益型战略。在此背景下，本章利用参数随机前沿分析方法（SFA）研究了 2005～2016 年中国不同所有制工业行业生产效率的实际情况，实证测算了中国实体经济的生产效率的具体数值及其潜在提升空间。综合前文分析，可以得到以下结论。

中国工业行业生产效率仍存在相当大的潜力有待挖掘，经济潜在增长率并未发生大幅下滑。随着中国经济进入新常态，经济增长进入中速发展阶段，不少学者认为，经济增速下滑是因为发展潜力殆尽所导致的高速增长难以为继。通过本书的研究发现，在现有的条件下，中国工业行业尤其是国有控股的工业行业的生产效率还有很大的提升空间，工业行业发展的潜力未能够得到充分有效的挖掘。从当前中国工业行业面临的发展困境来看，工业内部结构性和制度性问题还未能从根源上解决。因此，坚定不移地积极推进综合性配套改革，尤其是供给侧结构性改革，能够在很大程度上消除市场运行摩擦，释放工业行业发展潜力，进一步提升中国工业行业发展的质量和效益。

另外，中国全要素生产率具有巨大的提升潜力空间。中国经济发展正处于驱动转型的关键阶段，传统的经济增长红利逐步消退，经济增长中枢趋势性下移。为实现中国工业行业的健康可持续发展，必须积极开拓新的增长红利，着眼深层次制度改革，激发市场活力，提升全要素生产率对经济发展的贡献率。为推动实体经济的良性可持续发展需要从以下两方面入手：一是继续深挖经济发展的潜力，继续推进体制机制改革，提高资源配置效率，推动实体经济各行业向生产前沿面逼近；二是激发创新活力、培养企业家精神、激励创新，推动工业行业生产前沿面外移。

第五节 本 章 小 结

2008 年全球金融危机过后，中国经济发展方式和发展战略发生了深刻调整，中国经济发展步入新常态，经济增长速度回落到中速区间。本章应用随机前沿模型测算中国工业行业的技术效率，研究发现，从整体来看，中国工业行业尤其是国有控股的工业行业的生产效率还有很大的提升空间，工业行业发展的潜力未能够得到充分有效的挖掘，国有控股工业行业的发展更多地依赖资本要素投入，而全要素贡献率相对于劳动和资本贡献度最小。从中国经济发展的实际来看，中国经济发展正处于驱动转型的关键阶段，传统的经济增长红利逐步消退，经济增长中枢趋势性下移。为实现中国经济的健康可持续发展，提高经济发展的质量和效率，必须积极开拓新的增长红利，其中最重要的一项内容为通过加大 R&D 投入来激发创新活力、激励创新，推动生产前沿面外移。而国有企业具有 R&D 投入的绝对实力，且有利于弥补创新投入领域，特别是基础研发领域的投入不足的问题。因此，分析国有企业 R&D 溢出效应的机理和效果，对于改善经济整体质量，维护经济持续健康发展具有重要意义。鉴于此，我们将在下一章节具体分析国有企业 R&D 溢出效应。

第十章

中国国有企业 R&D 溢出效应研究

创新是经济发展和社会进步的不竭动力。中共十九大报告进一步强调，创新是引领发展的第一动力，是建设现代化经济体系的战略支撑。在中国实施创新驱动发展战略的过程中，国有企业的研究与试验发展（R&D）活动至关重要。本章首先从经济层面出发对中国 27 个制造业行业的国有企业 R&D 溢出效应进行研究。其次，通过现状分析、理论证明和动静态相结合的实证研究分析国有企业 R&D 溢出效应的存在性和滞后性，以期回答国有企业 R&D 活动能否促进经济发展，增加社会福利，改善经济整体质量。最后，基于理论推导和实证分析的结果给出本章节的研究结论。

第一节 引 言

一、问题的提出

从新中国成立到改革开放前，计划经济体制在中国占据主导地位。在这段时期内，工业化基础设施的大力投入，为其后经济的增长奠定了坚实的基础。改革开放后，国家开始逐渐放松计划经济，实行市场经济，极大地释放了经济活力，加速了经济的增长。凭借充足的劳动力，先天的自然资源优势以及对国外管理模式、先进技术的积极学习模仿，在短短几十年内，中国 GDP 总量跃居全球第二位，居民生活水平得到了全面提高。但是，在经济进一步增长的过程中，中国的后发优势逐渐消失，粗放型的经济增长方式越来越不适应经济的长期发展，也不符合全体人民的长久利益。因此，追求技术创新和集约型经济增长方式成为中国经济发展的新方向。党的十七大报告指出要提高自主创新能力，建立创新型国家，加快转变经济发展方式。党的十九大报告进一步强调创新是引领发展的第一动力，是建设现代化经济体系的战略支撑。在各项政策的支持下，中国创新投入不断加大，创新能力有了显著提高。根据中国科技部科学技术信息研究所统计数据，2017 年，中国国际论文被引用次数排名升至世界第二，全国发明专利数申请量达 104.2 万件，同比增长 5.8%，专利合作条约（PCT）国际专利申请受理达 3.9 万件，同比增长 11.3%。这些成果表明，中国正在向创新型国家迈进。

在向创新型国家迈进的过程中，除了科研院所、高等院校的创新性研究之外，企业的 R&D 活动至关重要。企业作为经济活动的主体，其 R&D 活动更需要不断适应人们生活的需求，不断改进产品和服务，加速企业发展，创造收益。在企业不断进行 R&D 活动过程中，企业不仅增加了自身盈利，更能带来较强的正向溢出效应，促进相关行业和产业的转型升级，增强人们的幸福感。但是，正因为 R&D 活动伴随着较强的溢出效应，一定程度上会引起企业利润的相对减少，很多企业往往不愿意进行大规模的 R&D 投入，结果导致了社会中 R&D 投入不足，这在造成市场失灵的同时，也直接减慢了经济结构的调整进度和经济发展模式的演进速度。国外政府面对这一问题，普遍采用加大政府对企业的 R&D 补贴的方式来解决，但是效果往往不尽人意。面对同样的问题，中国是否可以通过国有企业来解决，值得仔细研究。目前，国外已有的相关研究普遍认同 R&D 活动产生的溢出效应是一种正向的溢出效应，有利于行业整体创新水平的提高和经济的发展。同时，不同于国外仅存在的民营企业 R&D 溢出效应，中国还存在国有企业 R&D 溢出效应，那么国有企业 R&D 溢出效应是否同民营企业 R&D 溢出效应的作用和结果一致，值得说明和分析。

因此，本章对国有企业 R&D 溢出效应进行研究。这不仅能说明国有企业在弥补市场失灵方面的重要作用，还能为中国的创新发展和产业转型打开新思路。本章从 R&D 溢出效应的基本概念出发，对国有企业 R&D 溢出效应进行研究，通过分析国有企业 R&D 溢出效应的存在性和滞后性，分析国有企业 R&D 溢出效应与全要素生产率（TFP）之间的关系，揭示国有企业

R&D 活动对促进经济发展，增加社会福利，改善经济整体质量具有的重要作用和意义。

二、相关研究综述回顾

国有企业 R&D 溢出效应的研究在中国起步较晚，目前国内外对该问题的研究不多，但与该问题相关的研究已取得很大的进展。戴维（Dvaid，1996）指出，在一些行业，由于溢出效应的存在，小公司可以和大公司拥有相同的技术水平。吴延润（Yanrui Wu，2010）研究发现，就研究和开发的倾向性和影响而言，国有企业的表现远优于外商投资企业和私营企业，但是，随着经济体制改革的深入，国有企业却面临着私有化的压力。同时，非国有企业（包括外国和土著民营公司）也没有准备好承担与研发活动相关的风险。① 汪桥红等（2013）以区域间的投入产出模型为例进行研究，得出技术乘数较小的部门生产技术，而技术乘数较大的部门使用技术，R&D 溢出主要从技术生产部门流向技术使用部门的结论。② 程强等（2015）指出，国有企业的正向溢出效应能够带动区域创新效率的提高。③ 武丽娟等（2016）指出，国有企业对非国有企业具有正向技术溢出效应，而非国有企业的技术溢出效应有限。④ 吴友等（2016）通过研究得出，不同所有制企业间创新溢出具有非对称性，民营企业成为创新溢出的最大吸收方，而国有企业难以获取其他所有制企业创新投入的外部性，成为主要的溢出方。港澳台资企业与外资企业之间具有"挤占效应"，国有企业在全国范围内存在溢出效应。⑤ 赵庆（2017）指出，国企是技术扩散的中心，有很强的创新溢出效应。⑥

① Wu Y. Indigenous Innovation In China：Implications For Sustainable Growth［J］. Economics Discussion，2010.

② 汪桥红，史安娜. 基于产业和区域层面的 R&D 溢出效应分析——以区域间投入产出模型为例［J］. 经济经纬，2013（4）：21 – 26.

③ 程强，尹志锋，叶静怡. 国有企业与区域创新效率——基于外部性的分析视角［J］. 产业经济研究，2015（4）：10 – 20.

④ 武丽娟，徐璋勇，苏建军. 市场结构、技术差距与企业间技术溢出效应——基于国有企业与"三资"企业间关系的研究［J］. 西北大学学报（哲学社会科学版），2016（1）：108 – 113.

⑤ 吴友，刘乃全. 不同所有制企业创新的空间溢出效应［J］. 经济管理，2016（11）：45 – 59.

⑥ 赵庆. 国有企业真的低效吗？——基于区域创新效率溢出效应的视角［J］. 科学学与科学技术管理，2017（3）：107 – 116.

由以上文献可知，国有企业具有 R&D 投入的绝对实力。同时，若它具有足够的技术创新激励，那么它将具备足够的创新能力，有利于弥补市场中创新投入不足的问题。此外，关于国有企业效率是否低下的问题一直存在争议，由以上相关文献可以看出，国有企业效率低下可以归结为内部治理结构问题和较强的 R&D 溢出效应，而国有企业效率高可以归结为 R&D 溢出效应的扩散效应提升了全行业的全要素生产率（TFP）。此外，以往对国有企业创新问题的研究，多集中在国有企业自身创新的发展情况，较少考虑国有企业作为企业，同其他企业的关系和对其他企业的影响。本书创造性地将国有企业和 R&D 溢出效应结合起来研究，确定企业间的技术距离，研究国有企业在行业内对其他企业的溢出效应，进而从国有企业 R&D 溢出效应角度，分析行业 TFP 变动。通过学习和借鉴大量国内外的研究成果，分析国有企业 R&D 溢出效应的现状、来源及构成，结合动态静态面板模型，对国有企业 R&D 溢出效应进行实证研究，并据此得出具体结论，提出相应的政策建议。但是由于受到数据有限性和查找难度等客观条件的限制，本章仅选用工业制造业行业数据，且研究中忽略区域间的技术扩散，使问题研究具有一定的局限性，分析结果可能会与实际经济中的运行情况产生一定的偏差，这也是下一步继续深入研究的重点和方向。

第二节　国有企业 R&D 溢出效应

一、国有企业 R&D 溢出效应的来源

国有企业 R&D 溢出效应来源于三个层面：一是宏观层面产生的溢出效应；二是中观层面产生的溢出效应；三是微观层面产生的溢出效应。

（一）宏观层面国有企业 R&D 溢出效应的来源

从宏观层面来看，国有企业 R&D 溢出效应源于促进经济增长的技术创新。其中最重要的是为促进经济增长，国有企业在国际市场的广泛参与，即国有企业在国际市场有较高的参与度。由于对外贸易的发展和全球一体化进

程的加快，国与国之间的经济往来越来越频繁，跨国企业构成了 R&D 溢出效应的主体，它能影响一国或一地区经济的增速和发展。在早期的经济增长理论中，研究重点在于生产要素投入、人口、储蓄、就业与经济增长的关系，技术创新始终作为外生变量，并未给予足够关注。随着生产规模的扩大，产出存在规模收益递减，投入的生产要素存在边际收益递减。因此，为保证经济的持续增长和保护生态环境，通过技术创新实现经济增长模型由粗放型向集约型转变，被认为是转变经济增长模式和经济持续增长的不竭动力。为了深入研究技术创新，增长理论趋向于把技术创新内生化，研究技术创新同经济增长的动态关系。随着研究的深入，学者们发现虽然技术创新是经济增长的重要保障，但与此同时，促进经济增长的技术创新也存在溢出效应。在全球化经济中，跨国企业在国际市场的参与程度会对经济增长造成重要影响。跨国企业的跨国投资会带给当地先进的技术和先进的管理经验，加上技术人员之间的任意流动，会产生较强的 R&D 溢出效应，这直接导致了一部分国家研发成本的上升，另一部分国家研发成本的降低。进一步地，导致了一部分国家 GDP 增速变快，另一部分国家 GDP 增速变慢。

在中国，国有企业是参与全球化经济的重要力量，为了促进经济增长，众多国有企业参与到国际竞争中，由此会产生大量的 R&D 溢出。

（二）中观层面国有企业 R&D 溢出效应的来源

从中观层面来看，国有企业 R&D 溢出效应源于促进产业发展的技术创新。技术创新是促进产业高速发展的重要因素，能够有效推动主导产业的产生和成长，促进产业发展，支持整个经济的不断增长。主导产业的不断发展，通过产业间的前向和后向联系，带动了一系列关联产业的产生或变化，从而带动了整个国民经济的持续增长。在这种关联作用中，除了由市场价格变化导致的简洁的作用之外，产业外部性也是另一种直接作用。产业外部性是一种正向的溢出效应，它的扩散可以促进产业结构的调整，加速产业的升级改造，实现经济质量上的发展。产业外部性一般被区分为两种：技术外部性和金钱外部性。技术外部性又分为两类：一类是马歇尔强调的行业知识的外部性；另一类是行业聚集产生的外部性。

国有企业 R&D 活动的溢出效应属于行业知识的外部性，即为了促进产业发展，在技术创新过程中，各产业实现的产业间的 R&D 溢出效应。

（三）微观层面国有企业 R&D 溢出效应的来源

从微观上来看，国有企业 R&D 溢出效应源于企业内在激励的技术创新。企业发展过程中，为了追求超额利润而追求企业的垄断性发展。由产业组织理论可知，产品差异化是企业保持垄断地位的重要因素，这需要企业不断的技术创新。根据熊彼特创新模式，大企业在创新发展中的主要特点表现在较低的技术机会、较高的可占有性和较高的积累条件。通过专利的获取，取得商品和服务的独占性，巩固企业的垄断地位。而商品或服务在流转中往往会导致 R&D 溢出效应的产生，造成企业机会成本的增加，利润的减少，使得企业会减少一定的 R&D 投入，带来全社会 R&D 投入的不足。为了解决这一问题，国外学者鼓励企业间进行 R&D 的合作，以创新成果共有的方式减少企业的研发风险，激励企业在 R&D 活动中进行技术创新，促进企业的共同发展。

同样的问题，在中国可能有补充性的解决办法。不同于民营垄断大企业，国有企业 R&D 溢出不仅源于促进本身企业发展的技术创新，更源于促进全社会的技术创新。由于国有企业是全民所有制，即使 R&D 溢出效应不利于企业本身的发展，只要有利于全行业的发展，那就会使全民获益。因此，可以通过加大国有企业的 R&D 投入解决全社会 R&D 投入不足的问题。这一问题恰恰说明，国有企业 R&D 溢出效应源于企业内在激励的技术创新，这种内在激励不单单是对盈利的追求。

二、国有企业 R&D 溢出效应的构成

国有企业 R&D 溢出效应对经济存在正向和负向两方面的影响，即正向溢出效应和负向溢出效应。其中，正向溢出效应包括研究与开发效应和消费者剩余效应，负向溢出效应包括偷生意效应。

（一）国有企业 R&D 活动的正向溢出效应——研究与开发效应

研究与开发效应是国有企业从事 R&D 活动产生的一种正向溢出效应，也是产生的最直接的正向溢出效应。研究与开发效应是指，由于创新者不能

限制其知识在新知识生产中的使用，新知识的开发对从事研发的其他人具有正向溢出效应。根据西方经济学理论，新知识作为准公共产品，其具有非竞争性和一定程度上的非排他性。由于这种新知识常指周期较长，投入较大的基础性知识，这种知识研发投入带来的社会收益往往高于企业自身的收益，使作为追求利润最大化的"理性"民营企业不愿意大量投入或无法大量投入到相应的基础研究过程中去。在这种情况下，即使收益低，国有企业也要出于全社会和国家的发展考虑，增加 R&D 投入，放弃短期收益，尽力在新知识的研究上取得持续进展，促进全行业发展。

国有企业研发出一定成果后，大部分民营企业就可以获得一定的收益。同行业的民营企业可以通过较低的成本，模仿获取新知识和新技术，并结合自身企业特点，研发新产品，获得超额利润。上下游行业的民营企业，借助新产品的需求，改良企业的产品和技术，也能够获得发展，即国有企业 R&D 溢出效应能够改善全社会各个行业的技术水平。

（二）国有企业 R&D 活动的正向溢出效应——消费者剩余效应

消费者剩余效应属于金钱外部效应，是通过市场产生作用的外部效应。消费者剩余效应是指，由于创新者不可能做到完全价格歧视，因此取得授权的个人或者企业可以得到一定的剩余。对于传统的民营企业，消费者剩余效应会降低企业盈利，属于负向溢出效应。但对于国有企业来说，其目的是全社会福利的增加，故属于正向溢出效应。国有企业经过 R&D 活动获取新知识和新技术之后，便会将新技术用于生产活动。根据产业经济学中产业关联的相关知识，不同产业部门之间会存在产品劳务联系、生产技术联系、价格联系和劳动就业联系。国有企业在进行新产品生产中，也会与不同产业部门的不同企业产生产品劳务联系、生产技术联系、价格联系和劳动就业联系。那么，取得授权的中间企业和个人，在提供相应产品时，同样提高了企业产品的质量、技术水平和产品附加值。进一步地讲，当市场中能够提供该中间产品的厂商较多时，可以提高产品质量，降低产品价格，因而消费者能够取得较大收益，获得一定的消费剩余。

（三）国有企业 R&D 活动的负向溢出效应——偷生意效应

偷生意效应是国有企业 R&D 活动的一种负向溢出效应。偷生意效应是指，引进先进技术通常会使现有技术的吸引力下降，从而损害现有技术所有者的利益。即国有企业新技术从事相应的生产活动，由于新产品具有一定的吸引力，会损害同行业内其他未开始使用该项新技术的企业，对这些企业产生负向的溢出效应，发展到一定程度后，会对这些企业产生挤出效应。

关于 R&D 活动产生的挤出效应，一些文献可以作为参考。杰夫（Jaffe，1986）通过研究技术机会和企业 R&D 溢出效应，认为虽然高研发密集型企业的研发降低了低研发密集型企业的利润和市场价值，但低研发密集型企业的 R&D 生产率，却由于邻近高研发密集型企业的存在而增加[①]；戴维（2012）对能源部门 R&D 的挤出效应进行了研究，得出的结论认为，R&D 在一定意义上属于公共物品，在行业层面，没有证据表明部门间存在 R&D 的挤出效应，同时，虽然有证据表明能源专利增加，减少了其他类型的专利，但是有证据表明这种专利数量的变化实现了部门产出的利润最大化。这两篇文献均表明企业 R&D 投入会带来全行业的利润增长，没有证据表明企业 R&D 投入造成了挤出效应。

实际上，消费者剩余效应和偷生意效应之间存在着互补关系，两者都属于金钱外部效应。消费者剩余效应很强时，相应的偷生意效应就会大大减弱；消费者剩余效应很弱时，相应的偷生意效应就会大大增强。对于是否存在偷生意效应，进一步产生挤出效应，需要进一步地分析和讨论。

三、R&D 溢出效应的测度

对于 R&D 溢出效应的测度，首先由杰夫（1986）提出。他将 R&D 溢出

---

① Jaffe A. B. Technological Opportunity and Spillovers of R&D: Evidence from Firms' Patents, Profits, and Market Value [J]. American Economic Review, 1986, 76 (5): 984 – 1001.

效应量化为知识权重与 R&D 投入的乘积，其中知识权重被测度为技术距离。后来，无论是研究企业间、产业间、地域间的 R&D 溢出效应，还是国与国之间的 R&D 溢出效应，学者们普遍采用这一测度方式。在研究中，比较具有争议的是权重的选定。由于研究问题的复杂性，常常会构建成权重矩阵，而权重矩阵主要是基于 R&D 存量、专利、相关弹性和投入产出模型进行构建。由于权重矩阵的复杂性，导致实证研究中的计量方法也变得更加复杂。因此，在 R&D 溢出效应的测度中，不仅要对权重矩阵进行讨论，还需要对计量方法做一定的分析。

谢勒（Scherer，1982）最先提出构建权重矩阵的方法测度 R&D 溢出效应，基于专利申请或专利引证，构建技术 R&D 溢出的传递矩阵。樱井等（Sakurai et al.，1997）基于投入产出表构造权重矩阵（IO 矩阵）。杰夫（1986）采用弹性矩阵测度企业间的 R&D 溢出效应。巴斯·雅各布斯（Bas Jacobs，2002）基于投入产出弹性构造权重矩阵。[①] 洛斯（Los，1997）对比 IO 矩阵和专利矩阵，发现两者对 R&D 溢出效应估计的结果差别不大。[②] 因此，对 R&D 溢出效应权重的构造上，可以依据已有数据，采用已有研究的方法，进行相关界定。

由于 R&D 溢出效应的测度需要构造权重矩阵，权重矩阵需要考量空间中变量之间的关系，因此，R&D 溢出效应的计量模型主要采用动态与静态相结合的计量经济学的方法。本章涉及的主体仅为国有企业和非国有企业，两者之间的"空间邻接关系"降阶为普通的"邻接关系"，进而可以将计量方法简化，从空间计量的 GMM 方法降维到系统 GMM 方法进行计量模型的计算。因此，本章的计量方法选用系统 GMM，而不采用空间计量经济学的方法。GMM 的全名是广义矩估计法（Generalized Method of Moments），是利用样本矩代替总体矩进行统计推断的方法。该方法通过限定模型的多个矩条件，利用样本统计量依概率收敛到某一具体常数的数学统计性质，找到模型相应的实际估计参数。

---

① Jacobs B., Nahuis R., Tang P. J. G. Sectoral Productivity Growth and R&D Spillovers in the Netherlands [J]. De Economist, 2002, 150 (2): 181 –210.

② Los B., Verspagen B. R&D spillovers and productivity: Evidence from U. S. manufacturing microdata [J]. Empirical Economics, 2000, 25 (1): 127 –148.

第三节 中国国有企业 R&D 溢出效应的现状

一、国有企业 R&D 溢出效应现状概述

在对国有企业 R&D 溢出效应进行实证分析之前，有必要对国有企业 R&D 溢出效应的现状进行研究，具体包括对 R&D 溢出效应的发展现状、来源及构成的研究。在国有企业 R&D 溢出效应的发展现状部分，包括国有企业 R&D 投入现状、国有企业 R&D 产出现状，以及国有企业 R&D 效率现状。在国有企业 R&D 溢出效应来源及构成的分析中，主要从宏观、中观、微观三个层面分析国有企业 R&D 溢出效应来源，从正向溢出效应和负向溢出效应两个方面分析国有企业 R&D 溢出效应的构成，即从理论层面说明国有企业 R&D 溢出效应是正向的溢出效应。

其中，在国有企业 R&D 投入部分，主要分析国有企业人力投入和财力投入；国有企业 R&D 产出部分，主要分析国有企业专利申请量和发明专利申请量。在国有企业 R&D 投入产出的相关分析中，不包含全部相关指标的分析，而是采用几个关键的投入产出指标进行分析，具体包括：国有企业 R&D 经费支出和技术引进经费、国有企业 R&D 活动人员数、国有企业发明专利申请、国有企业新产品销售收入等，这几项指标都同国有企业 R&D 发展联系紧密，有利于对国有企业 R&D 溢出效应研究的推进。

全书所有关于国有企业的数据计算，均包括国有企业、集体企业、股份合作企业、国有联营企业、集体联营企业、国有与集体联营企业、国有独资公司和股份有限公司，具体的计算方法依照徐传谌等（2015）提到的算法。[①] 本部分的投入产出相关指标选用的数据时间是 2011~2015 年，原因在于，同计量模型的建立需要大量数据不同，为了对现状分析得更为精准，依据科学技术部相关的 R&D 报告内统计数据的年份可知，这五年数据衡量尺度相同，能更准确反映当前情况。

---

① 徐传谌，张行. 国有企业提升自主创新能力研究 [J]. 财经问题研究，2015（4）：110-116.

二、国有企业 R&D 效率现状分析

要想了解国有企业 R&D 效率现状，就要先分析清楚国有企业 R&D 的投入现状和产出现状。

（一）国有企业 R&D 的投入现状

由 2015 年企业 R&D 经费分析特征可以看出，企业的 R&D 经费投入主体地位更加突出。企业的 R&D 投入关系中国经济的增长。本章对 R&D 投入的研究主要分为人力投入和财力投入两个方面，有关的核心指标包括 R&D 人员当时全量以及研发强度等指标。

1. 国有企业 R&D 的人力投入

国有企业 R&D 人力投入主要是指科技活动人力投入。科技活动人力投入常用 R&D 人员当时全量、科学家和工程师人员来衡量。R&D 人员当时全量是指在报告年度从事 R&D 活动工作时间占全年工作时间的 90% 以上（含 90%）的专职人员。

图 10-1 为 2011~2015 年规模以上国有企业和规模以上工业企业的 R&D 人员投入量。2011~2015 年规模以上国有企业的 R&D 人力投入逐渐减少，而规模以上工业全部企业的 R&D 人力投入逐年增加，两者呈现反向变动趋势。

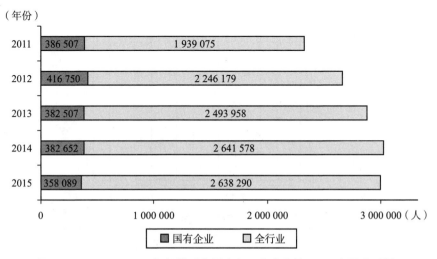

图 10-1　2011~2015 年规模以上国有和工业企业的 R&D 人员当时量

资料来源：《中国科技统计年鉴》。

在全民创新的大环境下，规模以上国有企业的 R&D 人力投入逐渐减少，由 2011 年的 386 507 人减少至 2015 年的 358 089 人，可能存在的原因是：国有企业进入改革的关键时期，国有企业转向质的方面发展，整体规模减小。

2. 国有企业 R&D 的财力投入

根据科学技术部发布的《我国规模以上工业企业 R&D 活动统计分析》中对 R&D 财力投入的指标选取，本章国有企业 R&D 的财力投入情况主要用企业研发强度和企业技术引进强度来说明。

（1）企业研发强度。

企业研发强度是衡量企业创新战略投入能力的重要组成部分，公式表示为：企业 R&D 研发经费支出/企业主营业务收入，其中企业 R&D 经费支出，是指一个企业用于 R&D 活动的经费总支出。

2015 年，全国平均的研发经费投入强度为 0.9%，规模以上国有企业的研发强度比全国平均水平高 0.22 个百分点，说明国有企业的研发强度高于民营企业和外资企业。如图 10 - 2 和图 10 - 3 所示，规模以上国有企业与规

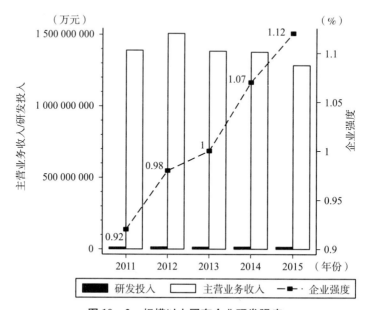

图 10 - 2　规模以上国有企业研发强度

资料来源：《中国科技统计年鉴》。

模以上工业企业的研发强度差距始终保持在 0.22 个百分点，说明近年来，无论是规模以上国有企业还是规模以上工业企业都在稳进提高研发强度，且规模以上国有企业的研发强度始终高于行业平均水平。

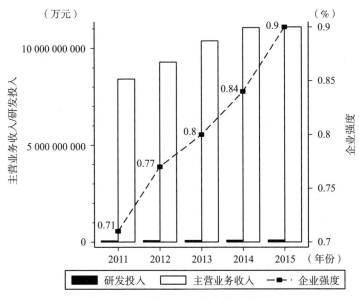

图 10 - 3　规模以上工业企业研发强度

资料来源：《中国科技统计年鉴》。

（2）企业技术引进强度。

企业技术引进强度是指企业从国外引进技术的投入强度，公式表示为：企业技术引进经费/企业 R&D 研发经费支出。

在当今创新发展的经济时代，技术获取是企业战略性发展的关键因素。企业技术获取的途径一般包括国外直接引进和企业自主研发。由图 10 - 4 和图 10 - 5 可见，国有企业的技术引进强度始终保持在一个较高的水平。在全国企业 R&D 经费持续上涨的情况下，全国的企业技术引进强度则持续下降，而国有企业的企业技术引进强度持续增加。2015 年，技术引进占比达 5.68%，比行业水平高出 5.21%，说明国有企业是行业技术水平提高的引领者，较高的技术引进经费，使其成为技术引领者，对民营企业和外资企业产生了示范效应，为民营企业和外资企业的发展降低了成本，创造了福利。

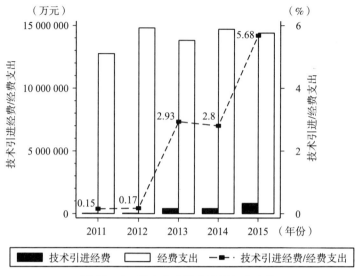

图 10 – 4 国有企业技术引进经费占比

资料来源:《中国科技统计年鉴》。

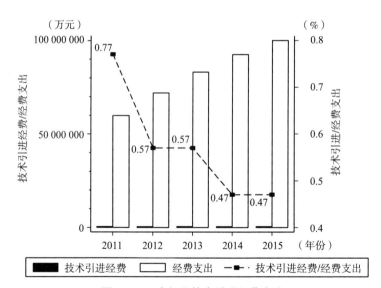

图 10 – 5 全行业技术引进经费占比

资料来源:《中国科技统计年鉴》。

（二）国有企业 R&D 的产出现状

常见的 R&D 活动的产出指标包括专利申请量、专利授权量、新产品销售量等。本节在分析国有企业 R&D 产出时仅分析专利申请量和发明专利申请量两个指标。

1. 专利申请量

对规模以上工业国有企业 2011～2015 年间专利申请量进行分析，同规模以上工业国有企业的 R&D 人员当时全量情况类似，规模以上工业国有企业 2011～2015 年间专利申请量呈现类似的变动趋势，即 R&D 人力投入和专利产出呈现相同的变动趋势，具体变动情况如图 10－6 所示。

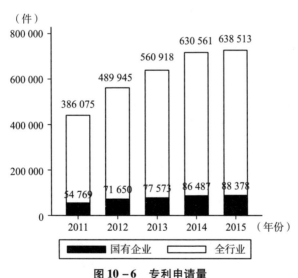

图 10－6　专利申请量

资料来源：《中国科技统计年鉴》。

2. 发明专利申请量

图 10－7 给出了国有企业和全行业的发明专利申请量变动情况。讨论国有企业发明专利申请量的原因在于，发明专利申请量占比能体现专利结构优化程度。

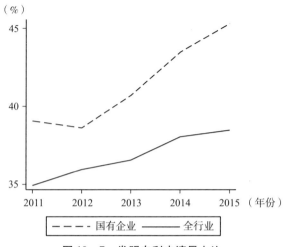

图 10 - 7　发明专利申请量占比

资料来源:《中国科技统计年鉴》。

如图 10 - 7 所示,随着中国专利申请的逐年增加,发明专利申请量占比也逐年增加,说明发明专利申请量水平增长快于专利申请量的增长速率,发明专利申请量有了大幅度提升。国有企业在发明专利申请方面表现较好,规模以上国有企业的发明专利申请量占比明显高于规模以上工业企业的发明专利申请量占比,且两者之间的差距有扩大的趋势,这说明国有企业相比于民营企业和外资企业,更注重发明专利的研发,而非纯营利性专利。

表 10 - 1 给出了 2015 年发明专利申请量居前 10 位的国内企业,全部为内资企业,其中国有企业 3 家,平均申请件数为 4 415 件,其余 7 家为民营企业,平均申请件数为 2 825 件。相比 2014 年的前 10 位企业,2015 年依旧有 7 家公司排在前 10 位,分别是:国家电网公司、中国石油化工股份有限公司、中兴通讯股份有限公司、华为技术有限公司、北京奇虎科技有限公司、京东方科技集团股份有限公司、联想(北京)有限公司。民营企业的发明专利申请量有了一定的提高,但国有企业在专利发明方面依旧起到领导性作用。

表 10 - 1　　　　　发明专利申请量居前 10 位的国内企业 (2015 年)

排名	企业名称	企业性质	申请量 (件)
1	国家电网公司	内资企业	6 111
2	中国石油化工股份有限公司	内资企业	4 372
3	中兴通讯股份有限公司	内资企业	3 516

排名	企业名称	企业性质	申请量（件）
4	广东欧珀移动通信有限公司	内资企业	3 338
5	华为技术有限公司	内资企业	3 216
6	小米科技有限责任公司	内资企业	3 183
7	北京奇虎科技有限公司	内资企业	2 777
8	京东方科技集团股份有限公司	内资企业	2 761
9	珠海格力电器股份有限公司	内资企业	1 981
10	联想（北京）有限公司	内资企业	1 826

资料来源：科学技术部发布的《2015 年我国专利统计分析》。

（三）国有企业 R&D 的效率现状

国有企业 R&D 效率是指国有企业 R&D 投入与国有企业 R&D 产出之比，如图 10 - 8 和图 10 - 9 所示。对比工业行业的情况可见，国有企业 R&D 效率远高于行业平均水平。2011 年，国有企业 R&D 效率和工业企业的 R&D 效率相差 0.94%，到 2015 年，两者相差高达 1.59%。这一结果说明，到目前为止，同其他所有制企业相比，国有企业 R&D 活动仍然是有效率的，国有企业对 R&D 活动的进一步投入也仍然是有效率的。

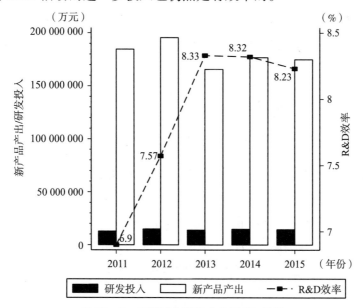

图 10 - 8　规模以上国有企业 R&D 效率

资料来源：国家统计局。

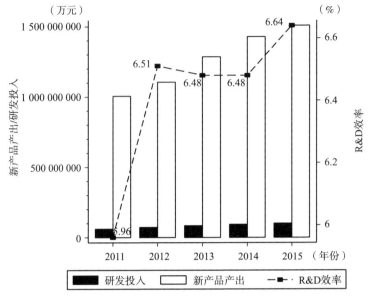

图 10 - 9　规模以上工业企业 R&D 效率

资料来源：国家统计局。

三、国有企业 R&D 溢出效应现状

（一）国有企业 R&D 溢出效应的计算

1986 年，杰夫首次提到了技术距离（表示两企业之间的技术差距），并运用技术距离测度了知识权重 ω_{ij}：

$$\omega_{ij} = \frac{F_i F_j'}{\left[(F_i F_i')(F_j F_j') \right]^{1/2}} \tag{10.1}$$

其中，F_i 和 F_j 分别表示企业 i 和企业 j 的创新能力和技术水平占全行业创新能力和技术水平的比重。

不考虑外资企业，把企业 i 和企业 j 看成内资企业中的国有企业和民营企业，那么国有企业 R&D 溢出效应的计算时用到的知识权重可以测度为国有企业和民营企业之间的技术距离，即测度国有企业 R&D 溢出效应的知识权重可以定义为：

$$\omega_i = \frac{F_{i1} F_{i2}'}{\left[(F_{i1} F_{i1}')(F_{i2} F_{i2}') \right]^{1/2}} \tag{10.2}$$

其中，F_{i1} 为 i 行业民营企业的工业生产总值占全行业工业生产总值的比重，F_{i2} 为 i 行业国有企业的工业生产总值占全行业工业生产总值的比重。

同理，民营企业 R&D 溢出效应的知识权重也可以定义为（10.2），表示民营企业和国有企业之间的技术距离。

在此基础上，计算国有企业 R&D 溢出效应的计算公式为：

$$S_{it} = \omega_i X_{it} \qquad (10.3)$$

其中，X_{it} 为国有企业 R&D 投入。

同理，计算民营企业 R&D 溢出效应的计算公式为：

$$S_{it} = \omega_i PX_{it} \qquad (10.4)$$

其中，PX_{it} 为民营企业 R&D 投入。

（二）国有企业 R&D 溢出效应的现状

基于 2001～2015 年的经济统计数据，根据式（10.2）计算得到的各行业国有企业和民营企业之间的技术距离如表 10－2 所示。

表 10－2　　　各制造业行业内国有企业与民营企业之间的技术距离

行业及编号	效率权重	行业及编号	效率权重
1. 农副食品加工业	0.831	15. 医药制造业	0.663
2. 食品制造业	0.741	16. 化学纤维制造业	0.633
3. 饮料制造业	0.673	17. 塑料和橡胶制品业	0.708
4. 烟草制造业	0.667	18. 非金属矿物制品业	0.750
5. 纺织业	0.654	19. 黑色金属冶炼及压延加工业	0.750
6. 纺织服装、鞋、帽制造业	0.695	20. 有色金属冶炼及压延加工业	0.775
7. 皮革、毛皮、羽毛及其制造业	0.674	21. 金属制品业	0.798
8. 木材加工及木、竹、藤、棕、草制造业	0.784	22. 通用设备制造业	0.685
9. 家具制造业	0.751	23. 专用设备制造业	0.712
10. 造纸及纸制品业	0.631	24. 交通运输设备制造业	0.662
11. 印刷和记录媒介复制业	0.694	25. 电气机械及器材制造业	0.656
12. 文教体育用品制造业	0.831	26. 通信设备、计算机及其他电子设备制造业	0.598
13. 石油加工、炼焦及核燃料加工业	0.622	27. 仪器仪表文化办公用机械制造业	0.716
14. 化学原料及化学制品制造业	0.717		

资料来源：根据《中国统计年鉴》和《中国科技统计年鉴》的相关数据计算得到。

技术距离 ω_{ij} 反映了不同企业之间的技术水平差距，ω_{ij} 越大，表明企业之间的技术差距越小。本章选用了总产值比重计算 ω_{ij}，实际上，无论采用专利比重还是新产品产值比重计算，技术距离的计算结果都十分相近，可以三种方法选其一。表 10 - 2 表明，国有企业与民营企业并无太大的技术上的差别，整体相差水平在 0.1～0.3 之间。

如图 10 - 10 所示，在 27 个行业内，国有企业的 R&D 溢出效应均大于民营企业的 R&D 溢出效应，其中，在一些基础重工业行业和高技术制造业中，国有企业的 R&D 溢出远远高于民营企业的 R&D 溢出，在一些轻纺行业，两者之间的 R&D 溢出效应十分接近。从现有的企业 R&D 活动来看，国有企业确实在一定程度上弥补了 R&D 投入的不足。

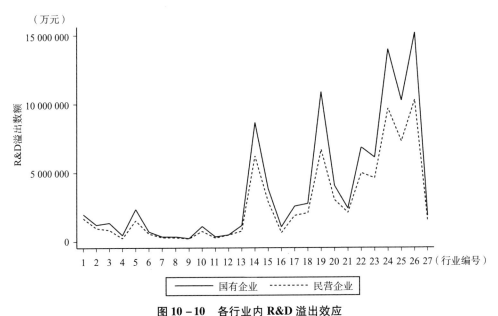

图 10 - 10　各行业内 R&D 溢出效应

注：图中行业编号对应的 27 个行业见表 10 - 2。

正如第二节中关于国有企业 R&D 溢出效应所述，国有企业产生的 R&D 溢出效应包括研究与发展效应、消费者剩余效应和偷生意效应。其中，前两种为正向的溢出效应而第三种为负向的溢出效应。国有企业 R&D 活动通过研究与开发效应，带动了地区和产业的技术水平，通过消费者剩余效应，带动了相关个人和企业的收益，进而带动了社会的发展和经济的进步。而国有企业 R&D 活动的偷生意效应可能会对其他企业产生一定的挤出效应。由以往的经验性分析，将三者综合起来带来的社会效应为正向溢出效应。进一步证明，在下一节展开。

第四节　中国国有企业 R&D 溢出效应的实证研究

一、国有企业 R&D 溢出效应的模型设定

（一）模型设定

要构建 R&D 溢出效应的相关模型，要先明晰技术进步的来源。从各类经济增长模型可知，技术进步是经济增长的动力来源。从对技术进步的测度来看，技术进步通常来源于知识和企业家精神。如杰瑞里斯（Giriliches，1979），杰夫（1986）基于社会中已有的知识水平，构造知识生产函数；胡永刚等（2016）基于企业家精神，构造企业家精神生产函数。本章从投入产出的角度，考量国有企业 R&D 溢出效应，因此，本章假设技术进步为内生变量。根据杰瑞里斯（1979），杰夫（1986），构建相关实证模型。

杰瑞里斯（1979）将溢出效应模型设定为：

$$Y_i = BX_i^{1-\gamma}K_i^{\gamma}K_a^{\mu} \tag{10.5}$$

$$K_{a_i} = \sum_j \omega_{ij}K_j \tag{10.6}$$

其中，Y_i 代表 i 企业的产出，B 为常数参数，X_i 代表企业劳动力和资本的投入，K_i 表示知识水平，K_i^{γ} 表示技术进步，K_a 表示 R&D 溢出效应，ω_{ij} 为知识的权重。在这一模型中，杰瑞里斯创新性地提出了永续盘存法，利用永续盘存法计算资本投入。

这样关于 R&D 溢出效应的模型可以充分建立。

根据式（10.5），建立本章的生产函数为：

$$Y = AL^{\alpha}RD^{\beta}S^{\gamma} \tag{10.7}$$

其中 Y 为民营企业新产品产出；A 为民营企业技术进步；L 为民营企业 R&D 劳动投入，RD 为民营企业 R&D 资本投入；S 为国有企业 R&D 溢出效应。

对式（10.7）取对数，得：

$$\ln Y = \ln A + \alpha \ln L + \beta \ln RD + \gamma \ln S \qquad (10.8)$$

进一步地，考虑行业和年度，将国有企业 R&D 溢出效应模型构建为：

$$\ln Y_{it} = \beta_0 + \beta_1 \ln S_{it} + \beta_2 \ln L_{it} + \beta_3 \ln RD_{it} + u_i + \varepsilon_{it} \qquad (10.9)$$

$$S_{it} = \omega_i X_{it} \qquad (10.10)$$

其中，Y_{it} 为 t 时期 i 行业民营企业的 R&D 活动产出（万元），S_{it} 为 t 时期 i 行业国有企业的 R&D 溢出效应，L_{it} 为 t 时期 i 行业民营企业的 R&D 劳动人员投入，RD_{it} 为 t 时期 i 行业民营企业的 R&D 资本投入，X_{it} 为 t 时期 i 行业国有企业 R&D 投入，如表 10 - 3 所示。

表 10 - 3　　　　　　　　　　　　　回归变量说明

变量名称	经济含义
Y_{it}	t 时期 i 行业民营企业的 R&D 活动产出（万元）
S_{it}	t 时期 i 行业业国有企业的 R&D 溢出效应（万元）
RD_{it}	t 时期 i 行业民营企业的 R&D 资本投入（万元）
L_{it}	t 时期 i 行业民营企业的 R&D 劳动人员投入（万元）

（二）数据及模型说明

本章研究使用的数据来源于《中国统计年鉴》《中国科技统计年鉴》《中国劳动统计年鉴》中 2001 ~ 2015 年 27 个行业的科技活动和投入产出数据。R&D 研发活动产出用新产品销售收入衡量，R&D 资本投入用 R&D 资本存量衡量，R&D 劳动人员投入用 R&D 科技人员数衡量。

1. R&D 资本存量的计算方法说明

R&D 资本存量的计算利用德洛丽丝（Dolores，2007）的计算方法：$RD_{it} = (1 - \delta) RD_{it} + B_{it}$，其中 δ 为知识折旧率，B_{it} 为 t 时期 i 行业实际 R&D 支出。假定知识折旧率 $\delta = 10\%$，g_i 为 2001 ~ 2015 年间 i 行业实际 R&D 平均增长率，则有：$RD_{i,2001} = \dfrac{B_{i,2001}}{(g_i + \delta)}$，其中 g_i 由对 TFP 的计算得到。

2. 各类型企业相关行业数据说明

《中国统计年鉴》和《中国科技统计年鉴》中，并未直接给出各类型企业的相关行业数据，但是给出了各行业相关数据，各类型企业的相关数据及总体相关数据。笔者采用 $\dfrac{行业总量}{全国总量} \times$ 各类型企业总量的方式，对国有企业和民营企业的各变量行业数据进行计算。

在国有企业 R&D 溢出效应模型中，有以下几点需要说明：（1）为了使分类的量级保持一致，本章仅考虑内资企业，不衡量港澳台资企业和外资企业。在内资企业中仅区分国有企业和民营企业。（2）由于政府补贴直接表现在 R&D 的投入量上，因此本章未对政府补贴做单独考量。（3）模型没有考虑地域集聚因素对国有企业 R&D 溢出效应的影响，仅从行业角度分析，从相关文献可知，若考虑地域集聚作用会强化 R&D 溢出效应。

二、国有企业 R&D 溢出效应的静态分析

在单变量模型分析中，仅仅考虑国有企业 R&D 溢出效应作为解释变量同被解释变量民营企业 R&D 活动产出之间的关系。

$$\ln Y_{it} = \beta_0 + \beta_1 \ln S_{it} + u_i + \varepsilon_{it} \qquad (10.11)$$

运用 Stata14 对方程（10.11）进行估计得到的结果如表 10-4 所示。

表 10-4   单变量模型结果

变量	个体固定效应模型	时点固定效应模型
$\ln S_{it}$	3.0168928 ***	0.52851468 ***
Year	—	—
2002	—	0.2312909 ***
2003	—	1.0426107 ***
2004	—	2.5663514 ***
2005	—	2.1205136 ***

变量	个体固定效应模型	时点固定效应模型
2006	—	2.3848181 ***
2007	—	2.7338947 ***
2008	—	3.5532958 ***
2009	—	4.2313111 ***
2010	—	3.993273 ***
2011	—	4.4495601 ***
2012	—	4.6312272 ***
2013	—	4.9956965 ***
2014	—	5.1379074 ***
2015	—	5.3239567 ***

注：*** 表示 $p < 0.01$。

由表 10 - 4 可见，无论是否考虑时间效应，模型结果都非常显著，这表明国有企业 R&D 溢出效应对民营企业的影响是确实存在的。在不考虑时间效应的固定效应模型中，国有企业 R&D 溢出效应 S_{it} 的系数为 3.0168928，考虑时间效应后，国有企业 R&D 溢出效应 S_{it} 的系数显著变小，同时，各年份时间效应的系数都显著为正且值不相同。S_{it} 的估计系数表明，国有企业 R&D 溢出与民营企业 R&D 活动产出具有强正相关关系，且随时间发生变化。国有企业的 R&D 活动具有强正向的溢出效应，即国有企业 R&D 溢出效应对民营企业的影响存在且为正向影响。接下来，考虑影响民营企业 R&D 活动产出的生产要素投入变量，做进一步多变量模型分析。

$$\ln Y_{it} = \beta_0 + \beta_1 \ln S_{it} + \beta_2 \ln L_{it} + \beta_3 \ln RD_{it} + u_i + \varepsilon_{it} \quad (10.12)$$

在多变量模型中，加入民营企业的 R&D 人力投入和 R&D 资本投入，采用随机效应模型，结果如表 10 - 5 所示。

表 10 - 5 多变量模型结果

RANDOM – EFFECTS GLS REGRESSION			NUMBER OF OBS = 404			
R – SQ：OVERALL = 0. 9492			NUMBER OF GROUPS = 27			
WALD CHI2 （3） = 8427. 26			Prob > chi2 = 0. 0000			
$\ln Y_{it}$	Coef.	std. err.	z	P > |z|	[95% Conf. Interval]	
$\ln S_{it}$	– 0. 3013	0. 0525	– 5. 74	0. 000	– 0. 4042	– 0. 1986
$\ln L_{it}$	0. 1871	0. 0665	2. 81	0. 005	0. 0568	0. 3175
$\ln RD_{it}$	1. 0173	0. 0512	19. 85	0. 015	0. 9168	1. 1177
SIGMA_U	0. 2923					
SIGMA_E	0. 4181					
RHO	0. 3283		（fraction of variance due to u_i）			

资料来源：《中国统计年鉴》（2001～2015）、《中国科技统计年鉴》（2001～2015）。

由模型结果可见，资本投入、人力投入均与 R&D 活动产出同方向变动，与以往认知相符。相关变量均通过假设性检验，模型结果具有一定的可靠性。此时，值得注意的是，同表 10 - 4 显示的单变量模型结果不同，国有企业 R&D 溢出效应同民营企业的 R&D 活动产出呈显著负相关，这里笔者认为有三方面可能的原因：（1）模型中的解释变量之间存在内生性问题；（2）同期内，国有企业 R&D 溢出效应对民营企业 R&D 活动产出产生挤出效应；（3）国有企业 R&D 溢出效应存在滞后性。

针对这几种原因，将模型与问题的研究深化，模型分析由静态分析转向动态分析，问题分析转向国有企业 R&D 溢出效应的滞后性分析。

在静态面板模型中，分为固定效应模型和随机效应模型，为检验哪种模型更有效，采用 Hausman 检验对模型进行判定，结果如表 10 - 6 和表 10 - 7 所示。

表 10 - 6 Hausman 检验

检验结果	结果解释
chi2 （1） = 280. 86；Prob > chi2 = 0. 0000	拒绝原假设，采用固定效应模型

表 10 - 7   Hausman 检验

检验结果	结果解释
chi2(3) = 6.93；Prob > chi2 = 0.0743	不能拒绝原假设，采用随机效应模型或混合普通最小二乘法（OLS）

由上述检验结果可知，单变量模型构建固定效应模型更有效，多变量模型未通过 Hausman 检验，需要进一步用 LM 检验判定其模型选用。

由表 10 - 8 的 LM 检验结果可知，相比于混合普通最小二乘法，多变量模型采用随机效应模型更有效。综上所述，单变量模型采用固定效应模型，而多变量模型采用随机效应模型。

表 10 - 8   LM 检验

检验结果	结果解释
chibar2(01) = 308.74；Prob > chi2 = 0.0000	拒绝原假设，采用随机效应模型

三、国有企业 R&D 溢出效应的动态分析

本部分建立的模型如式（10.13）和式（10.14）所示，确定国有企业 R&D 溢出效应存在后，采用动态面板模型中的系统 GMM 做分析，用差分 GMM 做对比。采用 GMM 方法的原因在于本章采用 27 个行业 15 年的数据，属于典型的短面板，且建立模型的解释变量中可能存在共线性问题，GMM 方法适用于短面板的分析且可以有效解决共线性问题。

$$\ln Y_{it} = \beta_0 + \beta_1 \ln S_{it} + \beta_2 \ln S_{it-1} + \beta_3 \ln S_{it-2} + \beta_4 \ln S_{it-3}$$
$$+ \beta_5 \ln L_{it} + \beta_6 \ln RD_{it} + u_i + \varepsilon_{it} \quad (10.13)$$
$$\ln Y_{it} = \beta_0 + \beta_1 \ln S_{it} + \beta_2 \ln S_{it-1} + \beta_3 \ln S_{it-2} + \beta_4 \ln S_{it-3} + \beta_5 \ln S_{it-4}$$
$$+ \beta_6 \ln S_{it-5} + \beta_7 \ln L_{it} + \beta_8 \ln RD_{it} + u_i + \varepsilon_{it} \quad (10.14)$$

选用国有企业 R&D 溢出效应滞后 5 阶作为工具变量，资本存量滞后 2 阶作为工具变量，利用 Stata14，对模型（10.13）和模型（10.14）进行回归，得到的结果如表 10 - 9 所示。

表 10 - 9　　　　　　　　　　　GMM 模型结果

变量	差分 GMM 模型（3 阶）	系统 GMM 模型（3 阶）	差分 GMM 模型（5 阶）	系统 GMM 模型（5 阶）
$\ln Y_{it}$	—	—	—	—
L1	0. 26628669 ***	0. 28414469 ***	0. 26630571 ***	0. 1931364 ***
$\ln S_{it}$	− 0. 4107717 ***	− 0. 4195507 ***	− 0. 4650186 ***	− 0. 3905348 ***
L1	0. 3573578 ***	− 0. 3345028 ***	− 0. 4721119 ***	− . 04612531 ***
L2	0. 0686075	0. 16427746 ***	0. 09961206 *	0. 03723986
L3	0. 18653279 ***	0. 20904891 ***	0. 16191549 ***	0. 1847540 ***
L4	—	—	0. 03420653	0. 03565989
L5	—	—	0. 20358363 ***	0. 2254436 ***
$\ln RD_{it}$	0. 33602381 ***	0. 44435233 ***	0. 74601126 ***	0. 9247811 **
L1	0. 08373377	− 0. 02700751	− 0. 1621212 ***	− 0. 1276967 *
$\ln L_{it}$	0. 78642334 ***	0. 70658472 ***	0. 42413607 ***	0. 26462386 **

注：* $p < 0.1$、** $p < 0.05$、*** $p < 0.01$。

根据表 10 - 9 的 GMM 模型结果表明，无论采用差分 GMM 还是系统 GMM，国有企业 R&D 溢出效应均存在滞后性。在当期和滞后 1 期时，国有企业 R&D 溢出效应对民营企业 R&D 产出产生负向影响，在滞后 2 期或者滞后更长期，国有企业 R&D 溢出效应对民营企业 R&D 产出的影响为正向。这表明，短期内，国有企业 R&D 活动会对民营企业的 R&D 活动产生挤出效应；在中长期内，国有企业 R&D 活动对民营企业 R&D 活动产生挤入效应，带动了民营企业 R&D 活动的发展。

第五节　结论与启示

本章主要采用经验性研究的方法进行研究，包括相关的定量分析和统计分析。在推演中，还用到了文献研究、定性分析等研究方法。首先对国内外学者的以往研究，进行文献评述，其次阐述企业创新和 R&D 溢出效应的相关概念和理论，分析国有企业 R&D 溢出效应研究的现状，进一步地对国有企业 R&D 溢出效应进行实证研究，最后给出本章的结论和政策建议。通过以上各小节研究表明，在行业经济和产业经济发展过程中，国有企业 R&D 溢出效应对民营企业存在一定的影响，并且这种影响存在一定的滞后性。短期内，对民营企业形成挤出效应，中长期内，对民营企业形成挤入效应。同时，对比民营企业 R&D 溢出效应，国有企业 R&D 活动对同行业内的民营企业发展产生较强的作用和影响。增强国有企业 R&D 活动，能在更大程度上促进民营企业新产品产出的持续增长，进而带动行业和相关行业的升级和改进。

一、研究结论

本章的研究结果表明，从经济层面来看，国有企业实现了其作为市场主体的功能性，在自身盈利的同时，通过 R&D 活动能对民营企业的 R&D 活动和盈利水平产生促进作用，对全行业 TFP 的提高奠定基础性作用，并且能够带动所在行业和产业的效率水平的提高，弥补市场失灵。若考虑国有企业在社会层面的 R&D 溢出效应，衡量国有企业对国防、科技、基础设施建设等方面的 R&D 溢出效应，那么最终的国有企业 R&D 溢出效应会更加显著，即国有企业 R&D 活动产生的 R&D 溢出效应，对产业经济发展具有十分重要的意义。国有企业 R&D 活动的加大，能够有效促进国有企业 R&D 溢出效应的扩大。国有企业 R&D 溢出效应的扩大，一方面能够促进民营企业 R&D 活动的开展，提高民营企业的盈利水平，进一步促进行业的经济增长和产业升级；另一方面，能够为全行业 TFP 水平的提高奠定基础，促进全行业企业的效率水平的提高。综合来看，国有企业 R&D 溢出效应的扩大，有利于充分发挥 R&D 溢出效应对国有企业的影响，深化国有企业的创新发展；有利于充分发挥 R&D 溢出效应对民营企业的影响，促进行业发展和主导产业的形成，推动建设世界一流企业；有利于充分发挥 R&D 溢出效应对行业的影响，促进产业结构优化升级和经济转型发展。

二、相关政策建议

较强的国有企业研发能力是中国经济增长和行业发展的重要推动力。增强国有企业研发能力，有助于增强国有企业研发活动对民营企业研发活动形成挤入效应，能够进一步加速民营企业的发展，不断增强中国内资企业的整体创新能力和水平。因此，面对全球经济竞争的加剧，国有企业需要增强其研发能力，引领民营企业创新发展，具体包括以下几点建议：

第一，通过增强国有企业研发活动，提高国有企业的创新产出，使国有企业成为全行业的榜样，形成示范效应。增强国有企业研发活动，提高国有企业的创新产出，能够有效提高国有企业为居民提供产品的质量、提升产品性能和用户体验，有利于增加企业的利润和销售产值。与此同时，同一市场内的民营企业能够有效观察到国有企业的创新发展，能够观察到国有企业产品变化和产出变化，民营企业出于盈利性考虑，在其生产条件允许的情况下，也会积极改进其产品质量、产品性能和用户体验，从而提升了整个市场的产品体验。因此，通过提高国有企业创新能力，发挥国有企业的榜样作用和示范效应，能有效引领民营企业的创新发展。

第二，通过国有企业较强的研发溢出效应，使民营企业以较低成本利用最新的创新成果，降低民营企业的研发成本及风险。研发活动往往伴随着较强的正向溢出效应。在技术研发初期，国有企业率先进入，能够有效承担新产品和新技术研发带来的不可控风险和大规模成本，等到相关研发取得一定进展和成果，民营企业再进入，就能以较低的成本和风险充分利用这些创新成果并改进这些创新成果，实现企业自身的大规模盈利和创新发展。

第三，国有企业吸收有能力的民营企业，参与国有企业的研发活动，加速民营企业盈利。有能力的民营企业一定是具备一定研发能力的企业，这些企业参与到国有企业的研发活动中，一方面极大降低了自身研发的成本和风险，另一方面能够在与国有企业的研发合作中获得最近的创新技术。国有企业吸收有能力的民营企业，容易形成超强的研发溢出效应，使得参与研发过程的双方或多方共享研究成果，极大降低了民营企业获得创新成果的门槛，容易形成民营企业独特的竞争优势，使原本有能力的民营企业在市场竞争中更加具备超强的竞争优势和核心竞争力，急剧增加了民营企业的盈利能力和盈利水平。

第四，较强的研发水平形成企业较强的研发效率和较强的溢出效应，提高国有企业整体的研发效率和溢出效应，是行业集约发展、经济发展由数量转向质量的关键动力。提高国有企业整体的研发效率有助于带动行业整体效率水平的提升，进一步带动行业的集约型发展。

一方面，形成国有企业和民营企业间的专业化协作，形成龙头企业和专业化协作集团。分工和专业化协作能够提高生产效率，这一点已经被广泛证实。国有企业与民营企业在研发方面进行分工和专业化协作，不仅能够提高国有企业的专业化水平和研发效率，同时也能有效提高民营企业的专业化水平和研发效率。同时，国有企业和民营企业间的专业化协作，构成国有企业与民营企业之间的上下游企业的专业化协作关系，在这种关系下，研发在上下游企业间形成较强的溢出效应，有利于带动上下游企业和上下游行业的创新发展和集约化发展。此外，国有企业与民营企业形成专业化协作集团，有利于增强国有企业和民营企业整体的竞争力。

另一方面，加快形成产学研平台，提高国有企业研发速度，加速形成创新成果和技术运用。产学研平台是指学校、科研院所与企业相互配合发展，企业向学校和科研院所提出技术需求和人才需求，学校和科研院所参考企业要求选择招收专业及研发方向。由于国有企业、科研院所和学校的所有权均为国有，因此，相比于民营企业，国有企业更容易同科研院所和学校搭建产学研平台。搭建良好的产学研平台，能够有效减少企业的研发成本和沟通成本；能够有效提高国有企业的研发速度和研发效率；能够加快创新成果应用到实践中去，加速国有企业研发溢出效应的形成，进而提高全行业研发效率，带动行业的整体发展。

第六节　本章小结

本章节从经济层面方面对国有企业 R&D 溢出效应进行研究。通过现状分析，理论证明和动静态相结合的实证研究，论证了国有企业 R&D 溢出效应对民营企业影响的存在性。通过研究发现，国有企业 R&D 溢出效应对民营企业的影响确实存在，且影响具有一定的滞后性，同时国有企业 R&D 投入对民营企业的影响，呈现出短期内挤出，中长期内挤入的现象。这不仅能说明国有企业在弥补市场失灵方面的重要作用，还能为中国的创新发展和产业转型打开发展的新思路。通过分析国有企业 R&D 溢出效应的存在性和滞后性，揭示了国有企业 R&D 活动对促进经济发展、增加社会福利、改善经济整体质量具有的重要作用和意义。到目前为止，上述各个章节的论述基本上是从全国层面展开。从整个中国宏观层面分析问题，有利于我们从整体上把握国有资本投资的效应和效率，但是另外，中国地区间发展极不平衡是我们不能否认的一个事实。因此，仅仅从宏观层面进行论证，极有可能掩盖了各个地区之间国有资本投资的异质性问题。虽然国有资本投资引导和支撑了各个地区的经济发展，但是各地区之间的国有资本投资的效应和效率有可能存在很大的差异。为了从国有资本投资视角探讨各地区间经济发展的差异，接下来基于区域视角分析中国国有资本和非国有资本投资的效应和效率问题。

第十一章

区域视角下中国不同所有制投资效应与效率对比研究

本章从区域视角首先分析了国有经济和非国有经济投资变动对经济增长的影响，又在此基础上进一步研究了国有经济投资对非国有经济投资的动态效应，其次通过对区域间不同所有制全要素生产率的测算和分解，解释了投资效应差异的内在原因，最后提出了促进区域间协调发展的相关对策。研究发现，不同区域不同所有制的投资大多对经济增长存在显著的正效应，且各区域的国有经济投资对非国有经济投资均是挤入效应。同时通过全要素生产率的比较分析，和其分解出的技术效率和技术进步率的比较分析，反映了各区域资源配置能力和技术创新能力的状况。

第一节 引 言

一、问题的提出

改革开放初期，沿海一带在国家政策支持下实行了率先发展的战略计划，区域间的经济发展差距初步显现。东部地区的快速发展为全国整体经济增长贡献出了很大力量，但是区域间的经济差距伴随着中国经济总体量的增长而日益扩大。在区域发展不平衡的背景下，在 2000～2018 年间，西部大开发战略、东北地区等老工业基地振兴战略、中部崛起等区域性发展计划陆续发布，并在各区域内持续推进，这些大规模地区规划的目的在于希望能够推动中国经济总量形成稳中有进的协调增长。尽管经过近 20 年的着力建设，各地区的经济发展均有进步，但是由于区域之间本身的资源禀赋、自然条件存在差异，以及社会结构、治理水平等都有不同，区域间经济差距并没有明显缩小，甚至与经济效率密切相关的全要素生产率指标在区域间的差距还在进一步扩大。

投资作为最基本的生产要素，投资的增加将会对经济产生增长效应。但是在 2008 年金融危机后，中国经济发展进入新常态时期，特别是党的十九大之后，提出了中国目前的经济形势应该由高速增长转向高质量增长阶段，原本依靠传统生产要素如资本、劳动等投入规模的扩大已经不足以带动经济提质，因此越来越多的学者将目光转移到了技术进步、创新能力、管理水平、制度条件等能提高经济运行效率的研究上。以此将影响区域经济增长的因素划分为两大主要类别，投入因素和效率因素。从这两个角度看，在本章的研究中，中国部分地区的经济增长速度衰减，与其他地区经济发展差距逐步扩大的原因可划分为以下两方面：一是资本要素的投入规模和结构存在一定差异，部分地区的资源配置方式尚待优化，使得地区经济增长乏力；二是区域经济增长高度依赖要素投入的粗放式驱动增长模式，技术进步和效率改善对当地经济增长的贡献不足，使得部分区域的经济发展缺乏可持续性。

本章依据国有资本投资与非国有资本投资规模和结构在各地区之间的差异状况，选取了东北地区、西南地区和长三角地区三个各具特征的区域进行对比分析。从 20 世纪 50 年代开始，以国有企业形式投放的国有资本在国家计划下成为东北地区和西南地区经济增长的主要力量，有力地推动了区域的基础设施建设和城市化水平，刺激了经济的快速发展。但也正是国家计划经济建设时期遗留的历史原因，使得东北地区和西南地区形成了国有经济比重偏高的经济结构，在今天两个地区中仍然有计划经济模式的历史遗留。而东南沿海的长三角地区则在改革开放之后开创了区别于东北地区与西南地区的发展模式。在此背景下，本书将从以下几个角度展开研究：第一，以国有资本投资为视角，分析区域间的投资规模与投资结构；第二，从不同所有制投资的角度来看，国有资本投资和非国有资本投资对地区经济的影响，对于区域经济增长是促进作用还是抑制作用，作用效果强弱，并进一步分析区域间国有资本投资对非国有资本投资的挤入效应以深入考察不同所有制投资对经济增长的效应；第三，通过对区域间全要素生产率的测算和分解，对区域间不同的投资效应进行解释，并给出结论和建议。本章采用的数据来自 2003 ～ 2017 年《中国统计年鉴》《中国国有资产监督管理年鉴》《中国工业年鉴》和各省份的统计年鉴，并按照 1990 年的价格指数相应进行数据平减。

二、研究价值分析

中共十九大报告中指出，必须坚定不移贯彻创新、协调、绿色、开放、共享的发展理念，这一理念被定义为中国经济新常态时期面临新挑战和突出问题时的治本之策。在这里，协调发展指的就是注重解决发展不平衡问题，既是对难题与短板的破解，也是对优势的进一步巩固，坚持协调发展中的重要一环就是要推动区域的协调发展，分析不同区域间的不同所有制投资效应，直接影响到不同的经济成分投资在缩小区域发展差距、促进区域经济增长中的改革方向，具有重要的理论和实践价值。

依照经济发展阶段论的理论阐述，要素投入驱动型和效率提高驱动型是经济增长不同的模式和路径，在经济发展的不同阶段交替发挥着主导作用。在中国当前发展阶段，要素驱动仍然在经济增长中占有一定的地位，但是长期可持续的经济增长的实现应当转向以效率驱动为主，包括提高技术水平、改革管理制度、增强创新能力等作为支撑区域经济增长的长期内在动力。在各区域发展的自然条件和社会条件均存在差异的情况下，如何达到区域协调发展的探索尚处于实践阶段，相应的理论分析也相对欠缺，很难对具体经济实践给出科学的建议指导，因此本章试图以不同所有制资本投资为视角，通过区域间对比研究，重点关注两方面的问题：一是研究不同所有制的资本投资在区域发展中是否能带动经济高速增长；二是不同区域全要素生产率现状和存在的问题，为促进各区域经济增长提供理论支撑。

1978 年中国实行改革开放政策，沿海新兴经济带快速发展。在此之后的十几年中，西南地区和东北地区的经济发展速度却发展缓慢，地区生产总值和工业增加值占全国总额的比重不断下降。尽管东北地区和西南地区的经济增长速度有所下降，国有经济份额在地区中的比重始终很高，那么国有经济在该区域的市场运行中到底发挥着怎样的经济效应，解决这一疑问成为理解和解释区域间经济发展差距的重要途径之一。随着部分地区的经济衰退，各类社会环境问题也日益浮现，资源枯竭、环境恶化，等等，为帮助经济相对落后的地区摆脱困境，促进全社会经济协调发展，保持国民经济健康稳定发展，中央从 2003 年开始陆续提出了关于振兴东北地区等老工业基地的若干战略意见，这是在 2000 年发布的西部大开发战略之后，再次提出的重大区域发展决策，对于实现区域经济振兴和发展有十分深远的意义。在此之后，西南地区和东北地区各自经过了近十年的调整和改造，取得了一定的成绩，经济增长速度明显加快，区域之间的发展差距也有一定缩小。但是区域的局部问题却仍然存在且尚待解决。在此情况下分析东北地区、西南地区和长三角地区不同所有制资本的投资效应，对于指导区域协调发展，启示地区的经济振兴和发展有重要的现实意义。通过深入挖掘不同所有制资本的投资状况，发挥不同经济类型的投资效应，推动体制变革和机制创新，缩小区域间全要素生产率差异，能够推动各区域走上经济可持续发展的道路。因此，本章的研究在理论和实践上均有着积极的意义。

三、相关文献回顾

投资在经济宏观、中观和微观层面的相关研究都有着长远的历史，其中宏观领域的投资和经济增长之间关系的研究是最为核心的方面，世界各国或地区在各自工业化进程中均存在相似的发展经历，在经济发展的最初或是经济衰退阶段都经历过以大规模投资拉动经济增长高潮的时期，利用在制造业、公路铁路航路、通信等行业的投资推动经济崛起或提速，同样的在中国，这种大规模的投资以国家计划的形式投入在中国的几个地区，其中就包括了以吉林、辽宁和黑龙江 3 省为主的东北地区和以重庆市、四川省为代表的西南地区，分别实行了东北工业基地振兴和西部大开发的计划并投入了大规模的资金，在东部沿海地区也投入了大量的启动资本，以实现促进当地经济增长的目的，这里对本章参考的部分文献进行了梳理与综述。

从投资与经济增长的角度看，布兰德（Brander，1992）选取了全世界100 多个区域经济体进行分类研究，在一部分经济体中发现了投资对经济增长的积极影响，但是同样也发现了部分被归为增长失败者如非洲地区等，这些地区在相同的投资水平下，经济增长率却呈现出明显不同，研究表明投资效果与投资结构的相关度更高。[①] 沃格勒（Wurgler，2000）指出判断一个国家投资有效与否的标准，体现在假设一个国家投放在成长潜力相对较大的行业里的资本更多，而在呈现衰退趋势的行业资本投放相对较少，这种现象被定义为一个经济体投资有效率。在国内也有很多关于投资与经济增长的相关研究。[②] 王勇（2004）基于索罗模型和皮尔逊分析，提出了固定资产投资是中国经济增长的主要动力。[③] 齐红倩、刘岩等（2018）提出在产业结构调整的背景下，投资与消费、就业的关系是促进经济增长的基础性问题，投资在经济增长中合理配比能够保证就业率平稳，进而对经济发展起推动作用。[④] 蓝裕平（2018）提出自 2000 年起中国投资需求对经济的贡献率在三大需求中就是最高的，但是投资需求对经济发展的驱动力是不可持续的。[⑤] 严成樑等（2012）依据拓展的 MRW 模型将资本投入划分为物质、教育、健康和研发四部分，考察了投资和中国区域间人均 GDP 之间的关系，发现东部和中部地区教育投资对经济增长影响最大，而西部地区则是物质投资，并且得到结论认为区域间发展不平衡的重要原因就是投资力度的差异和投资影响经济增长的区别导致的。[⑥] 王雪艳等（2016）等通过固定资产投资变化率和区域实际 GDP 增长率的数据，构建面板模型研究影响经济增长的因素，发现在中国的 30 个省份中投资均存在积极效应，但研究还发现了比重较高的基础设施投资的滞后问题和部分区域投资过热的问题，中国各区域间的投资结构都尚有优化空间。[⑦]

从投资与经济效率的角度看，闫先东、朱迪星（2017）提出了基础设施投资通过长期效率的改善对经济增长产生影响，同时提出投资的这种影响不仅在于经济因素，还有制度因素的影响。[⑧] 肖大勇（2018）在关于生产性公

① Brander, J. Comparative Economic Growth: Evidence and Interpretation [J]. The Canadian Journal of Economics, 1992, 25 (4): 792 – 818.
② Wurgler Jeffrey. Financial Markets and the Allocation of Capital [J]. Journal of Financial Economics, 2000, 58 (1): 187 – 214.
③ 王勇. 固定资产投资与中国经济增长的相关性分析 [J]. 经济师, 2004 (11): 21 – 23.
④ 齐红倩, 刘岩, 黄宝敏. 我国居民消费、投资与就业变动趋势及政策选择 [J]. 经济问题探索, 2018 (8): 9 – 17.
⑤ 蓝裕平. 中国经济增长中的投资驱动因素 [J]. 国际融资, 2018 (7): 64 – 68.
⑥ 严成樑, 崔小勇. 资本投入、经济增长与地区差距 [J]. 经济科学, 2012 (2): 21 – 33.
⑦ 廖信林, 王雪艳, 吴友群. 固定资产投资对中国经济增长的影响——基于供给侧改革背景 [J]. 嘉兴学院学报, 2016, 28 (5): 38 – 43.
⑧ 闫先东, 朱迪星. 基础设施投资的经济效率：一个文献综述 [J]. 金融评论, 2017, 9 (6): 109 – 122 + 126.

共资本支出的经济增长和经济效率的作用机制的研究中提出，用全要素生产率表示经济效率指标，发现在公共物质资本支出较多的区域，实际 GDP 的增长率相对较高，然而经济效率水平较低，而在公共人力资本支出较多的区域，实际 GDP 的增长率相对较低，然而经济效率水平较高。[①] 在现有的大部分文献中，关于中国整体的全要素生产率的研究很多，但是关于全要素生产率的区域差异分析和影响。机理的研究相对比较少，在李征（2016）的研究中通过对中国区域全要素生产率现状、动态演变和影响机制的描述分析，得到了中国整体 TFP 在 2008 年呈现拐点，并发现要素整体配置效率和使用效率不高，是技术进步率的提高促进了全要素生产率的增长，而技术效率的长期走低压制了全要素生产率的增长空间。[②] 而在李旭超（2017）的研究中指出，将全要素生产率以资源配置的视角进行分类，分为国有经济的资本错配、非国有经济的资本错配和两部门间的资本错配，研究发现非国有经济的配置效率高于国有经济，但是非国有经济的比重增加的速度远超过其配置效率改进提高的速度，中国制造业的效率损失的主要原因就在于非国有经济的资本错配，推动非国有经济提高资源配置效率能加大改革红利释放，在非国有经济的调整阶段，国有经济通过国有企业改革能够有效地缓解经济效率损失的问题。[③]

　　从投资的区域研究角度看，袁礼和欧阳峣（2018）在研究中构建了投资效应的评价指标体系，将投资效应划分为经济、社会和生态环境三点，对不同的区域进行衡量和评价发现，针对不同区域提高投资效应应当采取有针对性的产业政策作为引导，着重关注地区的技术创新、制度改善和管理进步；[④] 徐淑红（2016）通过对投资率和投资贡献率的测算和研究，发现东北地区投资率的各项指标均较高，但增长质量与可持续性均较差，东部经济发达地区的投资效率相对比较稳定，同时研究发现，东北和西南地区投资贡献率较高的省份是相互邻近的，而在东部沿海地区的投资贡献率较低的省份是相互邻近的。[⑤]

　　从国有资本投资研究的视角看，在国外研究中，由于社会生产关系的根

① 肖大勇. 生产性公共支出对经济增长和效率的作用机制研究 [D]. 上海：上海社会科学院，2018.
② 李征. 中国区域全要素生产率演变研究 [D]. 长春：吉林大学，2016.
③ 李旭超. 市场扭曲、资源错配与中国全要素生产率 [D]. 杭州：浙江大学，2017.
④ 袁礼，欧阳峣. 发展中大国提升全要素生产率的关键 [J]. 中国工业经济，2018 (6)：43 - 61.
⑤ 徐淑红. 中国区域投资的经济增长效应研究 [D]. 长春：吉林大学，2016.

本不同，西方经济学中不存在国有资本的概念，因此国外学者对于公有化形式的投资问题研究都是以政府公共支出的形式开展的。以阿肖尔（Aschauer，1989）关于美国公共部门支出对经济发展的影响研究为开端，选取1949~1985年间的数据进行分析，发现公共部门的支出对经济增长有显著的促进作用，并且私人投资对经济的贡献度低于公共投资①；关于美国经济滞胀问题，阿肖尔进一步指出公路、高速道路、机场、供水供电等基础设施投资对经济增长具有显著的正向影响，实证分析得到的弹性系数达0.05~0.11左右，但是由于美国在公共基础设施投资的减少导致总体生产率下降，进而导致长期经济增长出现了问题。② 在阿肖尔之后国外关于公共支出的研究中基本都是以柯布—道格拉斯生产函数为基础，利用时间序列数据对不同国家或经济体开展计量分析，虽然研究时段不同、计量方法不同等问题使得可比性不足，但结果基本都与阿肖尔的结论趋于一致。路易斯（Luis，2011）通过实证检验发现政府公共支出越多，不仅对经济增长有促进作用，还能够缩小贫富差距、促进就业。③

由于中国公有制为主体的基本经济制度结构，国有资本投资在中国有着特定的功能和任务，在国内的相关研究中，对于国有资本投资与经济增长之间关系的研究更加深入和广泛，并且得出了各有差异的结论。杨冬梅（2017）提出固定资产投资对经济拉动的突出作用，并从宏观层面分析了固定资产投资的国有及非国有主体结构的资金获取能力和投资效率问题，并发现不同所有制固定资产投资对经济增长的拉动作用由高到低依次是股份有限企业、私营企业、有限责任企业、国有企业。尽管从直观上看国有资本投资对经济增长有促进作用，但也有学者从非生产性寻利角度，得出了完全相反的结论。④ 刘生龙、鄂一龙和胡鞍钢（2015）基于对地方投融资平台的研究，提出了国有资本对营利性产业的投资对经济增长没有显著作用，并指

① Aschauer, D. Public Investment and Productivity Growth in the Group of Seven [J]. Economic Perspectives, 1989, 13 (5): 17–25.

② Aschauer, D. Why is Infrastructure Important? [C]. in A. H. Munnell (ed.), Is there a Shortfall in Public Capital Investment? Federal Reserve Bank of Boston, Boston, Massachusetts, 1990, United States.

③ 阿瑟·刘易斯. 经济增长理论 [M]. 周师铭、沈丙杰、沈伯根，译. 北京：商务印书馆，1999.

④ 杨冬梅. 固定资产投资主体结构与投资效率的实证研究 [D]. 济南：山东大学，2017.

出了要依据不同功能类型的国有投资实行分级管控。① 庄子银、邹薇（2003）考察了大规模公共支出存在着调配的成本，且非生产性寻租也会造成社会福利损失，发现公共支出的增加导致了预算外支出增长、财政收入占 GDP 比重下降等现象，说明了公共支出的增加对经济增长带来了负面的影响。②

从国有与非国有资本投资之间的关系看，也有很多的相关研究文献。王文成、沈红微和王爔慧（2013）利用国有资本投资和非国有资本投资的年度数据，按照行业分类研究发现，二者之间没有稳定的协整关系，且研究发现在不同发展时期国有经济对非国有经济的带动效果有差异，国有经济在不同时期分别发挥着不同的作用③；然而，何盛明（2017）提出了中国国有经济投资的挤出效应始终存在，但在国有经济投资规模既定的情况下，国有投资与非国有投资之间的互补关系越强，相应的挤出就越弱，并提出了就中国当前状况而言，应该进一步明确国有经济投资的功能定位，深化财政体制改革、强化预算约束、健全投资决策机制和融资渠道方式，推动区域协调发展。④

在国内外的研究中，关于投资的研究已经延伸到了经济增长与经济发展的各个层面，关于投资效应的研究也十分丰富。本章就是在这样的理论基石和现实成果的基础之上开展的研究，并且提出了以区位相似程度高、经济结构相近的东北地区和西南地区进行对比，并给出发展模式与其相异的长三角地区作为参照，从区域对比的角度对不同所有制资本投资状况进行刻画，对投资效应进行揭示，既反映投资的规模和结构问题，也反映出投资对经济增长的影响，特别是国有资本投资视角，使得结论在中国区域间有着独适性。

---

① 刘生龙，鄢一龙，胡鞍钢. 公共投资对私人投资的影响：挤出还是引致 [J]. 学术研究，2015（11）：64－73＋160.
② 庄子银，邹薇. 公共支出能否促进经济增长：中国的经验分析 [J]. 管理世界，2003（7）：4－12＋154.
③ 王文成，沈红微，王爔慧. 国有经济投资对非国有经济投资的带动效应研究 [J]. 中国软科学，2013，7：132－144.
④ 何盛明. 调整政府与市场关系改变政府配置资源方式 [J]. 财政研究，2017（9）：11－12.

第二节 中国区域间不同所有制投资现状分析

一、区域间不同所有制投资规模现状

在对现状进行分析之前指出本节的区域划分依据是，在合理考量地理位置是否相邻；自然资源和生态环境是否相似；一个区域内发展阶段相差是否悬殊；经济发展优势和面对的问题是否基本一致；社会文化背景是否类似；划分后的各区域大小是否相差不多；酌情沿用过去的一定划分标准；不可拆分省份或直辖市等条件后，由"十一五"规划中制定的八大综合经济区划分方法。本章就是在八大综合经济区划分的基础之上，根据地区经济类型占比结构的区别与联系，选取了其中的东北、东部和大西南三个综合经济区，其中辽宁、吉林、黑龙江 3 省为东北地区；上海、江苏、浙江 3 个省市为长三角地区；重庆、四川、贵州、广西、云南 5 个省区市为西南地区。

2005 年黑龙江、吉林、辽宁 3 省地区生产总值增长速度分别是 11.6%、12.1%、12.3%，高于全国平均 10.2% 的增长速度，比 2003 年分别高出 1.4、1.8、0.8 个百分点。然而 2013 年之后东北老工业基地振兴计划结束后，2017 年辽宁省 GDP 为 23 942 亿元，增速为 4.2%，是东北地区经济增速最差的省份，全国排名倒数第四；黑龙江省 GDP 以 16 199.88 亿元在全国排第 26 位，经济增速为 6.4%；吉林省 GDP 以 15 288.94 亿元在全国排第 27 位，经济增速为 5.3%；而 2017 年实际经济增速最快的是贵州省，达 10.2%，然后是西藏自治区，增速达 10%。经济增速第一梯队——西南地区占据了 GDP 增速的前四名，重庆、贵州等省市都达到了 9% 以上的增长，且已经连续 3 年蝉联了 GDP 增速前排，在它们经济高速增长的背后，已经可以看到地区技术创新和产业转型带来的经济增长新动能的效果。相对快速崛起的区域，东北地区可以明显看到经济发展问题的存在。总体来说，东北老工业基地的各阶段振兴计划虽然使得东北地区经济总量有所增长，但东北地区 GDP 总量占全国份额依然在降低，东北地区经济增长在全国经济整体增长的趋势下仍然处于低速的状态。

　　首先，在表 11 - 1 和图 11 - 1 中可以看到，东北地区、西南地区和长三角地区的总的固定资产投资净值总额在 2006～2016 年的变化趋势。在 2006年东北地区的固定资产投资规模是略高于西南地区的，但是长三角地区从2006 年开始固定资产投资额就是其他两地区的两倍有余，随着时间推移，在 2013 年前各地区的固定资产投资均呈现增加态势，在 2006～2013 年间东北地区的固定资产投资的增速与西南地区和长三角地区的增速基本持平，但是从 2013 年开始，东北地区的固定资产投资额出现了大幅的下降，从46 540.1亿元降至 2016 年的 31 263.7 亿元。西南地区的投资规模实现了反超，甚至投资始终保持着加速状态，在区域间固定资产投资整体增加的发展状况下，长三角地区的固定资产投资额达到了东北地区的近 3 倍，西南地区的固定资产投资额达到了东北地区的近 2 倍，并且这种地区投资规模的差距还有进一步拉大的趋势。

表 11 - 1　　　　　　　　区域间固定资产投资总规模　　　　　　　单位：亿元

年份	东北地区	西南地区	长三角地区
2006	10 520.0	8 017.7	21 559.5
2007	13 920.1	10 256.3	25 108.9
2008	18 714.0	12 971.9	29 446.7
2009	23 732.9	18 998.2	34 736.0
2010	30 726.0	22 910.6	40 669.2
2011	32 643.4	25 931.5	45 840.0
2012	41 042.5	31 494.0	53 621.2
2013	46 540.1	38 134.9	62 803.2
2014	45 899.4	44 629.8	72 217.8
2015	40 806.1	50 824.6	79 922.9
2016	31 263.7	58 064.1	86 695.2

资料来源：根据《中国统计年鉴》（2007～2017）计算整理得到。

（亿元）

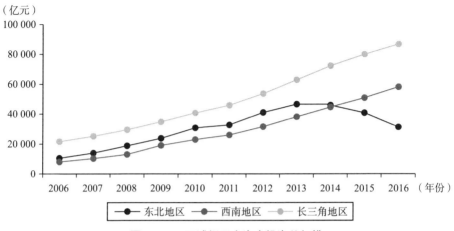

图 11 - 1　区域间固定资产投资总规模

其次，在图 11 - 2 中，从 2001 年以来的国有经济投资占各区域总投资的比重来看，与长三角地区相比，东北地区的国有资本投资占当地社会总投资比重比长三角地区平均高出 2 倍左右，尤其是在 2010 年之后的 6 年里，长三角地区的国有资本投资比重基本保持在 35% 左右波动，而东北地区和西南地区则始终保持相同趋势，在 60% 上下波动。从各地区国有投资占当地社会总投资的比重中可以看出各地区非国有投资占当地社会总投资的比重状况，通过投资整体各部分之间的相互关系和数量比例可以进一步反映出该地区投资结构和资源配置的格局。

（%）

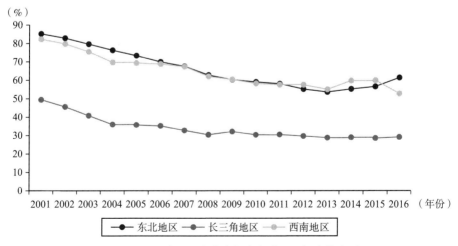

图 11 - 2　区域间国有资本投资占地区总投资的比重

　　然而，在国有资本投资规模占地区总投资规模相似度极高的东北和西南两地，GDP 增速却呈现出不同的变化趋势，如图 11 - 3 所示。在西部大开发战略实施之后的 2001 年起，西南地区的经济增长速度呈现出了大幅上升的势态，东北地区也在 2004 年即东北地区振兴规划实施起经济增长速度小幅提高，这在一定程度上证明了国家决策的有效性，在 2008 年的全球金融危机后，各区域的经济发展都受到了一定程度的影响，但是在 2009 年后，特别是在 2012 年之后，两地区的 GDP 增速呈现出了完全相反的变动，西南地区经济增长速度稳中有升，而东北地区则出现了经济大幅下滑，在 2016 年甚至出现了 GDP 的负增长，而 2006 年之后的 10 年里西南地区的 GDP 增长速度已经超过或与长三角地区持平。

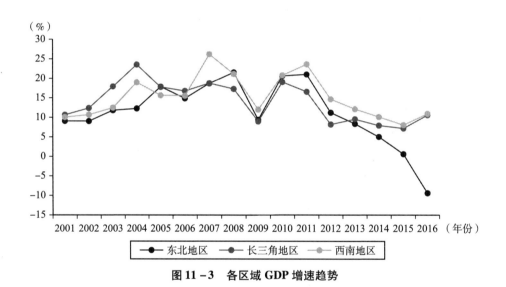

图 11 - 3　各区域 GDP 增速趋势

二、区域间不同所有制投资结构现状

　　从产业结构的角度对资本投入进行分析，产业结构表现了产业之间的内在有机联系，产业之间的相互作用会带动起超过产业各自能力的整体效应，因此产业结构的调整和优化是探究经济增长问题的有效途径，合理化的产业结构能够提升投资的聚合质量，高度化的产业结构能够增强资本要素投入和产出之间的耦合质量。如图 11 - 4 所示是各区域全社会投资在三次产业中的分布状况。

从图 11 – 4 中可以看到，2002 年东北地区的第二产业的投资占全社会总投资的 40% 以下，而第三产业的投资则占全社会总投资的 60% 左右，而在 2003 ~ 2005 年，第二产业的投资比重持续上升，第三产业的投资比重持续下降，从 2006 年开始，到 2015 年近 10 年的时间里，东北地区的第二、第三产业全社会投资基本保持了各占一半的比例关系，第三产业投资比重略高于第二产业。

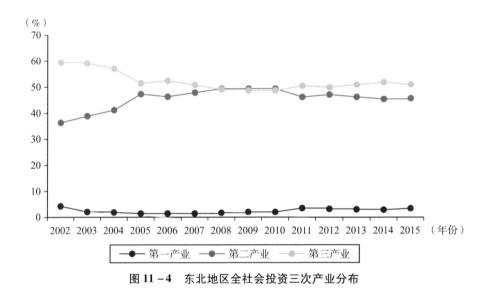

图 11 – 4　东北地区全社会投资三次产业分布

图 11 – 5 中，西南地区的全社会投资在三次产业投资比重从 2002 ~ 2015 年的整体变化过程中可以看出，从 2002 年到 2004 年，第二产业占比由 30% 左右上升到 40% 左右，第三产业占比由 70% 左右下降至 50% 左右，经过 7 年（2004 ~ 2011 年）基本稳定的内部调整，在 2011 年开始第三产业投资比重逐步上升，第二产业投资比重逐步下降，又重新回到 2002 年的比重关系，但是如图 11 – 6 所示，在 2012 年之后西南地区的工业总产值增速始终处于其他两个区域之上，经历了近 10 年的投资比重的调整之后，西南地区整体 GDP 的增速也在逐步提高。

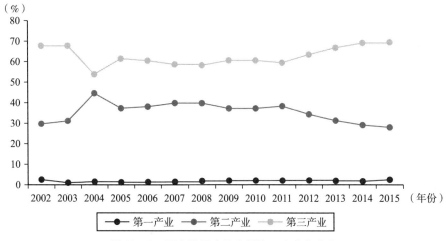

图 11-5 西南地区全社会投资三次产业分布

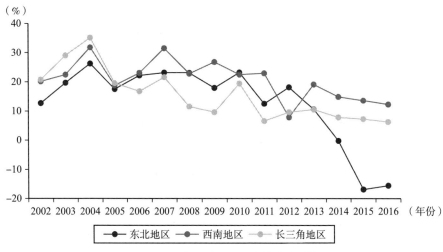

图 11-6 各区域工业总产值增速趋势

在图 11-7 中可以看到,长三角地区在 2011 年前,第三产业投资比重始终远高于第二产业,但是从 2011 年开始,长三角地区的第二、第三产业投资分配达到了 40% 以上和 60% 以下的比例关系,尽管在之后的年份中略有改变,但变化幅度不大。说明沿海地区在长期以服务业拉动经济的增长模式也发生了一定程度的变化,对第二产业投资份额的调整体现了该地区对实体经济的发展逐渐给予了关注。

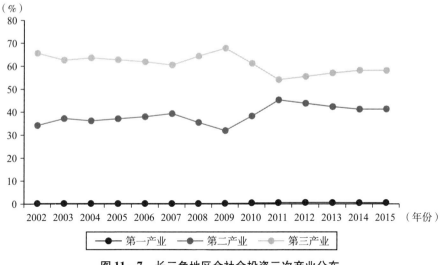

图 11 - 7　长三角地区全社会投资三次产业分布

　　图 11 - 8、图 11 - 9、图 11 - 10 所示，分别是东北地区、长三角地区、西南地区国有资本在三次产业中投资的比重。

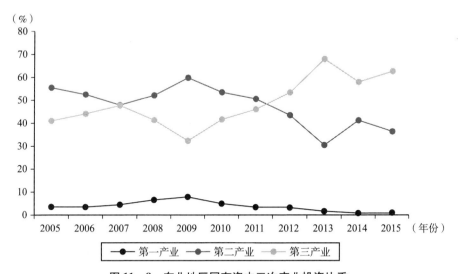

图 11 - 8　东北地区国有资本三次产业投资比重

　　从图 11 - 8 中可以看到，尽管从 2005 ～ 2015 年，东北地区的国有资本在三次产业中的投资波动明显，但是整体看，第二产业投资比重呈现的是长期下降的趋势，从 55% 左右下降至 35% 左右，而第三产业的投资比重则是长期上升的趋势，从 40% 左右上升到了 60% 以上。

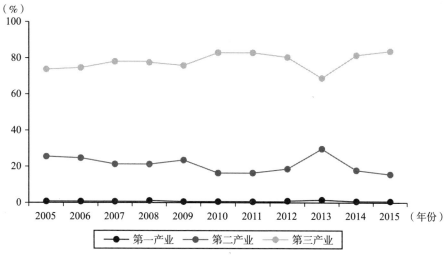

图 11 - 9　长三角地区国有资本三次产业投资比重

从图 11 - 9 中可以看到，长三角地区除了在 2009 年金融危机之后和 2013 年国有企业改革发展混合所有制经济提出后国有资本服务业投资略有下降，长三角地区的国有资本在三次产业中的投资份额配置大致是稳定的，第二产业投资比重大致是 20%，第三产业投资比重大致是 80%。

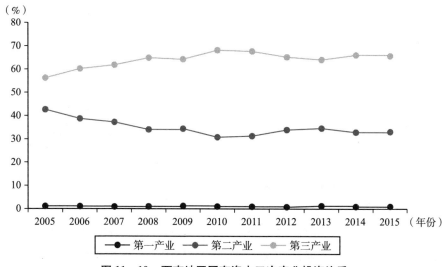

图 11 - 10　西南地区国有资本三次产业投资比重

从图 11-10 中可以看到，从 2005 年开始，西南地区的国有资本投资在第二、第三产业的投资比重就始终呈现出第二产业投资逐渐减低、第三产业投资逐渐升高的趋势，随着近 10 年的调整西南地区改变了最初工业投资与服务业投资相差不多的国有资本投资结构，成为服务业投资接近 70%、工业投资接近 30% 的投资结构。

从各地区三次产业的国有资本投资比重可以发现各地区经济发展的特点，第一，其中长三角地区是以服务业与金融业的第三产业为结构主体，充分发挥了区域比较优势，第二产业的发展作为经济发展中不可或缺的实体经济的基础，2005~2015 年期间也始终保持着与第三产业协调互补的投资模式，第二、第三产业始终约呈 1:4 的投资比例结构运行；第二，作为曾经以第二产业为区域经济构成核心的西南地区，上文中我们已经得到西南地区的国有资本投资占比在 2015 年前与东北地区几乎完全一致，然而从 2005 年，甚至更早，西南地区的第二产业的国有资本投资比例就开始出现下降趋势，而第三产业的国有资本投资呈现出了增长趋势，尽管涨幅不大，且速度缓慢，但仍然能看出产业投资的结构在调整和变化，第二、第三产业约呈 1:2 的投资比例结构；第三，相比之下，东北地区的国有资本投资变化波动则非常大，特别是在 2012 年之前第二产业与第三产业的投资比例呈交叉式波动，且每次波动的年份最短 1 年，最长不过 3 年，在这样的投资运营状态下，东北地区振兴规划所提出的赶超战略型振兴政策可能会很难取得预期效果。

从 3 个区域的全社会投资和国有资本投资在三次产业分布趋势的对比可以看到，长三角地区的全社会投资的调整方向与国有资本投资在三次产业中的调整是相反的，长三角地区整体投资在第三产业中投入变少的同时，国有资本在第三产业中的投入逐年加大了，而在工业上的投入则减少了；西南地区在 2004 年之后全社会投资在第二、第三产业之间的投资调整，特别是在 2011 年之后，经历了 7 年的基本稳定的投资比例运行之后，西南地区的第三产业投资比例逐步回到了 70% 左右的比例关系，并且西南地区的国有资本投资调整方向与全社会投资变动基本上是一致的，且在 2004~2011 年的 7年间，国有资本投资始终在向第三产业增加，而第二产业的投资比重在降低，可以看出西南地区的国有资本投资在当地经济发展中起到了一定程度的引导作用；东北地区则显露的是全社会投资与国有资本投资在三次产业中的完全不吻合，从全社会投资在三次产业的分布情况看，2005 年之后，第二、第三产业的投资结构基本就呈现出了各占一半左右的比例关系，甚至在 2011 年之后，国有资本投资已经逐步地向第三产业转移，第二产业国有资本投资比例已经降至 40% 左右，然而这种改变，并没有改变东北地区全社会整体的投资格局，并且从近几年东北地区的 GDP 增速来看，显然东北地区在现有的固定资产投资规模上没有达到合理的配置效率。

从行业投资结构看，如表 11-2 至表 11-4 所示，从国有资本投资行业分布来看，东北地区、西南地区和长三角地区的国有资本投资投向有着相似性和差异性，从 2005 年、2010 年和 2015 年末，国有资本投资各行业占比上看，排名前三的行业均是工业、社会服务业、交通运输业，这三个行业国有资本投资之和占各区域国有资本投资的 60% 以上，但在投入比重调整和资本投资结构变化上，三地区呈现出很大差异。

从表 11-2 中可以看到，东北地区 2005 年、2010 年和 2015 年国有资本投资在社会服务业和建筑业的投资翻了两倍左右，而在信息技术服务业和教育文化广播业的投资明显降低，工业投资比例也降低了接近一半，但是在科学研究和技术服务行业的投资只有小幅下降，但整体占比不高。

表 11-2   **东北地区国有资本投资行业分布**   单位：%

行业	2005 年	2010 年	2015 年
农林牧渔业	3.50	4.90	1.00
工业	49.28	48.10	24.35
建筑业	6.20	5.40	12.00
地质勘查及水利业	2.10	3.50	1.90
交通运输业	10.33	6.15	12.61
仓储业	2.10	3.00	1.90
邮电通信业	0.0001	0.001	0
批发和零售、餐饮业	3.50	1.80	1.40
房地产业	3.30	5.60	4.80
信息技术服务业	0.40	0.07	0.02
社会服务业	15.21	19.61	37.54
卫生体育福利业	0.02	0.04	0.02
教育文化广播业	1.90	1.20	0.30
科学研究和技术服务业	0.15	0.14	0.13
机关社团及其他	1.70	0.61	1.98

从表 11 - 3 中可以看到，西南地区的国有资本投资在社会服务业、建筑业和工业的投资变动趋势与东北地区很相似，工业资本投资也下降了超过一半，但是有区别的是，国有资本投资在科学研究和技术服务业以及信息技术服务业的比重都有非常大幅度的增长。

表 11 - 3	西南地区国有资本投资行业分布		单位：%
行业	2005 年	2010 年	2015 年
农林牧渔业	1.10	1.00	1.00
工业	34.69	20.16	16.66
建筑业	7.90	10.70	16.50
地质勘查及水利业	1.50	1.90	1.50
交通运输业	16.88	14.98	14.28
仓储业	0	0	0
邮电通信业	5.10	2.20	1.80
批发和零售、餐饮业	7.30	13.50	11.60
房地产业	0.10	0.07	0.34
社会服务业	21.30	30.39	31.64
信息技术服务业	0.01	0.10	0.08
卫生体育福利业	1.70	1.00	0.40
教育文化广播业	0.20	0.10	0.20
科学研究和技术服务业	1.10	3.50	3.60
机关社团及其他	1.10	1.00	1.00

从表 11 - 4 中可以看到，在长三角地区国有资本在社会服务业和工业的投资比重始终较高，两者之和达到了地区国有资本投资的 50% 以上。与 2010 年相比，国有资本投资在卫生体育福利业和信息技术服务业的份额在 2015 年均有所下降，这与前期的大量投资建设储备是分不开的。

表 11 – 4　　　　　　　　长三角地区国有资本投资行业分布　　　　　　　单位：%

行业	2005 年	2010 年	2015 年
农林牧渔业	0.725	0.630	0.647
工业	22.920	14.314	12.491
建筑业	2.564	2.067	3.171
地质勘查及水利业	0.880	0.710	1.066
交通运输业	11.037	12.114	15.386
仓储业	0	0	0
邮电通信业	0.007	0.007	0.022
批发和零售、餐饮业	7.458	3.261	3.164
房地产业	11.845	16.387	15.786
社会服务业	36.566	44.808	43.883
信息技术服务业	0.119	0.317	0.182
卫生体育福利业	0.371	0.322	0.041
教育文化广播业	3.089	2.032	0.334
科学研究和技术服务业	0.513	0.402	0.752
机关社团及其他	1.905	2.628	3.077

从这三个行业的国有资本投资比重的变动可以看出，2005 年后，西南地区的工业、服务业、交通设施建设都呈现出有计划、有目的的资本调整过程，工业比值逐步下降、社会服务业比值逐渐上升，两者基本达到了 1∶2 的结构，反观东北地区的资本调整，2005 年和 2010 年工业和社会服务业调整甚微，交通基础设施建设的资本量，甚至出现了 6.15% 的低值，这在西南地区是不存在的。

整体来看，国有资本投资占比较高的三个行业：第一，从工业资本投资占国有总资本投资的比重上看，东北地区在 2005 年的比值是 49.28%，2010 年是 48.10%，然而同时期的西南地区分别是 34.69% 和 20.16%，可以看到明显的下降，长三角地区与西南地区呈现出一致的下降趋势，国有资本投资工业存量从 2005 年的 22.920% 下降至 2015 年的 12.491%，从资本量可以看出，西南地区和长三角地区的国有工业资本投资出现了大幅的变动和调整，2005 年和 2010 年，东北地区的国有工业资本投资占比变化甚微，但在 2010～2015 年降幅较大，西南地区的这一比值在 2015 年时调整到了

16.66%，降幅变小，相应的东北地区在 2015 年达到了 24.35%，国有工业资产在 5 年内达到了近一半的下降调整，降幅很大，但整体上仍然高于西南地区，然而在图 11 - 6 中反映出的各地区工业总产值的同比增速中，可以看出，2002 ~ 2012 年间，东北地区的工业总产值尽管没有体现出西南地区的强劲的增长动力，但是仍然可以保持在工业投资比例较低的长三角地区之上，这说明东北地区的国有经济在工业中的资本投入仍然保持着一定的增长值和经济贡献度，但是在 2012 年之后，随着东北地区振兴规划的阶段性工作结束，东北地区的工业总产值增速大幅下跌，甚至在 2014 年之后出现了持续的负增长，这说明在国有工业资本投资保持基本稳定的投资比率的情况下，国有工业企业投资的内部投资效率存在问题，且通过两年的调整，都没有明显改善。

第二，从交通运输业资产总量占国有总资产的比重上看，西南地区 2005 年、2010 年和 2015 年表现出占比较高、基本平稳的投资量，分别是 16.88%、14.98% 和 14.28%，相比之下，东北地区在交通运输业上的资本分配则较低，2005 年为 10.33%，甚至在 2010 年降至 6.15%，到 2015 年则上升至 12.61%，但 2010 年左右的低资产比率，是否也会造成东北地区相关基础建设的空档期，特别是在对经济增长、互联互通的支持作用上，相较西南地区存在差距。

第三，从社会服务业国有资本投资占国有总资本投资的比重上看，西南地区在 10 年间始终保持着较高比重，2005 年、2010 年和 2015 年的占比分别是 21.3%、30.39% 和 31.64%，而东北地区社会服务业资本投资则是在 2010 年之后才开始变高的，可以看到，比值分别是 15.21%、19.61% 和 37.54%，在 2015 年时，西南地区的国有资本在社会服务业的投入比重低于东北地区，而长三角地区的比重最高。

第三节 中国区域间不同所有制投资的经济增长效应研究

在本书所选取的三个区域间投资规模和投资结构都存在着差异，但是地区间投资效果最终的判断标准仍然是投资对经济增长是否有利。因此，本节基于区域对比分析的方法，考虑不同经济类型投资的经济增长效应，选取东北地区、西南地区和长三角地区的国有、私营、外商的固定资产投入为解释变量建立实证模型，意图揭示不同地区的不同所有制投资对经济增长是促进效应还是抑制效应。

一、实证模型构建和数据选取

理论模型的构建是基于内生增长理论，这一理论将投资认定为影响经济增长的重要变量之一，在本节中，假设总量函数采取柯布—道格拉斯形式，将投资变量划分为国有资本投资、私营资本投资和外商投资三部分，函数可以表示为：

$$Y = A(SI)^{\alpha}(PI)^{\beta}(FDI)^{\gamma}e \tag{11.1}$$

其中，Y 表示某区域的总产出水平，SI 表示国有资本投资，PI 表私营资本投资，FDI 表示外商投资，A 表示一段时间的技术水平，α、β、γ 分别代表国有资本投资、私营资本投资和外商投资的产出弹性，e 为模型的随机误差项，在不存在规模经济的条件下，$\alpha + \beta + \gamma = 1$。

投资主体决定了投资行为，投资行为决定了投资效果，本节将投资分为国有资本投资、私营资本投资、外商投资三个投资行为主体来研究各地区的国有资本投资规模的经济增长效应，只考虑投资规模对经济增长的影响，忽略其他变量的影响，在此基础上对生产函数两边取对数，可得：

$$\ln Y = c + \alpha \ln SI + \beta \ln PI + \gamma \ln FDI + \mu \tag{11.2}$$

在变量数据选取上，总产出用各地区生产总值表示，GDP 指标是当前经济研究中用以衡量一个区域发展状况的主要指标，用东北地区、西南地区和长三角地区的生产总值之和表示；国有资本投资：用东北地区、西南地区和长三角地区的国有部门的固定资产投资数据表示；私营资本投资：用东北地区、西南地区和长三角地区的私营部门的固定资产投资数据表示；外商投资：外商直接投资的加入是由于在中国过去十几年的经济发展中，区域经济增长和格局的形成，外资起到了非常重要的作用。分别用东北地区、西南地区和长三角地区的外商固定资产投资数据表示。

本部分分别对西南地区、东北地区、长三角地区的经济增长效应进行了实证分析，得到了国有资本、私营资本和外商投资这三种不同经济类型投资对各区域经济增长的拉动效应，对于从不同经济类型投资角度分析区域间发展差异的原因，特别是关注国有资本投资在其中发挥的作用，为解释区域经济差距提供了证据。具体分析采用 EViews8.0 进行。数据来源于 2007 ~ 2017 年《中国统计年鉴》。

二、模型检验和计量结果分析

在对模型进行回归之前,先要对东北地区、西南地区和长三角地区的三组数据进行平稳性检验,首先对三组时间序列数据取对数,进行一阶差分来消除异方差问题,减少数据波动,其次对处理后的数据做单位根检验。下面我们采用 E - G 两步法对上述三组时间序列数据进行协整检验,对得到的残差项分别做 ADF 检验,得到结果如表 11 - 5 所示。

表 11 - 5   ADF 检验结果

地区	变量	t 值	P 值
东北地区	$\Delta \ln Y$	-1.745	0.0270
	$\Delta \ln SI$	-1.714	0.0315
	$\Delta \ln PI$	-1.716	0.0426
	$\Delta \ln FDI$	-3.393	0.0356
西南地区	$\Delta \ln Y$	-7.823	0.0003
	$\Delta \ln SI$	-3.252	0.0217
	$\Delta \ln PI$	-1.716	0.0426
	$\Delta \ln FDI$	-3.452	0.0137
长三角地区	$\Delta \ln Y$	-1.543	0.0353
	$\Delta \ln SI$	-1.645	0.0796
	$\Delta \ln PI$	-3.245	0.0826
	$\Delta \ln FDI$	-3.375	0.0695

通过表 11 - 5 的单位根检验结果,我们验证了实证研究中的所有变量都是同阶单整的,因此我们可以进一步用 E - G 两步法进行协整分析,来观察模型中是否存在稳定的长期关系,如表 11 - 6 所示。

表 11 -6 　　　　　　　　　　　　E - G 协整检验

地区	t 值	P 值
东北地区	- 1.9979	0.0441
西南地区	- 2.1913	0.0319
长三角地区	- 1.8634	0.0217

从得到的残差项时间序列的检验结果看残差平稳，变量之间存在（1，1）阶的协整关系，可做下一步计算。采用东北地区和西南地区的时间序列数据用 EViews8.0 软件分别对模型方程进行估计，得到结果如表 11 - 7 所示。

表 11 -7 　　　　　　　　　　　　时间序列回归结果

变量	东北地区	西南地区	长三角地区
C	9839.62 ***	4288.52 ***	7096.65 ***
$\ln SI$	- 0.32 ***	0.88 ***	4.56 ***
$\ln PI$	2.67 ***	1.42 ***	7.013 ***
$\ln FDI$	5.01 **	27.65 ***	5.88 ***
$R. squared$	0.987	0.974	0.979
$F. statistic$	310.901	753.921	214.138
$D. W$	1.6490	1.8911	1.8517

注：** $p < 0.05$、*** $p < 0.01$。

从表 11 - 7 可以看到，在 5% 的显著性水平下，三个地区的不同经济类型的投资变量对区域总产出的影响程度有很大差异，但是仅有东北地区的国有经济投资对经济增长呈现负向效应，据此可列出估计模型结果如下：

从三个区域的角度看，首先，东北地区国有部门的投资对经济增长会产生负向的效果，弹性系数为 - 0.32，但是私营部门的投资则会对东北地区经济增长产生较好的增长效应，弹性系数 2.67，外商投资的弹性系数则达到了 5.01，对经济增长有拉动作用；其次，西南地区的国有部门投资、私营部门投资和外商投资均对经济增长有积极的促进作用，弹性系数分别为 0.88、1.42、27.65，可以看出，国有部门与私营部门投资的拉动效果均没有外商投资在西南地区带来的效应大；最后，长三角地区的私营部门投资对该区域经济的促进作用最大，弹性系数是7.013，然后是国有部门投资和外商投资，两者相差不多，均为显著的正向效应，弹性系数分别为4.56和5.88。

从不同经济类型的投资角度看，首先，国有资本投资在长三角地区的经济增长效应远大于西南地区和东北地区，只有东北地区的国有资本投资是负向效应，因此调控东北地区的国有资本投资规模和结构，提高国有资本投资效应对解决东北地区经济发展问题有积极意义，同时西南地区的国有资本投资效应也尚有很大的发展空间；其次，私营资本投资无论在西南地区、东北地区还是长三角地区对经济增长的拉动效应均优于该区域的国有部门投资，因此合理调整各地区的私营部门投资状况，深化市场体制改革必然会对各地区的经济发展起到推动作用；最后，外商投资作为国家改革开放时代背景下拉动地区经济增长的重要组成部分，对各地区的经济增长都有拉动作用，因此对各区域外商投资的合理引导和监督管理都应该给予相应程度的重视。

第四节　中国区域间国有资本投资对非国有资本投资动态影响研究

在西方宏观经济政策的研究中，政府通过财政收入、财政支出和公债等方式实现宏观经济调控的目标时，出现了关于挤入效应和挤出效应的概念。挤出效应就是指政府支出增长引发私人消费或投资降低，即因为资源的稀缺性，使国有部门的投资和非国有部门的投资有着互相替代性，表现为绝对的挤出效应。而挤入效应则是指一方面由于政府支出乘数效应对需求的短期刺激拉动了经济增长，进而带动了私人消费和投资；另一方面是指随着总需求增长使投资环境得到改善，对经济形成供给效应，降低非国有部门投资的成本，提高非国有部门资本回报率和边际生产率，国有部门的投资和非国有部门的投资有着互相补充性，国有部门投资的增加会引发非国有部门投资的增加，此时产生的拉动经济增长的效果我们称为挤入效应。

一、区域间国有与非国有资本投资情况

在对区域国有资本投资和非国有资本投资之间的动态效应研究之前，选

取研究范围内的各地区 2015 年和 2016 年的全社会固定资产投资中的国有资本和私营资本的投资额情况进行描述，以及对各地区的人均 GDP 进行刻画，初步给出国有资本投资和私营资本投资在区域间的规模和变化趋势，以及所带来的经济影响。在表 11 - 8 中可以看到 2015 年和 2016 年各地区的不同所有制固定资产投资的规模和人均 GDP 情况。

表 11 - 8　　　　　　区域间固定资产投资、人均 GDP 情况

地区	2015 年国有固定资产投资（亿元）	2015 年私营固定资产投资（亿元）	2016 年国有固定资产投资（亿元）	2016 年私营固定资产投资（亿元）	2015 年人均 GDP（元）	2016 年人均 GDP（元）
东北地区	8 762.2	14 265.3	5 824.8	10 627.1	52 709.1	477 15.7
辽宁省	3 013.6	7 850.6	895.9	2 338.3	65 165.6	50 014.1
吉林省	2 871.5	3 641.8	2 422.9	5 175.0	51 077.0	54 067.5
黑龙江省	2 877.1	2 772.9	2 506.0	3 113.8	39 568.9	40 497.5
长三角地区	15 887.8	29 893.6	12 987.1	33 451.0	86 705.2	95 461.9
上海市	1 567.1	1 017.1	1 197.5	1 052.9	104 019.2	116 455.1
江苏省	8 031.5	21 162.0	6 455.0	23 318.1	87 905.9	96 752.3
浙江省	6 289.2	7 714.5	5 334.6	9 080.0	77 426.4	84 528.4
西南地区	28 746.8	19 250.6	25 656.2	23 038.0	35 694.9	39 044.8
重庆市	4 512.5	4 073.3	2 648.4	4 821.0	52 103.5	58 195.8
四川省	8 781.1	5 401.2	8 546.8	6 468.0	36 632.3	39 862.7
贵州省	5 452.4	1 935.0	3 379.3	2 973.5	29 756.0	33 127.2
广西壮族自治区	3 954.4	5 379.7	3 846.1	6 233.4	35 035.7	37 862.0
云南省	6 046.4	2 461.2	7 235.6	2 542.1	28 721.5	30 999.7

从表 11 - 8 中可以看到，2015 ~ 2016 年的两年间，在东北地区私营资本投资额和国有资本投资额均呈下降趋势，但私营资本投资的下降幅度要小于国有资本的下降幅度，相应的两年间的人均 GDP 也有小幅度的下降，从 52 709.1 元下降至 47 715.7 元。但是从具体的省份数据来看，黑龙江省和吉

林省的国有资本投资额仅有小幅下降，而私营资本投资额则不同程度的提高，且两省的人均 GDP 尽管没有大额上升，但是整体较为稳定。因此可以推断，在东北地区的吉林省和黑龙江省两地的固定资产投资对地区经济增长是有促进作用的，而且东北地区人均 GDP 的下降从固定资产投资的角度进行解释，大部分要归因于辽宁省的固定资产投资额的下降，特别是当地国有资本投资额的大幅缩水，从 3 013.6 亿元下降到了仅有 895.9 亿元。

在长三角地区，国有资本投资额的降幅超出了私营资本投资额的增幅，且在固定资产投资变动的情况下，当地的人均 GDP 增加了 8 756.7 元，是三个区域人均 GDP 增长最多的地区，上海、江苏和浙江三省市的人均 GDP 在书中选取的 11 个省份中位居前三；西南地区的固定资产投资额的变动趋势与长三角地区的变动趋势类似，均呈现出私营资本投资额小幅增加，而国有资本投资额小幅下降整体来看，尽管西南地区的人均 GDP 没有长三角地区的增长强劲，但仍然增长了 3 349.9 元，人民生活水平和社会经济发展都有很大提高。但是从具体的省份来看，2005 年和 2006 年四川、贵州和云南三省的国有固定资产投资都远超过了当地的私营资本投资额度，这些地区的经济增长中国有固定资产投资起到了非常重要的作用。

图 11 - 11 ~ 图 11 - 13 分别是 2006 ~ 2016 年东北地区、长三角地区和西南地区国有资本投资和私营资本投资的变动趋势。

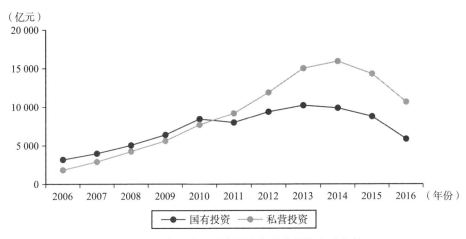

图 11 - 11　东北地区国有投资与私营投资变动趋势

在图 11 - 11 中,可以看到,东北地区国有资本投资在 2006 年开始下降,私营资本投资则持续增加,直到 2014 年,国有资本投资额和私营资本投资额同时下降。

在图 11 - 12 中,可以看到,长三角地区的国有资本投资和私营资本投资额在 2006 ~ 2009 年相差不多,在 2009 年私营资本投资增加速度开始加快,并在 2016 年将两者之间的差额拉大至 20 463.9 亿元。

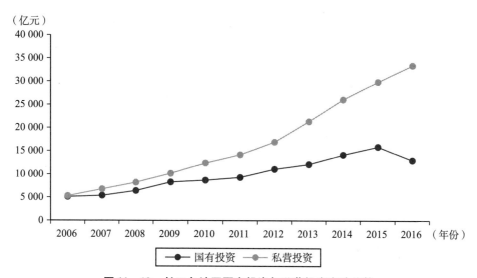

图 11 - 12　长三角地区国有投资与私营投资变动趋势

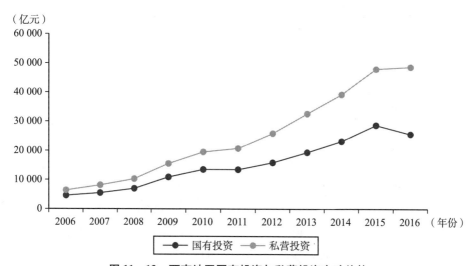

图 11 - 13　西南地区国有投资与私营投资变动趋势

在图 11 – 13 中，可以看到，西南地区的国有资本投资和私营资本投资变动趋势与长三角地区十分相似，均是在 2009 年开始，私营资本的增长幅度开始变大，但与长三角地区有所差别的是，西南地区的国有资本投资额的增加速度始终与私营资本相差不多。

表 11 – 9 中给出了区域间国有资本投资与私营资本投资的相关系数，两者之间的相关性在各地区之间均较强。在上一章对不同所有制资本投资的经济增长效应实证研究的结果之上，对区域间的国有资本投资和私营资本投资的数据进行描述后，我们发现了两个不同投资主体的投资变动之间的不同关系，但是仅用数据描述不能给出二者之间动态效应的准确判断。因此在下一节中，通过建立实证模型，对区域间不同所有制资本投资之间的动态效应进行分析，验证各地区的国有资本投资对私营资本投资是挤出效应还是挤入效应。

表 11 – 9　　　　　　区域间国有资本投资与私营资本投资的相关系数

地区	相关系数
东北地区	0.8092
长三角地区	0.8864
西南地区	0.9321

二、实证模型构建

这一部分使用了前文中东北地区、西南地区和长三角地区的产出与投资的相关数据，从国有资本投资对非国有资本投资的带动效应视角来解释国有经济对促进非国有部门发展，带动经济增长所起的作用。本部分建立如下形式的数据模型：

$$\ln PI = c + \mu \ln SI + \varepsilon \qquad (11.3)$$

其中，$\ln SI$ 表示国有资本投资水平变量，$\ln PI$ 表示非国有资本投资水平变量，μ 为模型解释变量的待估计参数，ε 为模型的随机扰动项。尽管我们为了对比研究东北地区、西南地区与长三角地区的国有资本投资对非国有资本投资的带动效应将模型简化为式（11.3）的形式。但在实际的经济运行中，国有资本和非国有资本投资效果的影响因素还有非常多，如人力资本投入、地区工业化水平、城镇化程度，等等，但本节为了抓住国有资本投资这一要点对区域间的国有资本投资对非国有资本投资的挤入效应进行着重分析，在建立实证模型时，没有将这些因素考虑在内。数据来源于 2007 ~ 2017 年《中国统计年鉴》。

三、模型检验和计量结果分析

对东北地区、西南地区和长三角地区的三组数据进行平稳性检验，首先对三组时间序列数据取对数，进行一阶差分来消除异方差问题，减少数据波动，其次对处理后的数据做 ADF 检验，如表 11 - 10 所示。

表 11 - 10　　　　　　　　　　　ADF 检验结果

地区	变量	t 值	P 值
东北地区	ln*SI*	- 3. 5487	0. 0815
	ln*PI*	- 1. 5875	0. 0626
西南地区	ln*SI*	- 2. 6321	0. 0217
	ln*PI*	- 1. 4513	0. 0007
长三角地区	ln*SI*	- 2. 2141	0. 0452
	ln*PI*	- 1. 9561	0. 0002

由表 11 - 10 的 ADF 检验结果可知，两组时间序列的数据均是一阶单整的，说明两组时间序列之间存在着协整关系，下面我们采用 E - G 两步法对上述两组时间序列数据进行协整检验，对得到的残差项分别做 ADF 检验，得到结果如表 11 - 11 所示。

表 11 - 11　　　　　　　　　　　E - G 协整检验

地区	t 值	P 值
东北地区	- 1. 9979	0. 0441
西南地区	- 2. 1913	0. 0319
长三角地区	- 1. 8634	0. 0217

从得到的残差项时间序列的检验结果看，残差平稳，变量之间存在（1，1）阶的协整关系，可做下一步计算，结果如表 11 - 12 所示。

表 11 - 12   时间序列回归结果

变量	东北地区	西南地区	长三角地区
C	- 2 792. 32 ***	- 585. 38 ***	- 5 789. 84 ***
lnSI	1. 63 ***	0. 61 ***	3. 43 ***
R. squared	0. 9252	0. 9788	0. 9547
F. statistic	175. 0119	646. 9668	536. 314
D. W	0. 3702	0. 5079	0. 5420

注： *** $p < 0.01$。

从三个区域的角度看，首先，东北地区、西南地区和长三角地区的国有部门资本的投入都能够带来私营部门投资的挤入效应，即在每一地区投入一单位的国有资本都会带动私营部门加大投资，弹性系数依次为 1.63、0.61和 3.43；其次，在三个区域中，长三角地区的国有资本投资对私营部门投资的挤入效应最大。这表明尽管长三角地区的国有资本投入比例占地区总投资的比重较低，但还是会通过挤入效应间接地对经济增长带来拉动效应；最后，尽管在东北地区国有资本投资对当地的经济增长是负效应的，但是其对私营部门投资的挤入效应远大于西南地区。这表明尽管当前东北地区的国有经济投资尚有很大问题，但是它在地区经济发展中发挥的作用是不可忽视的。

尽管东北地区的国有经济投资对经济增长没有产生积极的正向作用，但是在地区的经济发展中，国有经济与私营经济也并没有出现"与民争利"的零和博弈局面，也绝不能简单地将东北地区的经济衰落归结于国有经济问题。恰好相反，在当下东北地区国有资本的发展趋势下，东北地区的私营经济的发展空间仍然很大，且通过国有经济投资的挤入效应能更好地激发其发展潜力；在国有经济占区域经济比重较大的西南和东北两个地区间，西南地区的国有资本投资的经济效应显示出了其对经济较强的推动力。可以肯定的是，如果能合理的借鉴西南地区的国有资本投资模式，使东北地区的国有经济充分地发挥出其经济效应，必然会对东北地区的经济增长起到大幅度的提高作用。那么如何科学地判断东北地区的症结所在，如何调整东北地区的国有资本投资，以达到更好的经济效应，下面通过对全要素生产率及其分解的研究，将进行下一步的揭示。

第五节 中国区域间全要素生产率及其分解对比分析

在第三节中，我们分别将东北和西南地区的资本要素划分为国有资本投入、私营资本投入和外资资本投入，分析了不同经济类型的资本投入对经济增长的正效应或负效应。根据经济发展阶段论，实现经济的可持续发展最终要依靠效率驱动来实现，本节将以全要素生产率为经济效率的代理变量，从效率的角度对区域经济增长的问题做进一步分析。

一、DEA – Malmquist 指数法与数据选取

基于 DEA 的 Malmquist 指数的原理采用距离函数对效率变化和技术进步进行测量，此时计算出的 Malmquist 生产率指数变动值即为全要素生产率（TFP）相对于上一期的变化幅度。基于产出的 Malmquist 生产率指数可表示为：

$$M_0^t = \frac{D_0^t(x^{t+1}, y^{t+1})}{D_0^t(x^t, y^t)} \tag{11.4}$$

$$M_0^{t+1} = \frac{D_0^{t+1}(x^{t+1}, y^{t+1})}{D_0^{t+1}(x^t, y^t)} \tag{11.5}$$

式（11.4）和式（11.5）分别代表时间在 t 和 $t+1$ 的技术条件下全要素生产率的变化。利用这种方法得到的指数只能代表一种相对于上一时期的变化趋势，如果该指数小于 1，可以认为全要素生产率从 t 到 $t+1$ 时期是下降趋势；反之，可以认为全要素生产率是增加趋势。类似于 SFA 方法，Malmquist 指数也可以被分解为技术效率 TE 和技术进步率 TP，前者是对样本到达最佳生产可能性边界的进步幅度的测度，是对规模报酬不变假设效率变化值的测算，后者则是对技术边界从 t 到 $t+1$ 时期变化进行测度。技术效率又可进一步分解为纯技术效率 PE 和规模效率 SC，具体分解过程如下：

$$M_0(x^{t+1}, y^{t+1}; x^t, y^t) = \left[\frac{D_0^t(x^{t+1}, y^{t+1})}{D_0^t(x^t, y^t)} \times \frac{D_0^{t+1}(x^{t+1}, y^{t+1})}{D_0^{t+1}(x^t, y^t)}\right]^{\frac{1}{2}}$$

$$= \frac{D_0^{t+1}(x^{t+1},\ y^{t+1})}{D_0^t(x^t,\ y^t)} \times \left[\frac{D_0^t(x^{t+1},\ y^{t+1})}{D_0^{t+1}(x^{t+1},\ y^{t+1})} \times \frac{D_0^t(x^t,\ y^t)}{D_0^{t+1}(x^t,\ y^t)} \right]^{\frac{1}{2}}$$

$$= TE \times TP = PE \times SC \times TP \tag{11.6}$$

非参数方法的 DEA – Malmquist 指数法计算全要素生产率需要的变量分别是产出、劳动和资本，本章分别选用以下三个指标数据代表这三个变量。

第一，产出 Y：地区生产总值 GDP 数据，并利用 GDP 平减指数处理为以 1990 年不变价格计算的实际 GDP。第二，劳动 L：根据增长核算理论，劳动力在生产中的投入包括两方面，一方面是要素投入对产出的贡献，另一方面则是以人力资本的形式投入，改进劳动生产效率以促进经济增长为了使全要素生产率的结果更准确地反映经济增长中的效率贡献。结合多数研究文献的估算方法，将劳动力数量和人力资本水平 h 的乘积结果视为有效劳动，作为劳动投入数据的指标即人力资本存量 $H = hL$。其中劳动力数量选用的是当期从业人员的存量数据，分别选取的是全社会的当期从业人员和国有企业的当期从业人员，人力资本水平数据采用的是 6 岁及以上年龄人口的平均受教育年限，数据来自《中国人口和就业统计年鉴》。第三，资本 K：戈德史密斯（Goldsmith，1951）提出的"永续盘存法"被广泛地应用于资本存量的估计中，其计算方法为：

$$K_t = K_{t-1}(1 - \delta_t) + I_t \tag{11.7}$$

因此，要得到资本存量估算的最终数值，需要确定的数据包括初始年份 K_0、当年投资额 I_t、资本折旧率 δ。张军等（2004）基于永续盘存法估算了中国各地区 1952 ~ 2000 年的资本存量，这一研究结果也被后来的大多数研究文献沿用。本章采用了张军等估算的结果，并延续其方法将数据补充估算到 2016 年，同时依据固定资产投资价格指数将历年资本存量调整为 1990 年的可比价格。

二、区域间 TFP 变动率对比分析

通过 DEA – Malmquist 指数法测算出的是全要素生产率的变化率的指标，它的数值表现出的含义是在当年技术水平下进行生产的效率，效率值为 1 时，意味着投入产出最优；效率值小于 1，代表当前要素投入比例下没有达到最大产出，换言之，在当前产出下存在成本降低空间；效率值大于 1，代

表当前要素投入比例下产出效率实现了扩大化。利用 DEAP2.1 软件，选择投入导向的方式，分别计算了东北地区、西南地区和长三角地区 2004~2016 年的 Malmquist 指数——即整体 TFP 的变动率和国有部门的 TFP 变动率，得出各地区 TFP 变动率，结果如表 11-13 所示。

表 11-13 整体 TFP 变动率

年份	东北地区	西南地区	长三角地区
2005	1.415	1.143	1.006
2006	1.164	1.151	1.006
2007	1.184	1.183	1.042
2008	1.153	1.185	1.026
2009	1.036	1.065	0.972
2010	1.137	1.155	1.12
2011	1.13	1.254	1.156
2012	1.031	0.96	1.065
2013	1.032	1.059	1.101
2014	0.936	1.006	1.107
2015	0.941	1.024	1.014
2016	0.892	1.047	1.045

在表 11-13 中可以看到，东北地区的 TFP 变动率从 2005 年的 1.415 持续下降至 2014 年 0.936 的水平，在 2016 年甚至降至 0.892 的水平；相比而言，西南地区和长三角地区的全要素生产率变动率的数值在 2005~2016 年间的绝大多数年份是大于 1 的，说明全要素生产率在这两个地区对经济增长均有正向作用。

从图 11-14 三个地区的整体 TFP 的变动率来看，在 2006~2010 年间，西南地区与东北地区 TFP 增长率基本持平，2009 年后，三个地区的 TFP 变动率均出现上升趋势，但经过 2009~2013 年的调整后，整个趋势有较大的变化，呈现长三角地区 TFP 增长率超过西南地区，西南地区超过东北地区的特点。但是在 2013 年以后东北地区的 TFP 变动率出现了对经济增长贡献度小于 1 的降低趋势，这可以解释为经过经济运行和调整，西南地区呈现出了积极的经济增长成效，而东北地区则与之相反经济出现了衰退的成因。

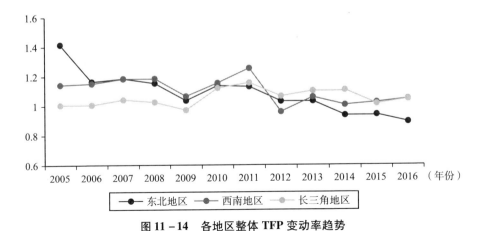

图 11-14 各地区整体 TFP 变动率趋势

从表 11-14 和图 11-15 的国有部门全要素生产率变动中，可以看到，东北地区的国有部门全要素生产率变动率从 2006 年以后大多数年份都是大于 1 的；西南地区则是 2013~2015 年出现全要素生产率变动率下降至 1 以下，而在 2016 年又重新回到了 1.314 的水平，说明在 2015~2016 年当地的国有部门经济效率有很大进步；而长三角地区的国有部门全要素生产率变动率则一直都处于较高和较平稳的水平上。

表 11-14　　　　　　　　　各地区国有部门 TFP 变动率

年份	东北地区	西南地区	长三角地区
2005	0.991	1.068	1.085
2006	1.053	1.036	1.155
2007	1.087	1.161	1.171
2008	1.034	1.017	1.105
2009	0.955	0.828	0.954
2010	1.041	1.009	1.208
2011	1.27	1.108	1.144
2012	1.00	1.202	1.004
2013	0.993	0.962	1.156
2014	1.029	0.953	1.091
2015	1.079	0.97	1.059
2016	1.19	1.314	1.168

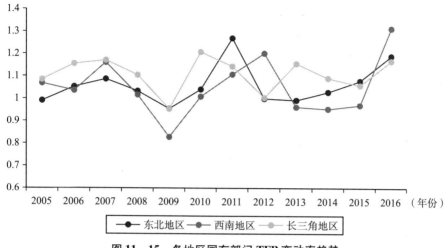

图 11 – 15　各地区国有部门 TFP 变动率趋势

　　相比各地区整体的全要素生产率变动趋势，国有部门的全要素生产率变动在 2012 年之后表现明显好于所有部门整体。首先长三角地区的全要素生产率的增长整体上高于其他两个地区，而在 2016 年西南地区的全要素生产率增长最快，可以看出国有部门在西南地区对经济增长的贡献度很高。2014年以来，与整体的全要素生产率对比来看，东北地区的国有部门对社会的贡献度远超过了当地非国有部门的贡献度。

三、区域间 TFP 变动率分解对比分析

　　根据 DEA – Malmquist 指数法测算得到的 TFP 的变动率可以分解为技术效率变动率（EFFCH）和技术进步变动率（TECHCH），其中技术效率变化率代表资源要素配置水平、制度管理有效程度等，而技术效率变动率还可以继续分解为纯技术效率变动（Pech）和规模效率变动（Sech），代表了生产技术创新、生产能力进步带来的利润提高和经济增长。在本部分的研究中，不再做深入细化，仅考虑能代表区域资源配置与管理制度水平的技术效率变动率指标和能代表区域生产技术创新程度的技术进步变动率指标给出关于区域经济效率差异的分析。

　　在表 11 – 15 中可以看到整体的技术进步变动率，东北地区的技术进步变动率从 2005 年开始持续下降，在 2014 年开始出现小于 1 的情况，在 2015

年技术进步变动率达到了最低水平，为0.853；而西南地区和长三角地区技术进步变动率则是在1上下小幅度波动。

表 11 – 15   各地区整体技术进步变动率

年份	东北地区	西南地区	长三角地区
2005	1.488	1.134	0.995
2006	1.251	1.119	1.031
2007	1.204	1.179	1.051
2008	1.198	1.221	1.067
2009	1.043	1.107	1.027
2010	1.208	1.172	1.106
2011	1.110	1.258	1.106
2012	1.074	0.964	1.034
2013	1.043	1.068	1.082
2014	0.909	1.072	0.952
2015	0.853	0.978	1.012
2016	0.972	1.076	1.045

从图 11 – 16 中可以看到各地区整体技术进步变动率的情况，东北地区从2005年开始就呈现出技术进步的下降趋势，而西南地区尽管没有大幅度的上升趋势，但是技术进步变动率的历年数值几乎都是大于1的，说明在西南地区，技术进步对经济增长始终有一定程度的贡献，长三角地区与西南地区的变化大致类似。而在图 11 – 17 中，相较全社会整体的技术进步变动率，国有部门的技术进步对各地区的经济增长贡献明显更高，特别是在全社会的技术进步变动率较低的情况下，国有部门表现出了更高的相对变化值。

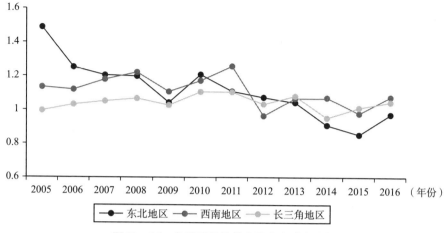

图 11 –16　各地区整体技术进步变动率趋势

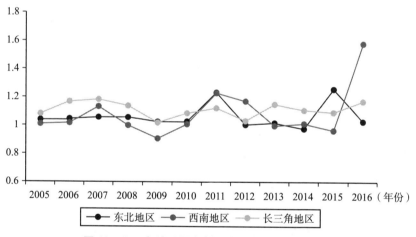

图 11 –17　各地区国有部门技术进步变动率趋势

从表 11 – 16 中可以看到，东北地区的国有部门的技术进步变动率明显是好于西南地区的，特别是从 2013 年之后，东北地区国有经济在技术进步上对整体的贡献是很高的；但是相比之下，尽管长三角地区的国有部门技术进步变动率对当地全要素生产率提高发挥了正向作用，相对于当地的整体技术进步水平则稍有落后。

表 11 – 16   各地区国有部门技术进步变动率

年份	东北地区	西南地区	长三角地区
2005	0.991	1.068	1.085
2006	1.053	1.036	1.155
2007	1.087	1.161	1.171
2008	1.034	1.017	1.105
2009	0.955	0.828	0.954
2010	1.041	1.009	1.208
2011	1.27	1.108	1.144
2012	1.00	1.202	1.004
2013	0.993	0.962	1.156
2014	1.029	0.953	1.091
2015	1.079	0.970	1.059
2016	1.19	1.314	1.168

技术效率变动率指标，一方面反映了经济体的资源配置能力；另一方面反映了管理水平、制度效力等问题。

表 11 – 17 反映了各地区整体技术效率的变动水平，在 2005～2010 年间的大部分年份，东北地区和长三角地区的技术效率水平小于 1，在 2011 年后，长三角地区的技术效率开始好转并长期保持在大于 1 的水平上；除了 2014 年和 2015 年以外东北地区的技术效率都是小于 1 的；而西南地区从长期数值来看，技术效率小于 1 的年份占据了大多数年份，说明在西南地区技术效率问题的解决或改变必然会带动经济效率的改善。

表 11 – 17   各地区整体技术效率变动率

年份	东北地区	西南地区	长三角地区
2005	0.951	1.008	1.011
2006	0.931	1.029	0.976
2007	0.983	1.004	0.992
2008	0.963	0.971	0.962
2009	0.993	0.962	0.947
2010	0.941	0.985	1.012
2011	1.018	0.997	1.045

续表

年份	东北地区	西南地区	长三角地区
2012	0.959	0.996	1.030
2013	0.989	0.992	1.018
2014	1.030	0.938	1.163
2015	1.104	1.047	1.001
2016	0.917	0.973	1.000

从图 11 - 18 中的整体技术效率变动趋势可以看到，在 2005 ~ 2016 年间，三个地区的技术效率变动率普遍较低，特别是东北地区在 2016 年的表现。2010 年以来，长三角地区的资源配置效果较好，但在东北地区和西南地区，当地市场在配置资源中存在严重的效率损失，管理水平和制度建设仍有较大的提升空间。应该进一步完善市场机制，加强体制改革和制度创新的步伐，进一步优化地区或部门的要素投入数量和质量，着力解决产业结构趋同等资源配置低效问题。同时，从全要素生产率的基本理论分析可知，对技术效率的改进和提升，能够极大程度的促进技术进步率的提升，从而使经济效率整体迈向更高水平。

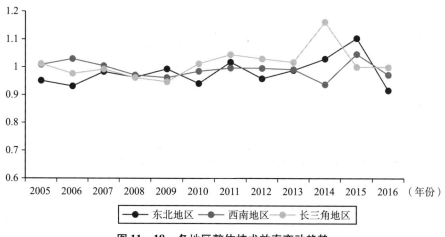

图 11 - 18　各地区整体技术效率变动趋势

在表 11 - 18 和图 11 - 19 中可以看到，2016 年东北地区的国有部门技术进步率处于很高的水平值上，为 1.157，这一数值远远超过了西南地区的

0.831，也超过了长三角地区的 0.996，可见东北地区的国有部门在地区整体环境下的技术进步水平对区域的贡献度是不容忽视的。

表 11 -18 各地区国有部门技术效率变动率

年份	东北地区	西南地区	长三角地区
2005	0.953	1.058	1.003
2006	1.007	1.019	0.989
2007	1.029	1.025	0.990
2008	0.979	1.018	0.970
2009	0.932	1.026	0.937
2010	1.014	1.001	1.113
2011	1.029	0.901	1.017
2012	0.995	1.026	0.972
2013	0.976	0.964	1.004
2014	1.053	0.941	0.983
2015	0.857	1.006	0.970
2016	1.157	0.831	0.996

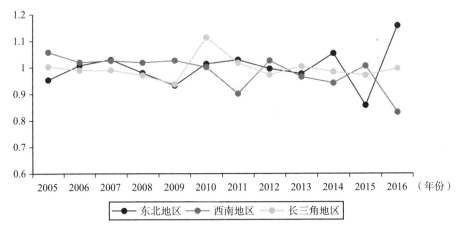

图 11 -19 各地区国有部门技术效率变动趋势

随着中国区域经济振兴战略的陆续实施和推进，中国的各区域在短时间内都获取了一部分的制度红利，但是长期来看，由于相关的体制机制的配套改革措施相对于社会需要仍然滞后。因此在 2008 年，经历了全球金融危机的冲击后，通过改革收获的红利的边际效率开始递减，为调整经济危机而投入的大规模生产要素由于缺乏合理的资源配置能力，并没有带来经济效率的提升。除了由于体制机制的痼疾导致的在资源配置和管理水平上存在的问题外，要提升地区的经济效率，还需要从以下几方面入手考虑：第一，要将提升地区的管理水平、完善国有资本监督管理体制和加强投资制度环境建设提到政策制定的范围内，提升地区投入要素的资源配置能力，激发潜在的有效产出；第二，要提高技术创新能力，培育区域经济发展的新兴"增长极"，淘汰技术水平落后、产出效率较低的产能落后的行业，优化地区不同经济类型的投资结构以及国有资本投资的行业结构，以提高经济效率；第三，提高地区国有企业的技术改进速度和管理体制改革进程，使国有资本在区域振兴的过程中能更好地发挥其经济拉动效应。

纵向来看，首先，从表 11 - 19 可以看出，在东北地区，保持全社会整体的全要素生产率变动率大于 1 的因素与维持国有部门全要素生产率变动率大于 1 的因素是相同的，都来源于技术进步变动率的增长对其的贡献。全社会整体技术进步变动率是 1.101，而国有部门技术进步变动率则是 1.061，说明国有部门技术进步变动率的确对当地的经济增长做出了贡献，但是对于地区的整体技术进步并没有贡献。而拉低了东北地区的全要素生产率的主要因素就是技术效率变动率指标，其中地区整体技术效率变动率是 0.98，而国有部门技术效率变动率为 0.996，可以看出非国有部门在技术效率上对经济增长带来的负效应必然高于国有部门，且技术效率的改进应该被视为地区经济效率提高的重点问题之一。

表 11 - 19　　　　　2004 ~ 2016 年全要素生产率变动及其分解均值

指标	东北地区	西南地区	长三角地区
整体全要素生产率变动率	1.079	1.099	1.054
整体技术进步变动率	1.101	1.109	1.041
整体技术效率变动率	0.980	0.991	1.012
国有部门全要素生产率变动率	1.057	1.045	1.106
国有部门技术进步变动率	1.061	1.064	1.112
国有部门技术效率变动率	0.996	0.983	0.995

其次，在西南地区，全社会整体与国有部门的全要素生产率变动率的情况与东北地区基本是一致的，均大于 1。但在西南地区整体或国有部门技术进步变动率对全要素生产率变动率的贡献度要超过东北地区技术进步变动率对全要素生产率变动率的贡献度，也就是说，西南地区的全要素生产率变动率较高的原因有一部分来自较高的技术进步变动率贡献。

最后，在长三角地区，全社会整体全要素生产率变动率大于 1 是技术进步变动率和技术效率变动率共同作用的结果，而国有部门全要素生产率变动率大于 1 则完全是技术进步变动率的贡献。长三角地区的国有部门技术效率变动率是当地唯一小于 1 的效率均值，指标为 0.995，但国有部门技术进步变动率也是对经济效率贡献度最高的均值指标，为 1.112。

横向来看，三个地区的经济效率指标既有相同点也有不同点，相同点在于从全社会整体来看，技术进步对经济效率均有积极的贡献，但是从国有部门来看，三个区域的国有部门技术效率变动率对经济效率均是消极影响；不同点在于，只有长三角地区的国有部门的全要素生产率变动率高于全社会整体全要素生产率变动率，而从其他两个地区可以看出，国有部门全要素生产率变动率为全社会整体的贡献度低于非国有部门。仅有东北地区的国有部门技术效率变动率的贡献度超过了当地非国有部门技术效率变动率。仅有长三角地区的国有部门技术进步变动率超过了当地非国有部门技术进步变动率。

第六节　结论与启示

一、研究结论

在中国经济由高速增长转向高质量增长阶段的背景下，针对中国东北、西南、长三角三个综合经济区的经济发展差距问题，本章研究了各区域国有资本投资效应问题，通过对不同经济类型投资的区域间对比研究以及全要素生产率及其分解的区域差异分析，探讨了如何提高投资效应，为经济增长起到更好的推动作用，从而实现各区域经济协调发展。通过前面的分析，得出了以下结论：

第一，从投资规模看，相比西南地区和长三角地区，东北地区无论是整体的固定资产投资规模还是国有固定资产投资规模都相对较低，且从 2013 年之后有继续下降的趋势，相对应的东北地区的 GDP 增速也从同年开始大幅下降。

第二，从投资结构看，西南地区与东北地区的国有资本投资在该地区的结构占比基本一致，但长三角地区的国有资本投资占比在地区总投资中基本保持在 30% 左右，远低于其他两区域的 50% 以上。但是到了 2016 年，东北地区的国有资本投资占比达 60%，使得东北和西南两区域之间表现出了差异化的趋势，这主要是由东北地区的全社会固定资产投资规模在 2016 年的大幅下降导致的，此时国有经济的资本投入在东北地区发挥了主要的作用。

第三，从产业和行业投资结构看，三个地区国有资本投资分布结构的共同点在于，第三产业投资比重大于第二产业。差异点在于长三角地区国有资本投资在第二产业的比重仅占 20% 左右，而在西南地区和东北地区则占 40% 左右；同时相比西南地区和长三角地区在近 10 年间稳定的投资状况，东北地区的国有资本投资在产业间的投资状况是不稳定、不持续的。

第四，从投资的增长效应看，非国有部门投资对经济增长的促进作用普遍大于国有部门投资的经济增长效果，且只有东北地区的国有资本投资对经济增长是负向作用，外商投资对经济增长在各地区都体现出了显著的促进作用。

第五，从国有资本投资对私营资本投资的挤入效应看，各区域的国有部门投资对私营部门投资均有挤出效应，按效应大小顺序依次是长三角地区、东北地区和西南地区。

第六，从经济效率指标全要素生产率看，各区域的全要素生产率对经济增长的贡献度均是积极的，但是差别在于仅有长三角地区的国有部门全要素生产率对整体全要素生产率的贡献度优于非国有部门。

第七，从全要素生产率的分解指标技术效率变动率看，东北地区与西南地区整体的技术效率对经济效率的贡献都是负向，而在长三角地区尽管国有部门的技术效率变动率小于 1，但地区整体的技术效率变动率大于 1，可以看出长三角地区非国有部门的技术效率大于 1，这也是三个地区中唯一一个技术效率对经济效率有正向贡献的部门。

第八，从全要素生产率的分解指标技术进步率看，三个地区的技术进步率从均值看对全要素生产率均是正向的作用，但从变动趋势上看，东北地区的技术进步变动率在 2013 年后，连续 3 年内小于 1。

从投资视角出发考察区域间经济发展的问题时我们应该看到，创新要素不能离开传统要素而独立存在，创新的目的实际是为提高传统要素的使用效率，因此，无论是研究哪一区域的经济增长问题，从要素层面考虑动能转换时必须要考虑新兴要素和传统要素的互利共生关系，因此既要调整传统资本生产要素的规模和结构，也要增强创新能力，提高传统资源的利用效率和配置效率。

二、相关启示

第一，国有资本投资的定位不明确。从东北地区、西南地区和长三角地区国有资本投资产业结构变动趋势对比来看，东北地区的国有资本投资的范围始终没有清晰的规范和明确的界定。在这种情况下，国有经济会将有限的资源投向到非国有经济主导的市场竞争性领域中，尽管在一定程度上为非国有经济创造了投资和就业环境，但是也会导致东北地区的国有资本投资在其本应发挥出效应的领域没有足够的投入，转型升级和结构优化后劲不足。同时，在国有资本内部，也存在着营利性和公益性的两种国有经济投资定位，无论是直接为地区经济增长做出贡献的营利性国有部门，还是通过间接地提供教育、医疗、环境保护、基础设施等社会公共品的公益性国有部门，都应该做到定位明确、权责清晰，减少因国有资本的越位或缺位引发的经济增长阻碍。

第二，关于国有资本投资对非国有资本投资的挤入效应认识不到位。当前，我国特别是国有资本份额较高的东北和西南地区，仍然处在市场经济体制改革的转轨探索阶段，由于受到历史遗留的计划经济体制和经济自由化、市场化的两种思想的共同影响，很多研究文献的结论对于国有资本在东北地区的经济发展中的地位和功能认识不够科学准确，从而给出了诸如建设基础设施，不断加大国有资本投资的范围和力度，或是默认国有经济与民营经济之间存在矛盾的说法。但从本书的研究结果上来看，国有经济在我国的东北和西南地区经济发展乃至在全国的经济发展中都有其必然承担的责任和经济运行中的重要地位，因此对于国有资本投资，我们应该合理控制投资规模，调整投资结构，充分发挥国有经济对非国有经济的挤入效应，对于地区经济的转型升级和进一步发展都有推动作用。

第三，固定资产投资的规模与结构与地区经济发展水平不完全适应。固定资产的投资规模和投资结构的设置与投资预期目标的实现有十分重要的关联，但目前中国经济发展较为落后的区域投资规模和结构都存在与经济社会发展不相适应的地方。一方面，区域间投资规模差距很大，特别是最近几年，东北地区的固定资产投资规模显著缩小，其中有资本投资的比重较大，但是投向基本都在传统的重工业行业等领域；另一方面，国有资本投资的结构存在不合理性，投资于社会服务业份额很高，而在国有资本投资总量一定的情况下必然会挤占科教文卫等社会发展领域的投资，制约了国有经济通过社会效应的提高对经济增长的促进作用。

第四，从经济效率提高的角度讲，首先产出率的高低与技术水平的进步速度是密不可分的，技术进步的提高能够改变当前东北地区投资规模的潜在问题，推动产业升级速度，而技术效率的提高则可以通过改变东北地区的资源配置效率问题、管理水平体制机制不适应问题，从而带动区域经济的投入和产出，促进经济增长。其次 2016 年东北地区整体技术效率变动率仅为 0.917，这意味着，区域经济发展还远没有达到规模报酬最优阶段，且整体技术进步变动率也是小于 1 的，这反映出东北地区的产业结构仍然以技术落后的传统产业为主，高技术产业的培育力度不够，这两点的结合使得东北地区的全要素生产率呈下降的趋势。这既有可能是由于区域高技术产业的培植需要长期技术支持以形成规模效益，也有可能是由于经济增长动能的转换需要企业管理水平和社会制度制定的共同配合。

三、政策建议

1. 从提高经济效益角度

第一，固定资产投资的规模和结构应该与地区经济发展需要相适应。资本投资的规模和结构的设定应该以预期的经济增长目标为导向，但从我们的结论可以看出，东北地区的固定资产投资中存在的问题是无论是全社会整体还是国有部门的投资规模都远落后于其他两个地区，不能满足地区经济发展的需要。

第二，充分发挥不同经济类型的资本投资的经济增长效应。在三个区域中，不同经济类型的资本在地区中的投入带来的效应是不同的，对于三个区域中的私营经济投资和外商经济投资要加大投入力度，对于西南地区和长三角地区的国有资本投资，特别是东北地区的国有资本投资应当进行科学调控、合理优化以改善其在经济增长中的效应。

第三，东北地区产业政策制定需要兼顾长期性和持续性。从国有资本在三次产业的投资分布随时间变化的趋势可以看到政策的不确定性和短时性，这一方面会造成地区的重复投资、产能过剩和严重浪费以及传统产业升级和新兴产业的培育缺乏持续性，使得东北地区国有资本投资的经济增长效应较低；另一方面国有资本投资还有一些涉及公共产品的提供问题和社会负担问题等导致监督管理和问责的困难会进一步降低经济效率。

第四，正确处理各地区特别是东北地区国有资本投资与非国有资本投资之间的关系，释放非国有经济发展潜力，东北地区的国有资本投资对非国有资本投资的挤入效应远大于西南地区，如果能够充分的利用这种挤入效应，通过国有资本投资营造良好的市场环境，吸引更多优质的非国有资本，能够更好地发挥非国有资本投资的经济增长效应，从而增强市场活力，推动地区经济发展。

2. 从提高经济效率角度看

第一，从技术效率看，市场机制、管理体制和要素配置结构是区域经济效率较低的主要原因。对于三个区域来说通过提高企业管理水平和资源配置能力以提高区域的技术效率水平都能大幅提高地区的全要素生产率，针对技术效率反映出来的问题，应对当前整体经济下行和区域发展差距进一步拉开的压力，政策重点应该放在制度创新、管理创新等问题上。

第二，从技术进步看，各区域均需增加研发投入、引进高新技术并提高自主创新能力。依据《中国科技统计》，截至2016年，各地区研究与实验经费的内部支出占全国内部支出分别是东北地区6.3%、西南地区10.5%、长三角地区17.9%，可以看到东北地区的科研投入明显低于其他区域，但是产业转型升级的关键就是技术创新，而创新的关键阶段基础研发阶段的技术创新需要大量的资金投入。前期的基础工作能够通过加大国有资本在技术研发上的支持，来带动民营资本的创新活力，从而使传统产业技术升级和新兴产业培育形成持续稳定的发展。在基础研发较弱的阶段，技术引进也是创新基础较差地区的可行方案。提升区域的自主创新能力不仅包括当地的政府和企业，还包括大学、科研机构等研究主体。但这其中最关键的创新个体是企业，特别是在基础研发阶段，国有企业能够更加明确创新意愿，激励创新能力的建设，完善鼓励创新机制。

第七节　本章小结

本章通过两个时间序列数据模型的实证分析，分别分析了在东北地区、西南地区和长三角地区的国有资本投资、私营资本投资和外商投资对于地区经济的增长效应以及三个区域国有经济投资对私营经济投资的挤入效应。通过本章节的研究，首先发现除了东北地区的国有经济投资对于经济增长是负效应外，其他各区域的不同所有制的投资对于区域经济增长均有正向的促进效应，明确了各区域的国有资本投资对该地区的非国有经济投资均存在正向的挤入效应，其次通过区域间全要素生产率的测算和分解解释了区域不同所有制投资出现不同效应的原因，最后依据研究得到的结论对如何促进各区域经济增长实现区域经济协调发展给出了一定建议。整体来看，通过本章的研究，我们明确了不同区域由于资源禀赋、社会条件的不同，不同所有制的经济进行投资也会取得不同的效果，在扩大投资规模的同时，也要科学合理的调整投资结构，让市场在资本配置中起决定性作用，充分发挥国有经济的作用，除了资本要素的投入以促进经济增长外，还要重视全要素生产率的提高，从本书的研究结果来看，拉低三个区域全要素生产率的重要原因之一在于技术效率偏低，因此如何提高区域资源配置能力和经营管理能力等问题应当成为改善区域经济问题的重点。

参 考 文 献

[1] 阿瑟·刘易斯. 经济增长理论 [M]. 周师铭、沈丙杰、沈伯根, 译. 北京: 商务印书馆, 1999.

[2] 奥利维尔·布兰查德. 宏观经济学 [M]. 刘新智, 等译. 北京: 清华大学出版社, 2010.

[3] 本报评论员. 牢牢把握国有企业改革的正确方向 [N]. 人民日报, 2015 - 09 - 14 (001).

[4] 毕先萍, 简新华. 论中国经济结构变动与收入分配差距的关系 [J]. 经济评论, 2002 (4): 59 - 62.

[5] 蔡昉, 王美艳. 为什么劳动力流动没有缩小城乡收入差距 [J]. 经济学动态, 2009 (8): 4 - 10.

[6] 蔡跃洲, 付一夫. 全要素生产率增长中的技术效应与结构效应——基于中国宏观和产业数据的测算及分解 [J]. 经济研究, 2017 (1): 72 - 88.

[7] 陈斌开, 林毅夫. 重工业优先发展战略、城市化和城乡工资差距 [J]. 南开经济研究, 2010 (1): 3 - 18.

[8] 陈东琪, 臧跃茹, 刘立峰, 刘泉红, 姚淑梅. 国有经济布局战略性调整的方向和改革举措研究 [J]. 宏观经济研究, 2015 (1): 3 - 17.

[9] 陈敬武. 国有经济的功能定位分析 [J]. 科学学与科学技术管理, 2001 (5): 53 - 56.

[10] 陈诗一. 中国工业分行业统计数据估算: 1980 - 2008 [J]. 经济学 (季刊), 2011 (3): 735 - 776.

[11] 陈卫平. 中国农业生产率增长、技术进步与效率变化: 1990 - 2003 年 [J]. 中国农村观察, 2006 (1): 18 - 23.

[12] 陈宗胜. 公有经济发展中的收入分配差别理论模型与假说 (Ⅱ): 两部门模型、总模型及倒 U 假说 [J]. 南开经济研究, 1991 (4): 13 - 19.

［13］程惠芳，陆嘉俊．知识资本对工业企业全要素生产率影响的实证分析［J］．经济研究，2014（5）：174－187．

［14］程强，尹志锋，叶静怡．国有企业与区域创新效率——基于外部性的分析视角［J］．产业经济研究，2015（4）：10－20．

［15］董桂才，朱晨．中国工业全要素生产率增长行业差异及其影响因素研究——基于增长核算法2位数编码工业行业面板数据的实证分析［J］．中央财经大学学报，2013（11）：62－68．

［16］董彦兵．浙江省固定资产投资对经济增长的滞后效应分析［J］．黑龙江对外经贸，2010（9）：59－61．

［17］傅振邦，陈先勇．城市化、产业结构变动与城乡收入差距——以湖北省为例［J］．中南财经政法大学学报，2012（6）：8－14．

［18］高霞．产业结构变动与城乡收入差距关系的协整分析［J］．数学的实践与认识，2011，41（12）：120－128．

［19］郭进伟．提高公共投资绩效增强政府执政能力［J］．经济视角，2005（11）：57－60．

［20］郭庆旺，贾俊雪．政府公共资本投资的长期经济增长效应［J］．经济研究，2006（7）：29－40．

［21］郭庆旺，贾俊雪．中国经济波动的解释：投资冲击与全要素生产率冲击［J］．管理世界，2004（7）：22－28．

［22］郭庆旺，贾俊雪．中国全要素生产率的估算：1979－2004［J］．经济研究，2005（6）：51－60．

［23］"国际金融危机与经济学理论反思"课题组．西方国家应对金融危机的国有化措施分析［J］．经济研究，2009（11）：38－46．

［24］何盛明．调整政府与市场关系改变政府配置资源方式［J］．财政研究，2017（9）：11－12．

［25］侯恒，崔朝栋．关于资本和"按资分配"问题的讨论［J］．河南财经学院学报，1992（1）：17－23．

［26］侯荣华．固定资产投资效益及其滞后效应分析［J］．数量经济技术经济研究，2002（3）：13－16．

［27］胡宝娣，刘伟，刘新．社会保障支出对城乡居民收入差距影响的实证分析——来自中国的经验证据（1978－2008）［J］．江西财经大学学报，

2011 (2): 49 – 54.

[28] 黄群慧,黄速建. 论新时期全面深化国有经济改革重大任务[J]. 中国工业经济, 2014 (9): 5 – 24.

[29] 黄速建,余菁. 中国国有企业治理转型 [J]. 经济管理, 2008 (Z1): 16 – 21.

[30] 江玲玲,孟令杰. 我国工业行业全要素生产率变动分析 [J]. 技术经济, 2011 (8): 100 – 105.

[31] 金相郁. 中国区域全要素生产率与决定因素: 1996 – 2003 [J]. 经济评论, 2007 (5): 107 – 112.

[32] 居维纲. 关于国有经济 "有进有退" 问题的探讨 [J]. 思想理论教育导刊, 2005 (6): 73 – 78.

[33] 剧锦文. 国有企业: 产业分布与产业重组 [M]. 北京: 社会科学文献出版社, 1999.

[34] 剧锦文. 转轨背景下国有经济的功能及其战略重组 [J]. 当代经济管理, 2010 (1): 1 – 6.

[35] 凯恩斯. 就业利息和货币通论 [M]. 北京: 商务印书馆, 1983.

[36] 魁奈. 魁奈经济著作选集 [M]. 北京: 商务印书馆, 1979.

[37] 蓝裕平. 中国经济增长中的投资驱动因素 [J]. 国际融资, 2018 (7): 64 – 68.

[38] 雷辉,张娟. 我国资本存量的重估及比较分析: 1952 – 2012 [J]. 经济问题探索, 2014 (7): 16 – 21.

[39] 李峰峰,刘辉煌,吴伟. 基于面板门槛模型的城市化与城乡居民收入差距关系研究 [J]. 统计与决策, 2015 (1): 108 – 109.

[40] 李何. 市场化进程对地区工业经济发展的作用机理研究 [D]. 长春: 吉林大学, 2006.

[41] 李静. 城市化对城乡收入差距影响实证分析 [J]. 合作经济与科技, 2007 (4): 54 – 55.

[42] 李廉水,周勇. 技术进步能提高能源效率吗? ——基于中国工业部门的实证检验 [J]. 管理世界, 2006 (10): 82 – 89.

[43] 李楠,牛爽,王丹. 黑龙江省固定资产投资效益及滞后效应的实证研究 [J]. 哈尔滨商业大学学报 (社会科学版), 2005 (4): 28 – 31.

［44］李若建. 城市之间居民收入差距的空间特征及其成因研究［J］. 经济科学, 1997 (2): 10 - 16.

［45］李胜文, 李大胜. 中国工业全要素生产率的波动: 1986 - 2005——基于细分行业的三投入随机前沿生产函数分析［J］. 数量经济技术经济研究, 2008 (5): 43 - 54.

［46］李旭超. 市场扭曲、资源错配与中国全要素生产率［D］. 杭州: 浙江大学, 2017.

［47］李征. 中国区域全要素生产率演变研究［D］. 长春: 吉林大学, 2016.

［48］李政. "国进民退" 之争的回顾与澄清——国有经济功能决定国有企业必须有 "进" 有 "退"［J］. 国有经济争议及反思, 2010 (5): 97 - 102.

［49］李子奈, 潘文卿. 计量经济学［M］. 北京: 高等教育出版社, 2010.

［50］梁琪, 余峰燕. 金融危机、国有股权与资本投资［J］. 经济研究, 2014 (4): 47 - 61.

［51］梁琦, 黄利春. 马克思的地域分工理论、产业集聚与城乡协调发展战略［J］. 经济前沿, 2009 (10): 10 - 14.

［52］廖信林, 王雪艳, 吴友群. 固定资产投资对中国经济增长的影响——基于供给侧改革背景［J］. 嘉兴学院学报, 2016, 28 (5): 38 - 43.

［53］林岗. 国有企业改革的历史演进及发展趋势［J］. 中国特色社会主义研究, 1999 (3): 34 - 38.

［54］刘金全. 投资波动性与经济周期之间的关联性分析［J］. 中国软科学, 2003 (4): 30 - 35.

［55］刘巨钦. 如何正确认识国有经济的地位和作用［J］. 湘潭大学学报 (哲学社会科学版), 1997 (2): 92 - 94.

［56］刘溶沧, 马栓友. 赤字、国债与经济增长关系的实证分析——兼评积极财政政策是否有挤出效应［J］. 经济研究, 2001 (2): 13 - 28.

［57］刘瑞明, 石磊. 国有企业的双重效率损失与经济增长［J］. 经济研究, 2010 (1): 127 - 137.

［58］刘瑞明. 金融压抑、所有制歧视与增长拖累——国有企业效率损失再考察［J］. 经济学 (季刊), 2011, 10 (2): 603 - 618.

[59] 刘生龙，鄢一龙，胡鞍钢．公共投资对私人投资的影响：挤出还是引致 [J]．学术研究，2015（11）：64 – 73 + 160.

[60] 刘曦．发展县域特色产业集群推进城乡一体化进程 [J]．农业经济，2010（10）：24 – 25.

[61] 刘小玄．中国工业企业的所有制结构对效率差异的影响——1995年全国工业企业普查数据的实证分析 [J]．经济研究，2000（2）：17 – 25.

[62] 刘勇．中国工业全要素生产率的区域差异分析 [J]．财经问题研究，2010（6）：43 – 47.

[63] 刘卓珺，于长革．公共投资的经济效应及其最有经济规模分析 [J]．经济科学，2006（1）：30 – 41.

[64] 鲁晓东，连玉君．中国工业企业全要素生产率估计：1999 ~ 2007 [J]．经济学（季刊），2012（2）：541 – 558.

[65] 陆铭，陈钊．城市化、城市倾向的经济政策与城乡收入差距 [J]．经济研究，2004（6）：50 – 58.

[66] 吕大忠．国有企业改革的方向：反垄断和市场化 [D]．天津：南开大学，2010.

[67] 马洪福，郝寿义．要素禀赋异质性、技术进步与全要素生产率增长——基于 28 个省市数据的分析 [J]．经济问题探索，2018（2）：39 – 48.

[68] 马克思恩格斯全集：第 9 卷 [M]．北京：人民出版社，1961.

[69] 马克思恩格斯全集：第 46 卷 [M]．北京：人民出版社，1980.

[70] 马克思恩格斯选集：第 1 卷 [M]．北京：人民出版社，1972.

[71] 马克思恩格斯全集：第 25 卷 [M]．北京：人民出版社，1974.

[72] 马克思恩格斯全集：第 1 卷 [M]．北京：人民出版社，1974.

[73] 马克思．资本论：第 3 卷 [M]．北京：人民出版社，1975.

[74] 曼昆著．经济学原理 [M]．梁小民，梁砾，译．北京：北京大学出版社，2015.

[75] 孟令杰，李静．中国全要素生产率的变动趋势——基于非参数的 Malmquist 指数方法 [J]．产业经济评论，2004（2）：187 – 198.

[76] 潘文轩．城市化与工业化对城乡居民收入差距的影响 [J]．山西财经大学学报，2010，13（12）：20 – 29.

[77] 庞巴维克. 资本实证论 [M]. 陈端, 译. 北京: 商务印书馆, 1981.

[78] 齐红倩, 刘岩, 黄宝敏. 我国居民消费、投资与就业变动趋势及政策选择 [J]. 经济问题探索, 2018 (8): 9 – 17.

[79] 钱谱丰, 李钊. 对政府公共投资的经济增长效应的探讨 [J]. 理论探讨, 2007 (4): 108 – 111.

[80] 邱伟华. 公共教育支出调节收入差异的有效性研究 [J]. 清华大学教育研究, 2008, 29 (3): 20 – 26.

[81] 尚启君. 对新发展观下国有经济功能定位的思考 [J]. 产权导刊, 2007 (1): 37 – 40.

[82] 邵宜航, 步晓宁, 张天华. 资源配置扭曲与中国工业全要素生产率——基于工业企业数据库再测算 [J]. 中国工业经济, 2013 (12): 39 – 51.

[83] 生延超, 欧阳峣. 规模扩张还是技术进步: 中国汽车产业全要素生产率的测度与评价——基于非参数 Malmquist 指数的研究 [J]. 中国科技论坛, 2011 (6): 42 – 47.

[84] 施晓琳. 中国城乡居民收入差距与社会保障制度的完善 [J]. 生产力研究, 2009 (11).

[85] 宋方敏. 习近平国有经济思想研究略论 [J]. 政治经济学评论, 2017, 8 (1): 3 – 24.

[86] 宋兆君. 关中—天水经济区地方政府投资与经济增长关系及其效率研究 [D]. 咸阳: 西北农林科技大学, 2013.

[87] 孙久文, 叶振宇. 产业集聚下的区域经济协调发展研究 [J]. 中州学刊, 2007 (6): 64 – 67.

[88] 孙群力. 公共投资、政府消费与经济增长的协整分析 [J]. 中南财经政法大学学报, 2005 (3): 76 – 81.

[89] 孙早, 刘李华. 中国工业全要素生产率与结构演变: 1990 – 2013 年 [J]. 数量经济技术经济研究, 2016 (10): 57 – 75.

[90] 谭明军. 国有资本投资综合效益研究 [D]. 成都: 西南财经大学, 2011.

[91] 谭啸. 我国国有资本经营预算改革研究 [D]. 北京: 财政部财政科学研究所, 2014.

[92] 陶纪坤. 社会保障制度与城乡收入差距 [J]. 兰州学刊, 2008 (12): 54 - 57.

[93] 田林海. 公共投资对民营投资的挤出效应研究 [D]. 北京: 中国财政科学研究院, 2017.

[94] 涂正革, 肖耿. 中国经济的高增长能否持续: 基于企业生产率动态变化的分析 [J]. 世界经济, 2006 (2): 3 - 10, 95.

[95] 汪桥红, 史安娜. 基于产业和区域层面的 R&D 溢出效应分析——以区域间投入产出模型为例 [J]. 经济经纬, 2013 (4): 21 - 26.

[96] 王碧峰. 主导基于先导: 对国有经济主导作用的一种新认识——兼论新经济对国有经济主导作用的挑战 [J]. 经济学家, 2018 (4): 73 - 79.

[97] 王佳菲. 现代市场经济条件下我国国有经济历史使命的再认识 [J]. 马克思主义研究, 2011 (9): 70 - 78.

[98] 王金存. 破解难题——世界国有企业比较研究 [M]. 上海: 华东师范大学出版社, 1999.

[99] 王文成, 沈红微, 王爔慧. 国有经济投资对非国有经济投资的带动效应研究 [J]. 中国软科学, 2013 (7): 132 - 144.

[100] 王文成. 国有经济的投资效应研究——基于中国工业制造业 28 个行业的实证分析 [J]. 中国工业经济, 2013 (7): 134 - 145.

[101] 王小利. 中国 GDP 长期增长中公共支出效应的实证分析 [J]. 财经研究, 2005, 31 (4): 122 - 132.

[102] 王小鲁. 中国经济增长的可持续性与制度变革 [J]. 经济研究, 2000 (7): 3 - 15.

[103] 王永进, 刘灿雷. 国有企业上游垄断阻碍了中国的经济增长?——基于制造业数据的微观考察 [J]. 管理世界, 2016 (6): 10 - 21 + 18.

[104] 王勇. 固定资产投资与中国经济增长的相关性分析 [J]. 经济师, 2004 (11): 21 - 23.

[105] 威廉·配第. 赋税论 (全译本) [M]. 薛东阳, 译. 武汉: 武汉大学出版社, 2011.

[106] 吴敬琏, 刘吉瑞. 论竞争性市场体制 [M]. 广州: 广东经济出版社, 1998.

[107] 吴友，刘乃全. 不同所有制企业创新的空间溢出效应 [J]. 经济管理，2016（11）：45－59.

[108] 武丽娟，徐璋勇，苏建军. 市场结构、技术差距与企业间技术溢出效应——基于国有企业与"三资"企业间关系的研究 [J]. 西北大学学报（哲学社会科学版），2016（1）：108－113.

[109] 肖大勇. 生产性公共支出对经济增长和效率的作用机制研究 [D]. 上海：上海社会科学院，2018.

[110] 徐传谌，张行. 国有企业提升自主创新能力研究 [J]. 财经问题研究，2015（4）：110－116.

[111] 徐丹丹，刘超，董莹. 我国国有固定资本存量测算及其规模变迁分析 [J]. 经济理论与实践，2017（6）：105－107.

[112] 徐黎. 国有企业的新起点、新方向、新发展中央党校经济学部副主任韩保江教授解读十八大报告 [J]. 国企，2012（12）：54－58.

[113] 徐淑红. 中国区域投资的经济增长效应研究 [D]. 长春：吉林大学，2016.

[114] 许崇正，高希武. 农村金融对增加农民收入支持状况的实证分析 [J]. 复印报刊资料：农业经济导刊，2005（9）：156－156.

[115] 许秀川，王钊. 城市化、工业化与城乡收入差距互动关系的实证研究 [J]. 农业经济问题，2008（12）：65－71.

[116] 亚当·斯密. 国民财富的性质和原因的研究（下）[M]. 北京：商务印书馆，1979.

[117] 亚当·斯密. 国民财富的性质和原因的研究 [M]. 北京：商务印书馆，1972.

[118] 闫先东，朱迪星. 基础设施投资的经济效率：一个文献综述 [J]. 金融评论，2017，9（6）：109－122＋126.

[119] 严成樑，崔小勇. 资本投入、经济增长与地区差距 [J]. 经济科学，2012（2）：21－33.

[120] 颜鹏飞，王兵. 技术效率、技术进步与生产率增长：基于 DEA 的实证分析 [J] 经济研究，2004（12）：55－65.

[121] 杨大楷，孙敏. 我国公共投资经济增长效应的实证研究 [J]. 山西财经大学学报，2009，31（8）：34－40.

[122] 杨冬梅. 固定资产投资主体结构与投资效率的实证研究 [D]. 济南：山东大学，2017.

[123] 杨飞虎. 促进中国经济长期持续均衡增长中的公共投资因素——基于1489份调查问卷的统计分析 [J]. 经济理论与经济管理，2014 (2)：59-69.

[124] 杨励. 论中国国有经济的配置角色及其嬗变 [J]. 清华大学学报（哲学社会科学版），2006 (5)：116-121.

[125] 杨鹏. 我国国有资产管理体制改革研究 [D]. 长春：东北师范大学，2015.

[126] 杨汝岱. 中国制造业企业全要素生产率研究 [J]. 经济研究，2015 (2)：61-74.

[127] 杨向阳，徐翔. 中国服务业全要素生产率增长的实证分析 [J]. 经济学家，2006 (3)：68-76.

[128] 杨勇，李忠民. 供给侧结构性改革背景下的要素市场化与工业全要素生产率——基于31个地区的实证分析 [J]. 经济问题探索，2017 (2)：31-38.

[129] 姚敏，周潮. 中国经济周期波动的特征和影响因素研究 [J]. 经济问题探索，2013 (7)：5-9.

[130] 姚伟峰. 国有经济规模与经济效率——基于跨省数据的实证研究 [J]. 科学经济社会，2009 (4)：27-30.

[131] 姚洋，章奇. 中国工业企业技术效率分析 [J]. 经济研究，2001 (10)：13-19+28-95.

[132] 于长革. 政府公共投资的经济效应分析 [J]. 财经研究，2006，32 (2)：30-41.

[133] 于洋. 中国国有经济功能研究 [D]. 长春：吉林大学，2010.

[134] 喻新强. 国有经济主导地位与控制力问题研究 [D]. 长沙：湖南大学，2006.

[135] 袁礼，欧阳峣. 发展中大国提升全要素生产率的关键 [J]. 中国工业经济，2018 (6)：43-61.

[136] 张晨，张宇. "市场失灵"不是国有经济存在的依据——兼论国有经济在社会主义市场经济中的地位和作用 [J]. 中国人民大学学报，2010

（5）：38 – 45.

［137］张建华，刘仁军．保罗·罗默对新增长理论的贡献［J］．经济学动态，2004（2）：77 – 81.

［138］张军，施少华．中国经济全要素生产率变动：1952 – 1998［J］．世界经济文汇，2003（2）：17 – 24.

［139］张立军，湛泳．中国农村金融发展对城乡收入差距的影响——基于 1978 – 2004 年数据的检验［J］．中央财经大学学报，2006（5）：34 – 39.

［140］张玲．基于 Malmquist 指数的中国工业全要素生产率变动的实证研究［D］．保定：河北大学，2007.

［141］张神根．党的第三代领导集体与九十年代的经济体制改革［J］．中共党史研究，2001（5）：41 – 46.

［142］张宇．正确认识国有经济在社会主义市场经济中的地位和作用——兼评否定国有经济主导作用的若干片面认识［J］．毛泽东邓小平理论研究，2010（1）：23 – 29.

［143］张增臣．国有经济功能与产业定位标准［J］．经济纵横，2005（7）：97 – 98.

［144］章祥荪，贵斌威．中国全要素生产率分析：Malmquist 指数法评述与应用［J］．数量经济技术经济研究，2008（6）：111 – 122.

［145］赵立新，关善勇．特色产业集群与城乡一体化［J］．当代经济研究，2006，135（11）：30 – 32.

［146］赵庆．国有企业真的低效吗？——基于区域创新效率溢出效应的视角［J］．科学学与科学技术管理，2017（3）：107 – 116.

［147］郑京海，胡鞍钢．中国改革时期省际生产率增长变化的实证分析（1979 – 2001 年）［J］．经济学（季刊），2005（1）：263 – 296.

［148］周黎安，张维迎，顾全林，汪淼军．企业生产率的代际效应和年龄效应［J］．经济学（季刊），2007，6（4）：1297 – 1317.

［149］周少甫，亓寿伟，卢忠宝．地区差异、城市化与城乡收入差距［J］．中国人口·资源与环境，2010，20（8）：115 – 120.

［150］周新城．对否定社会主义国有经济的几种观点的辨析［J］．当代经济研究，2011（7）：21 – 29.

［151］周耀东，余晖．国有垄断边界、控制力和绩效关系研究［J］．中

国工业经济，2012（6）：31－43.

［152］周轶赢. 浅析我国转轨时期国有经济的功能定位［J］. 江汉论坛，2006（5）：61－64.

［153］朱彤书. 近代西方经济理论发展史［M］. 上海：华东师范大学出版社，1989.

［154］朱钟棣，李小平. 中国工业行业资本形成、全要素生产率变动及其趋异化：基于分行业面板数据的研究［J］. 世界经济，2005（9）：51－62.

［155］祝福云，闫鑫. 我国轻工业全要素生产率指数研究——基于三阶段 DEA－Malmquist 指数的分析［J］. 价格理论与实践，2016（7）：108－111.

［156］庄龙涛. 实施积极的财政政策应防范财政风险［J］. 财政研究，1999（9）：20－22.

［157］庄子银，邹薇. 公共支出能否促进经济增长：中国的经验分析［J］. 管理世界，2003（7）：4－12＋154.

［158］卓炯. 关于"《资本论》的生命力"的探讨——纪念马克思逝世一百周年［J］. 学术研究，1983（2）：15－25.

［159］邹俊，张芳. 转变经济发展方式与国有经济功能再定位［J］. 前沿，2011（17）：107－110.

［160］左大培. 中国需要国有经济［J］. 国企，2011（8）：99－103.

［161］Aghion, P. and P. Howitt. A Model of Growth through, Creative Destruction［J］. Econometrica, 1992（60）：323－51.

［162］Aigner, D. J., C. A. K. Lovell, and P. Schmidt. Formulation and Estimation of Stochastic Frontier Production Function Models［J］. Journal of Econometrics, 1997, 6（1）：21－37.

［163］Arrow, K J., et al. Capital－Labor Substitution and Economic Efficiency［J］. Review of Economics and Statistics, 1961, 43（3）：225－250.

［164］Aschauer, David Alan. Does Public Capital Crowd out Private Capital?［J］. Journal of Monetary Economics, 1989, 24（2）：171－188.

［165］Aschauer, D. Public Investment and Productivity Growth in the Group of Seven［J］. Economic Perspectives, 1989, 13（5）：17－25.

［166］Aschauer, D. Why is Infrastructure Important? ［C］. in A. H. Munnell (ed.), Is there a Shortfall in Public Capital Investment? Federal Reserve Bank of Boston, Boston, Massachusetts, 1990, United States.

［167］Bairam E, Ward B. The Externality Effect of Government Expenditure on Investment in OECD Countries ［J］. Applied Economics, 1993 (25): 711 –716.

［168］Baxter, M. , and R. G. King. Fiscal Policy in General Equilibrium ［J］. American Economic Review, 1993, 83 (3): 315 –333.

［169］Brander, J. Comparative Economic Growth: Evidence and Interpretation ［J］. The Canadian Journal of Economics, 1992, 25 (4): 792 –818.

［170］Christiansen L. R. , Jorgensen D. W, Lau L. J. , Conjugate Duality and the Transcendental Logarithmic Production Function ［J］. Econometrica, 1971, 39 (4): 255 –256.

［171］Christophe Kamps. The dynamic effects of public capital VAR evidence for OECD countries ［J］. International Tax & Public Finance, 2005, 12 (4): 533 –558.

［172］Dennis Aigner, C. A. Knox Lovell, Peter Schmidt. Formulation and estimation of stochastic frontier production function models ［J］. Journal of Econometrics, 1977, 6 (1): 21 –37.

［173］Devarajan, Swaroop, Zou, The composition of public expenditure and economic growth ［J］. Journal of Monetary Ecnomics, 1996, 37: 313 –344.

［174］Fare, R. , S. Grosskopf, M. Norris, and Z. Zhang. Productivity Growth, Technical Progress, and Efficiency Change in Industrialized Countries ［J］. American Economic Review, 1994, 84 (1): 66 –83.

［175］Farrell, M. J. The Measurement of Productive Efficiency ［J］. Journal of the Royal Statistical Society, 1957, 120 (3): 253 –281.

［176］G. Koren, R. J. Baseman, A. Gupta, M. I. Lutwyche, R. B. Laibowitz. Are Government Activities Productive? Evidence from a panel of U. S. States ［J］. Review of Economics & Statistics, 1994, 76 (1): 1 –11.

［177］Grossman, G. M. and E. Helpman. Innovation and, Growth in the Global Economy ［M］. Cambridge: MIT Press, 1991.

［178］ Hamilton J. D. Time Series Analysis ［M］. Princeton University Press, 1994.

［179］ Harvey A. C. Forecasting Structural Time Series Models and the Kalman Filter ［M］. Cambridge University Press, 1989.

［180］ Holtz – Eakin D. Public-sector Capital and the Productivity Puzzle ［R］. National Bureau of Economic Research, 1992.

［181］ Hossain, M. , Pankaj K. Jain, Santanu Mitra. State Ownership and Bank Equity in the Asia – Pacific Region ［J］. Pacific – Basin Finance Journal, 2013 （21）: 914 – 931.

［182］ Jacobs B. , Nahuis R. , Tang P. J. G. Sectoral Productivity Growth and R&D Spillovers in the Netherlands ［J］. De Economist, 2002, 150 （2）: 181 – 210.

［183］ Jaffe A. B. Technological Opportunity and Spillovers of R & D: Evidence from Firms' Patents, Profits, and Market Value ［J］. American Economic Review, 1986, 76 （5）: 984 – 1001.

［184］ Kim Jong – II and Lawrence Lau. The Sources of Economic Growth of the East Asian Newly Industrialized Countries ［J］. Journal of Japanese and International Economics, 1994, 8 （3）: 235 – 271.

［185］ Krugman Paul. The Myth of Asia's Miracle ［J］. Foreign Affairs, 1994, 73 （6）: 62 – 78.

［186］ Liu, C. , K. Uchida, and Y. Tang, Corporate Governance and Firm Value During the Globle Financial Crisis: Evidence from China ［J］. International Review of Financial Analysis, 2012 （21）: 70 – 80.

［187］ Los B, Verspagen B. R&D spillovers and productivity: Evidence from U. S. manufacturing microdata ［J］. Empirical Economics, 2000, 25 （1）: 127 – 148.

［188］ Lucas, R. E. , Jr. On the Mechanics of Economic Development ［J］. Journal of Monetary Economics, 1988 （22）: 3 – 42.

［189］ Martin Ziegler, Georg Durmecker. Fiscal Policy and Economic Growth ［J］. Journal of Economic Surveys, 2003 （3）: 397 – 418.

［190］ Meeusenm, W. , and J. van den Broeck. Efficiency Estimation from

Cobb – Douglas Production Functions with Composed Error [J]. International Economic Reviews, 1977, 18 (2): 435 –444.

[191] Mishin, F. S. The Causes and Propagation of Financial Instability: Leasons for Policymakers [J]. Economic Policy Symposium-jackson Hole, 1997, 35 (2): 55 –96.

[192] M. O. Odedokun. Relative effects of public versus private investment spending on economic efficiency and growth in developing countries [J]. Taylor & Francis, 1997, 29: 1325 – 1336.

[193] Nishinizu, M. and Page, J. M. Total Factor Productivity Growth, Technological Progress and Technical Efficiency Change: Dimensions of Productivity Change in Yugoslavia 1965 – 1978 [J]. Economic Journal, 1982, 92 (368): 920 –936.

[194] Romer, P. M. Endogenous Technological Change [J]. Journal of Political Economy, 1990 (98): S71 – S102.

[195] Romer, P. M. Increasing Returns and Long – Run Growth [J]. Journal of Political Economy, 1986 (94): 1002 – 1037.

[196] Solow, Robert M. Technical Change and the Aggregate Production Function [J]. Review of Economics and Statistics, 1957, 39 (3): 312 –320.

[197] Wurgler Jeffrey. Financial Markets and the Allocation of Capital [J]. Journal of Financial Economics, 2000, 58 (1): 187 –214.

[198] Wu Y. Indigenous Innovation in China: Implications for Sustainable Growth [J]. Economics Discussion, 2010.

[199] Young Alwyn. The Tyranny of Numbers: Confronting the Statistical Realities of the East Asian Growth Experience [J]. Quarterly Journal of Economics, 1995, 110 (3): 641 –680.

[200] Zheng Jinghai, Arne Bigsten and Angang Hu. Can China's Growth be sustained? A Productivity Perspective [J]. World Development, 2009, 37 (4): 874 –888.